AI반도체에서 수소환원제철까지

세상을 뒤바꿀
미래기술25

2024

이데일리 미래기술 특별취재팀

기술
강국을
향한
발돋움의
등대가
되기를

"어려운 상황이지만 미래기술 투자에 조금도 흔들림이 있어서는 안 됩니다."
(천안·온양 반도체 패키지 사업장에서 이재용 삼성전자 회장, 2023.2.17)

글로벌 최강 네트워크로, 민간 외교관으로 불리는 이재용 삼성전자 회장이 "첫째도 기술, 둘째
도 기술"이라며 '기술'을 경영전략 최상단에 올려놓은 건 대한민국과 삼성이 경쟁국과 경쟁기업
을 압도할 만한 기술이 없다면 생존하기 어렵다는 걸 직감적으로 느끼고 있기 때문입니다. 실
제로 미·중 패권 경쟁으로 빚어진 강대국들의 자국우선주의 기조 속에 그들과 협력하고 때론
싸우려면 '초격차' 기술을 향해 뚜벅뚜벅 걸어가야 하는 수밖에 없습니다.

이데일리가 이번에도 어김없이 〈세상을 뒤바꿀 미래기술 25〉(2024, 이하 〈미래기술 25〉)를 발
간하는 이유이기도 합니다. 2018년부터 "앞으로 우리는 무엇을 먹고살 것인가"라는 질문에서
시작된 〈미래기술 25〉는 벌써 여섯 번째 새로운 내용으로 독자들을 만나게 됐습니다.
글로벌 경쟁 우위를 점하고 있다는 반도체, 배터리도 이제 성역이 아닙니다. 미국과 일본의 공
세, 중국의 추격 속에 언제든 글로벌 경쟁에서 도태될 수 있겠죠. 최근 중국 최대 메모리반도
체 회사 양쯔메모리테크놀로지(YMTC)가 232단 3D 낸드플래시(이하 낸드) 개발 및 양산에 성
공한 것으로 알려진 건 충격에 가깝습니다. 중국의 232단 낸드는 격차를 수년 내 좁히기 어려

울 것이란 예상을 깨고 삼성전자, SK하이닉스의 낸드 기술을 턱밑까지 쫓아온 것이나 다름없기 때문입니다. SK하이닉스 낸드의 양산 최대 단수는 238단이고 삼성전자는 구체적으로 단수를 밝히진 않지만 업계는 236단 내외 수준인 것으로 예상합니다.

삼성전자와 SK하이닉스가 사실상 양분하고 있는 인공지능(AI) 서버용 반도체인 고대역폭메모리(HBM) 시장에 글로벌 메모리 3위인 미국 마이크론이 뛰어드는 것도 대표적인 사례입니다. 특히 마이크론은 HBM3 출시를 건너뛰고 하반기 HBM3E 양산 계획을 발표해 삼성전자, SK하이닉스의 기술력에 전혀 밀리지 않을 것임을 시사하기도 했습니다.

비단 반도체뿐만이 아닙니다. 당장 전기차에 탑재되는 배터리는 LG에너지솔루션, 삼성SDI, SK온 등 우리 기업들이 기술격차를 넓히며 중국 기업들과 치열한 경쟁을 벌이고 있습니다. 그러나 중국 정부의 전폭적인 지지를 등에 업은 CATL, 비야디(BYD) 등 중국계 배터리 기업들이 매년 세 자릿수 성장률을 보이면서 매서운 추격전을 펼치고 있습니다.

우리 정부와 기업이 자칫 멈칫할 경우 우리 후손들에게 물려줄 유산조차 존재할 수 없게 될 수도 있습니다. 그만큼 초격차 기술은 결국 경제력을 넘어 국력을 좌우할 핵심 척도인 것입니다. 실제로 초격차 기술은 우리의 최대 약점인 지정학적 문제도 거뜬히 덮을 수 있게 됩니다. 지금까지 미·중 패권 경쟁을 비롯한 지정학적 긴장관계에 따른 불확실성 증대는 한국을 기업 경영하기 어려운 나라로 만든 게 사실입니다. 매번 미국의 대(對) 중국 반도체 제재 때마다 그 파편이 우리 기업에 언제 어떻게 튈지 몰라 전전긍긍해왔죠. 외교·안보는 힘의 논리에 의해 좌우됩니다. 탈(脫) 세계화와 4차 산업혁명이 복합적으로 작용하는 지금, 그 힘의 원천은 그 나라, 그 기업의 기술에서 나옵니다.

기술력은 그 나라, 기업의 기초체력이자, 몸집·맷집과도 같습니다. 자외선(EUV) 공정을 유일하게 구현, 이른바 '슈퍼 을(乙)'로 불리는 네덜란드 ASML은 우리가 반면교사로 삼아야 한다는 전문가들의 일관된 목소리도 그래서 나옵니다.

이데일리가 미래기술을 더 정확하고 세밀하게 파악해보려는 이유도 바로 여기에 있습니다. 기술은 경제뿐 아니라 정치, 사회, 문화, 국방, 안보, 외교 등 사실상 모든 분야에 영향을 미치고 있기 때문입니다. 하지만 앞서 예를 들었던 반도체, 배터리 등 미래기술은 경쟁 심화로 한 치 앞을 내다보기 어려운 상황입니다.

이번에 발간한 〈미래기술 25〉에도 우리의 현실적 고민을 담았습니다. 최근 급부상하고 있는 미래기술인 AI반도체, 소프트웨어 중심 자동차(SDV), 스마트홈, 전고체배터리 등과 함께 자율주행과 맞물린 확장현실(XR), 자율운항선박의 현재와 미래를 심도 있게 짚어봤습니다. 환경위기를 극복할 대안으로 떠오른 바이오연료, 수소환원제철 기술에 대해서도 살펴봤습니다.

4차 산업혁명 시대 주목받고 있는 인공지능(AI), 오픈랜, 클라우드, 양자기술(컴퓨터·암호통신) 등 딥테크 분야에 대한 최신 기술을 점검하고 ICT 기술의 집약체인 폴더블폰, 디지털트윈의 세계로도 안내해 드립니다. 코로나19로 급부상한 mRNA와 함께 세포치료제, 마이크로바이옴, AI 의료기기 등 바이오 융합기술에 대해서도 다뤘습니다.

기술의 진보는 우리 미래를 송두리째 변화시켜왔습니다. 그 변화의 중심에는 새로운 물결을 주도하는 기업이 존재했습니다. 〈미래기술 25〉는 우리 삶을 어떤 기술이 변화시키고 있으며 어떤 기업이 그 변화의 중심에 서 있는지를 보여주고 있습니다. 미래기술이 궁금한 분들께 미래기술의 의미와 중요성을 되새기는 작은 씨앗 역할을 할 수 있다면 좋겠습니다. 기술 강국으로 발돋움하는 발자국에 이데일리가 등대 역할을 할 수 있도록 앞으로도 최선의 노력을 기울이겠습니다.

──── 이데일리 산업에디터 김영수

CONTENTS

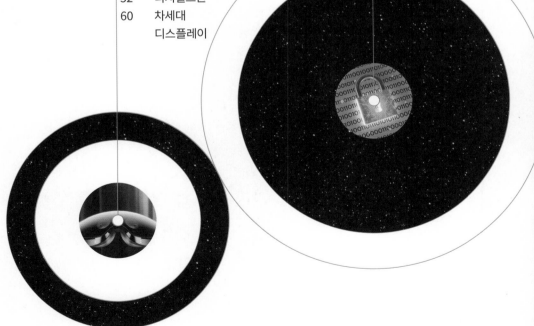

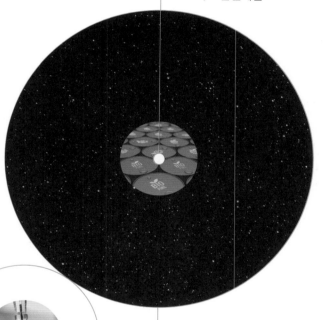

PART

1

이미 도착한 미래

미래항공모빌리티

어릴 적 만화나 영화에서만 보던 하늘을 날아다니는 자동차의 시대가 현실로 성큼 다가왔습니다. 미래항공모빌리티(AAM·Advanced Air Mobility)산업을 선도하는 업체들은 이르면 2024~2025년 에어택시 사용 서비스 개시를 계획하고 있습니

다. 드론 기술 발전으로 활짝 열린 AAM산업은 그동안 2차원에 머물렀던 인류의 이동 역사를 3차원으로 확장할 것으로 예상됩니다. 이를 통해 교통혼잡은 물론 환경오염, 물류비용 증가 등의 문제 해결도 기대되고 있습니다. 항공사, 완성차업체뿐 아니라 건설사, IT(정보통신) 기업 등 업종을 가리지 않고 관심을 나타내는 AAM산업이 정확히 무엇인지, 그리고 현재 기술 수준과 상황은 어떤지 짚어보겠습니다.

서울~대전 27분 만에 이동… 초고속 이동 시대 열린다

1982년에 개봉한 SF 영화의 역사적인 명작 〈블레이드 러너〉를 아시나요. 2019년 미국 로스앤젤레스(LA)를 배경으로 한 이 영화에는 건물들 사이를 자유롭게 날아다니는 '스피너'라는 비행 자동차가 나옵니다. 지상

현대차의 미래모빌리티 비전 이미지.
(사진_현대차)

에서는 바퀴로 쌩쌩 달리다가 제트엔진을 활용해 수직이륙도 가능한, 말 그대로 '하늘을 날아다니는 차'입니다.

아쉽게도 현재 기술은 영화가 만들어졌을 당시 예상했던 것만큼 진보하진 않았습니다. 그렇지만 완전히 엇나간 미래를 예측한 것도 아닙니다. 하늘을 나는 자동차의 시대는 점차 현실이 되고 있는데요. 이른바 AAM이라는 기술을 통해서입니다.

AAM은 단순히 날아다니는 기체 개발만 뜻하는 용어는 아닙니다. 기체 개발은 당연하고요. 향후 날아다니는 기체들로 도심 하늘이 빽빽해질 때 교통은 어떻게 정리해야 하는지, 소음은 어떻게 관리해야 할지, 또 그에 따른 시스템은 어떻게 만들어야 할지를 모두 포괄하는 개념입니다.

하늘을 나는 에어택시산업은 당초 '도심 속 항공교통(UAM·Urban Air Mobility)'에서 출발했습니다. 기술 개발 초기 단계에는 도심에서의 교통 환경 혁신에만 초점을 맞춘 것이었죠. 그런데 기술의 발전과 함께 더 먼 거리를 비행하는 '지역 간 항공교통(RAM·Regional Air Mobility)'까지 그 범위가 확장했고, 이를 모두 포함한 상위 솔루션 개념인 AAM으로 발전했습니다.

AAM은 인류의 이동 환경을 송두리째 바꿀 것으로 예상되고 있습니다. 우선 이동시간이 획기적으로 단축됩니다. 지금까지 인류가 접해보지 못했던 초고속 이동 시대가 열리는 것이죠. 예를 들어 서울에서 대전까지 걸어서 34시간이 걸리는데요. 인류가 말을 타기 시작하며 이 시간이 10시간으로 줄었고, 자동차의 발명으로 2시간 16분까지 단축됐습니다. 그런데 에어택시를 타면 얼마나 걸릴까요. 단 27분이면 서울에서 대전까지 이동이 가능합니다.

도심화 교통혼잡 해결··· 연평균 30% 고속 성장

미래기술로 AAM이 각광받는 이유는 또 있습니다. 인류 태동 이후 2차원에 머물렀던 일상의 교통 환경이 3차원으로 확장하는 것을 의미하기 때문입니다. 이는 단순히 빠르게 이동할 수 있는 교통수단이 추가됐다는 것 그 이상의 의미를 갖습니다. 전 세계적으로 도시화가 빠르게 진행되며 발생하는 교통혼잡, 환경오염, 물류·운송비용 증가 등의 문제를 해결할 중요한 열쇠이기 때문입니다.

국제연합(UN)에 따르면 전 세계 도시화율(도시 거주 인구 비중)은 2018년 55.3%에서 2035년 62.5%에 이를 것으로 전망되고 있습니다. 도시화율이 높아지면 발생하는 가장 큰 문제 중 하나가 교통혼잡인데요. 2020년 기준 주요 도시들의 도심 내 평균 주행속도는 30km 미만에 불과한 것으로 나타났습니다. 미국만 보더라도 교통혼잡으로 1인당 매년 97시간을 소모하는데, 국내총생산(GDP)으로 따지면 2~4%가 낭비되고 있다고 합니다. 우리나라도 한 해 동안 차가 막혀서 발생한 다양한 형태의 손실을 돈으로 환산하면 67조 7,631억 원(2018년 기준)에 달한다고 합니다. 연간 GDP의 3.6% 달하는 어마어마한 수치죠.

이미 도시는 각종 도로들이 미세혈관처럼 뻗어 있어 더 이상 도로 인프라를 확충하는 것만으로 해결이 어렵습니다. 요즘 차 없는 사람 없듯 자동차 보급을 늘려서 해결할 수도 없습니다. AAM은 바로 이런 상황에서 전 세계적인 주목을 받고 있습니다. 우선 전기 동력 등의 기술 발전으로 드론의 수직이착륙이 가능해지며 활주로를 확보할 필요가 없어졌고요. 최근에는 60데시벨(dB) 이하로 소음을 줄이는 데도 성공했습니다. 여기에다 최근 드론들은 모두 배터리 기반으로 만들어져 친환경적이기까지 하죠.

이러한 장점들 덕분에 앞으로 AAM 시장은 걷잡을 수 없이 커질 것으로 예상됩니다. 미국 투자회사 모건스탠리에 따르면 오는 2040년 전 세계 AAM 시장규모는 1조 5,000억 달러(약 2,000조 원)로 추산됩니다. 연평균 성장률은 30%로, 같은 기간 글로벌 전기차(EV) 시장의 예상 연평균 성장률 18.9%를 웃도는 수치입니다.

산·학·연 모두 힘 합쳐 2025년 에어택시 띄운다

AAM은 인류의 교통 시스템을 완전히 새롭게 정의하는 것이기 때문에 한두 업체의 개인기만으로는 실현하기 어렵습니다. 기업뿐 아니라 정부 차원의 적극적인 인프라 투자도 뒷받침돼야만 하죠.

이를 잘 알고 있는 우리나라 정부도 교통 혁명에 팔을 걷어붙였습니다. 국토교통부(국토부)는 '한국형 도심항공교통 로드맵(K-UAM Road Map)'을 통해 '2025년 한국형 도심항공교통 상용화'를 목표로 삼았습니다. 산업계·학계·연구 기관·정부가 모두 힘을 합친 이번 프로젝트의 통합운영 실증에는 7개 컨소시엄이, 단일 분야 실증에는 5개 컨소시엄이 참여합니다. 현대자동차그룹(이하 현대차), KT, 대한항공, SK텔레콤 등 업종 불문 참여하는 업체 수만 46개에 달하는 초대형 사업입니다.

국토부는 2023년 8월 전남 고흥 국가종합비행성능시험장에서 K-UAM 그랜드챌린지 1단계(~2024년 12월)

한국형 도심항공모빌리티 (K-UAM) 로드맵

준비기 2020~2024

이슈·과제 발굴
법·제도 정비
시험·실증(민간)

∨

초기 2025~2029

일부 노선 상용화
도심 내·외 거점
연계 교통체계 구축

∨

성장기 2030~2035

비행 노선 확대
도심 중심 거점
사업자 흑자 전환

∨

성숙기 2035~

이동 보편화
도시 간 이동 확대
자율비행 실현

출처_
대한민국
정책브리핑 한국형
도심항공모빌리티
그랜드 챌린지 추진
계획

실증사업에 돌입했습니다. 1단계 실증사업을 통과한 컨소시엄은 실제 준도심·도심 환경에서 비행을 실증하는 2단계 사업을 진행하게 됩니다.

수도권에서의 실증은 총 3단계로 이뤄집니다. 1단계는 아라뱃길 노선(드론시험인증센터~계양 신도시) 실증이고요. 2단계는 한강 노선(김포공항~여의도공원~고양 킨텍스)입니다. 마지막 3단계는 탄천 노선(잠실헬기장~수서역)으로 2025년 5월부터 한 달간 실증이 이뤄집니다.

두각 나타내는 미·독·영 출신 업체들

지금까지의 2차원 교통 시스템을 3차원으로 완전히 새롭게 정의할 AAM은 기체, 이착륙 시설, 통신망, 관제 등 다양한 분야의 합종연횡이 필수입니다. 그러나 그렇다고 해서 중요도가 모두 같다고 볼 수는 없습니다. 이 중 무엇 하나라도 빠지면 AAM을 구현할 수 없는 것은 사실이지만 기체 없이는 아예 하늘을 날아다니는 것 자체가 불가능하기 때문이죠.

실제로 전 세계적으로 AAM은 기체 제작업체를 중심으로 전개되고 있습니다. 이런 가운데 눈에 띄는 점이 하나 있는데요. 바로 스타트업 혹은 스타트업 출신 업체들이 두각을 나타내고 있다는 것입니다. 아직 아무도 가보지 못한 미개척 하늘길에 먼

저 깃발을 꽂기 위해 세계 곳곳의 신흥 업체들이 도전장을 내밀고 있습니다. 2016년만 하더라도 개발 중인 수직이착륙기체(eVTOL) 기종은 6개에 불과했는데요. 2021년 기준 무려 400여 개의 모델이 개발 혹은 개발 준비 중인 것으로 나타났습니다. 어마어마하게 빠른 속도로 시장이 성장하고 있는 것입니다.

현재 세계적으로 가장 주목받는 AAM 기체 제조업체 중 하나로는 미국의 '조비에비에이션(Joby Aviation, 이하 조비)'이 꼽힙니다. 조비는 조벤 비버트(Joeben Bevirt)가 2009년 설립한 회사로, 초기에는 7명의 엔지니어가 전기모터, 비행 소프트웨어, 리튬이온배터리 등의 기술을 연구하고 개발하는 데 주력했습니다. 이후 2012년 초 미국 항공우주국(NASA)의 전기 비행 프로젝트에 파트너로 선발되며 본격적으로 에어택시 사업에 속도가 붙기 시작했습니다.

2021년 7월에는 1시간 넘는 시험비

조비에비에이션이 개발하는 항공택시. (사진_조비)

행에 성공하기도 했습니다. 조비가 개발 중인 eVTOL '조비 S4'는 77분 동안 155마일(약 250km)을 날았는데, 이는 당시까지 선보인 eVTOL 기체 가운데 가장 먼 거리를 비행한 것이었습니다. 무엇보다 조비가 개발하는 기체는 조종사석 포함 5명까지 탑승 가능한데요. 경쟁사들이 보통 2인승 모델을 개발하는 것과 달리 5명이나 탈 수 있어 상용화됐을 때 경쟁력이 높을 것으로 평가받고 있습니다.

이러한 기술력을 바탕으로 세계 다수 기업으로부터 대규모 투자도 유치했습니다. 대표적으로 2020년 일본의 완성차업체 토요타가 5억 9,000만 달러(약 7,600억 원)의 투자를 단행했고요. 2023년 6월에는 국내 통신 기업 SK텔레콤이 1억 달러(약 1,300억 원)의 지분 투자를 실시하기도 했습니다. 조비는 SK텔레콤·한화시스템과 컨소시엄을 구성해 우리나라 정

부가 추진하는 K-UAM 그랜드챌린지에도 참여한 상태입니다. 조비는 이르면 2024년 상용화에 나선다는 계획인데, 미국 연방항공국(FAA)의 승인 여부가 변수로 여겨집니다.

독일의 '볼로콥터(Volocopter)'도 눈여겨볼 만한 스타트업입니다. 볼로콥터는 2011년 알렉산더 조셀(Alexander Zosel)과 스테판 울프(Stephan Wolf)가 창업한 스타트업으로, 같은 해 세계 최초로 순수 전기 기반의 eVTOL 유인 비행에 성공한 바 있습니다. 업계에서는 볼로콥터의 에어택시를 전 세계인이 가장 먼저 경험할 것이라는 전망이 나옵니다. 그 무대는 바로 2024년 열리는 파리올림픽에서인데요. 볼로콥터는 올림픽 기간 동안 5~10대의 eVTOL을 운항할 것으로 예상됩니다. 현재 볼로콥터의 2인용 에어택시의 경우 1회 충전 시 35km 비행이 가능하며, 최고속도는 시속 110km 수준입니다. 볼로콥터는 2022년에 2024년 상용화를 목표로 한국에도 지사를 설립한 바 있습니다.

이외에도 미국의 아처에비에이션(Archer Aviation), 독일의 릴리움(Lilium), 영국의 버티컬에어로스페이스(Vertical Aerospace) 등 스타트업들이 앞다퉈 eVTOL 기체를 개발해 상용화를 추진하고 있습니다.

독일 AAM 스타트업 볼로콥터의 볼로콥터2X. (사진_볼로콥터)

'TIE·플라나' 등 토종 스타트업…
판도 뒤집기 노린다

미개척 하늘길 정복을 꿈꾸는 스타트업들은 국내에도 있습니다. 2023년 5월 국내 AAM 스타트업 '디스이즈엔지니어링(이하 TIE)'은 기자간담회를 열고 현재 개발하고 있는 기체의 성능과 제원을 공개하고 향후 로드맵도 공유했습니다.

TIE는 서울대 기계항공공학과 출신 홍유정 대표가 2016년 3월 설립한 회사로, 현재 50여 명의 임직원이 근무하고 있습니다. AAM 기체 개발뿐 아니라 에어택시 서비스, 자율주행드론을 통한 소형 화물 배송 등의 사업을 진행하고 있습니다.

TIE가 개발 중인 기체 시프트 컴슨은 최고속도 330km/h와 비행거리 280km를 목표로 설계된 5인승 eVTOL 비행체입니다. 본격 상용화 예상 시기는 2027년으로, 2040년 연간 5,000대 이상 기체를 생산하는 공장 설립을 계획하고 있습니다.

현대차 출신이 만든 '플라나'도 있습니다. 현대차에서 UAM 기체개발팀장을 지냈던 김재형 대표는 2021년 AAM 스타트업 플라나를 세웠습니다. 플라나는 2028년 상용화를 목표로 기체를 개발하고 있는데요. 배터리만으로 중·장거리 비행이 어렵다고 판단해 하이브리드 추진 기술을

TIE가 개발 중인 AAM 비행체 시프트 컴슨. (사진_TIE)

플라나가 개발 중인 AAM 기체. (사진_플라나)

통해 비행거리가 확대된 AAM 항공기를 개발하고 있습니다. 구체적으로 조종사 1명과 승객 최대 6명을 태우고 최대 시속 300km 이상의 속력으로 500km 이상 거리를 비행할 수 있는 기체 개발이 목표입니다.

플라나는 최근 항공업계 기업들과 업무협약(MOU) 등을 체결하며 저변을 넓히고 있습니다. 2023년 7월 17일에는 국내 소형항공운송사업자 하이에어에 2030년부터 AAM 기체 CP-01 30대를 공급하기로 했습니다. 또 7월 24일에는 무인항공교통관리(UTM) 솔루션 기업 원스카이와 AAM 항공기 운항을 위한 MOU를 체결하고 퓨처오브플라이트 프로그램에 참여하기로 했습니다. 약 20여 개 기업이 참여한 이 프로그램은 항공기 및 드론의 원활한 운영을 목적으로 만들어진 협력 생태계입니다.

AAM 상용화 열쇠는 높은 안정성 확보

김철웅
현대자동차그룹
AAM사업추진담당

AAM의 상용화를 위해서는 무엇보다 안전성 확보가 가장 중요한 문제로 꼽힙니다. 에어택시는 말 그대로 하늘을 날아다니는 이동 수단이기 때문에 단 한 번의 작은 사고가 운전자 또는 탑승자의 사망으로 직결될 수 있기 때문이죠. 도로에서 자동차를 타다 발생하는 크고 작은 사고와는 치명도 측면에서 그 수준이 완전히 다릅니다. 게다가 빌딩 사이를 날아다니는 기체가 추락할 경우 발생하는 추가 피해는 감히 상상하기 어렵습니다. 무엇보다 안전에 대한 확신이 없다면 누구도 선뜻 에어택시를 타려고 하지 않을 테죠. 안전성은 그 자체만으로 산업의 성패를 가를 핵심 사안입니다.

현대차에서 AAM사업추진담당을 맡고 있는 김철웅 상무도 안전성 확보가 무엇보다 중요하다고 강조합니다. 김 상무는 "AAM과 같은 차세대 기체는 친환경 파워트레인, 저소음, 수직이착륙 등 도전적인 기술적 과제들이 많이 있는데, 이 과제들을 해결하면서 높은 안전성을 확보해야 하는 것이 가장 큰 난제라고 생각한다"고 말했습니다.

이 때문에 현대차는 자체적으로 상당히 높은 수준의 안전기준을 목표로 기체를 개발 중이라고 합니다. 빠른 상용화를 목표로 하고 있는 경쟁사 일부는 '1,000만 비행시간 동안 1회 미만의 참사적 비행 사고가 날 확률'을 안전기준 목표로 삼고 있는데, 현대차는 이보다 100배는 높은 '10억 비행시간 동안 1회 미만의 참사적 비행 사고가 날 확률'을 안전기준 목표로 삼았습니다.

김 상무는 "현대차는 항공업계 최고 수준의 안전기준을 목표로 개발하고 있다"며 "시장 진입도 중요하지만 무엇보다 안전을 최우선으로 장기적 관점에서 핵심기술을 개발하고 역량을 확보하는 중"이라고 했습니다.

현대차의 AAM 사업 역사는 아주 오래되진 않았습니다. 2019년 UAM사업부 신설을 시작으로 항공모빌리티산업에 뛰어들었습니다. 이후 세계 최대 IT·가전 전시회인 국제전자제품박람회(CES) 2020년 행사에서 UAM 기체 프로토타입인 'S-A1' 및 사업 비전을 공개했고요. 같은 해 미국 내에 모빌리티 독립법인 '슈퍼널'을 설립해 항공모빌리티산업의 중심지로 진격했습니다. 오는 2028년 미국 내 상용 서비스 도입이 목표입니다.

후발 주자지만 경쟁력은 충분하다는 게 현대차의 판단입니다. 자동차산업을 통해 확보한 높은 기술력이 핵심 경쟁력이라는 것이죠. 경쟁사 대비 높은 안전 목표를 설정할 수 있는 것도 바로 이 기술력에 기인한 것으로 보입니다.

김 상무는 "자동차 양산 기술을 기반으로 항공업계에서 찾아보기 힘든 대량 양산이 가능한 기체를 설계하고 있다"며 "자율주행, 배터리 전동화 기술, 수소연료전지, 디자인 등 기존 자동차 분야의 기술력을 기체에 적용해 혁신을 이끌 것"이라고 강조했습니다.

현대차가 추구하는 AAM 사업의 목표는 높습니다. 단지 기체 제조뿐 아니라 AAM 생태계 전 영역에 대한 혁신을 도모하고 있습니다. 정부가 의지를 갖고 추진하는 K-UAM 그랜드 챌린지에서도 중요한 역할을 맡고 있습니다.

김 상무는 "인공지능(AI)을 바탕으로 실시간 최적경로를 만드는 플랫폼 '셔클(Schucle)'을 확장해 육상과 하늘을 연결하는 통합 플랫폼을 구축하고 실증할 예정"이라고 말했습니다.

2 확장현실

여기 두 남녀가 있습니다. 가상현실 (VR) 게임에서 만난 두 사람은 강하게 끌리고 육체관계까지 맺게 되죠. 하지만 현실에서 둘은 동성(남성)의

친구 사이입니다. 머릿속으론 분명히 동성 친구임을 알고 있지만 가상의 세계에선 서로 이성으로 만나 끌림을 느끼는, '묘한' 경험을 하게 되죠. 이는 가상 세계와 현실 세계의 간극에 혼란스러워하는 두 사람의 이야기를 담은 넷플릭스 드라마 〈블랙미러〉 시즌 5 에피소드 중 하나인 '스트라이킹 바이퍼스' 한 장면입니다.

1850년대 첫 등장한 VR의 개념

다소 충격적일 수 있는 이 드라마의 내용은 최근 점차 발전하고 있는 확장현실(XR)의 미래일 수도 있겠다는 생각이 듭니다. 나중엔 정말 가상과 현실을 구분하기 어려운 XR 기술들이 등장할 테니 말이죠. 최근에도 XR은 무서울 정도로 빠르게 하드웨

AR글라스의 활용.
(사진_엑스리얼)

구분	가상현실(VR)	증강현실(AR)	혼합현실(MR)
방식	현실 세계 차단, 디지털 환경 구현	현실 정보 위에 가상 정보 구현	현실 정보 기반 가상 정보 융합
장점	• 컴퓨터그래픽으로 입체감, 몰입감 있는 영상 구현	• 현실 세계에 그래픽을 구현한 형태로, 현실에 도움되는 정보 제공	• 현실과 상호작용 가능 • 사실감, 몰입감 극대화 가능
단점	• 컴퓨터그래픽 세계 구현 필요 • 현실과 상호작용 안 돼 현실감 하락	• 시야와 정보가 분리 • 현실과 차단돼 현실감 하락	• 처리 데이터 용량 거대 • 장비 및 기술 제약

어 기술력을 높여가고 있는데, 점차 활용될 수 있는 용도와 범위도 무궁무진할 것으로 보입니다.

XR의 정확한 정의는 무엇일까요. 사용자들에게 경험과 몰입감을 전달하고 확장된 현실을 만들어내는 초실감형 기술을 뜻합니다. 크게 가상현실(VR), 증강현실(AR), 혼합현실(MR) 등의 기술로 구분되는데요. 현재 우리에게 가장 익숙한 건 VR와 AR일 것입니다. 해외 빅테크들이 최근 경쟁적으로 VR 헤드셋과 AR 글라스(안경 형태)를 만들고 있고, 이를 통해 즐길 수 있는 콘텐츠도 나날이 늘어나고 있기 때문입니다.

XR의 역사는 꽤 오래전부터 거슬러 올라가야 합니다. 1516년, 르네상스 시대의 이탈리아 화가 발다사레 페루치(Baldassare Peruzzi)는 신전 안에서 밖을 보는 경관을 벽화로 그렸는데 이는 실내에서도 마치 야외에 있는 것 같은 느낌을 들도록 했다고 합니다. 지금의 XR과 비슷하죠. 보다 직접적으로는 1851년 영국 만국박람

XR의 주요 방식
출처_
한국저작권위원회
〈XR기술산업
현황보고서〉

회를 통해 알려진 스테레오스코프(Stereoscope·입체경)가 현대 VR의 출발점으로 여겨집니다. 현재 머리에 쓰는 '헤드마운트디스플레이(HMD)' 방식의 VR은 1968년 미국 유타대의 이반 서덜랜드(Ivan Edward Sutherland) 교수를 통해 처음 형성된 것으로 전해집니다.

완벽한 가상 VR, 현실 속에 서 있는 AR

VR과 AR의 원리는 무엇일까요. 우선 VR은 완전한 가상의 세계에서 사용자가 상호작용을 할 수 있는 기술입니다. 디지털 기술로 입체감과 몰입감 있는 영상을 구현해 현실 세계와 동떨어진 느낌을 들게 해주죠. 이처럼 완전히 현실 세계와 닫힌 가상의 세계를 만들려면 시각을 속여야 합니다. 양쪽의 눈엔 각각의 상이 맺히는데, 해당 이미지는 대뇌에서 하나로 합쳐지는 과정을 거칩니다. 이때 생기는 간극을 통해 우리의 뇌는 입체감을 느끼게 되죠. VR의 가장 기본적인 원리 중 하나입니다.

VR 헤드셋은 가장 앞에 디스플레이를 배치하고, 그 뒤에 2개의 볼록렌즈를 설치합니다. VR 헤드셋 내부 디스플레이는 사용자의 눈과 거리가 매우 가까워 초점을 맞출 수가 없는데 렌즈가 이를 조정해줍니다. 눈의 수정체가 두꺼워지지 않더라도 초점을 맞게 해주는데, 이런 경우 초점이 멀리서 잡혀 이미지가 입체적으로 느껴지게 되는 겁니다.

VR 헤드셋 '오큘러스' 시리즈를 만들고 있는 메타도 실재감을 높이는 데 주력합니다. 장시간 동안 정확한 초점과 선명하고 편안한 시야를 보장하는 가변초점 기술을 내세우고 있습니다. 왜곡 보정 기술로 색 번짐이나 왜곡 현상 같은 광학적 수차(收差)를 개선하는 기술도 강조합니다. 또한 1.0의 시력에 근접하는 해상도를 만들

기 위해 8K 수준의 디스플레이도 탑재한다고 합니다. 최근 여러 도전을 받고 있는 메타여서 그런지 대부분의 기술 원리를 공개하진 않고 있습니다만 기본적으론 실재감 극대화를 위한 개발에 '올인'하는 모습입니다.

AR은 VR과는 다소 다릅니다. 완전히 닫힌 VR과 달리 현실 정보 위에 가상의 그래픽을 구현하는 게 특징이죠. 대표적인 하드웨어로는 AR 글라스가 있습니다. 안경 형태의 기기여서 장착하기 쉽습니다. 기술

메타의 VR 헤드셋 오큘러스. (사진_메타)

적으로 보면 대표적으로 '버드배스 (Birdbath)' 방식이 최근 두각을 나타내고 있습니다.

버드배스 방식은 유기발광다이오드(OLED·Organic Light Emitting Diodes) 광원이 45도 각도를 유지하는 빔스플리터를 향해 빛을 투사합니다. 빔스플리터는 빛을 부분적으로 반사하는데 사용자는 이 빛을 눈으로 보게 되는 것이죠.

AR 글라스는 이 빛과 현실의 이미지를 동시에 보는 구조입니다. 반사되는 과정에서 빛의 손실이 일부 일어나지만 최근엔 기술의 발전으로 이를 최소화하고 있다고 합니다. 과거엔 가격이 최소 5배 저렴했던 액정표시장치(LCD·Liquid Crystal Display)를 썼었지만 4~5년 전부터 OLED를 사용하게 되면서 더 선명한 해상도를 구현했다는 평가입니다. 중국 업체 엑스리얼이 OLED를 사용한 최초 업체라고 하네요.

글로벌 XR 헤드셋 시장 전망
출처_
카운터포인트리서치

애플 비전프로에 MR도 기대감

2023년 6월 애플의 '비전프로'가 발표되면서 MR도 최근 화제가 되고 있습니다. MR은 현실 위에 구현한 가상 정보와의 상호작용이 어려운 AR과 달리, 현실을 기반으로 가상 정보를 융합 및 구현하는 만큼 상호작용이 가능합니다. VR와 AR의 결합이라고나 할까요. 다만, 아직까지 기술적 한계가 뚜렷하고, 처리해야 할 데이터 용량도 너무 커 VR이나 AR처럼 상용화가 활발히 이뤄지진 않았습니다. 때문에 애플 '비전프로'에 전 세계 XR산업의 이목이 집중되는 것입니다. 2024년 초에 공식 출시되면 XR 시장도 어떻게 변화할지 기대가 큽니다.

아직 애플이 비전프로에 대한 세세한 사양과 원리를 공개하진 않았지만 세계개발자컨퍼런스(WWDC) 2023에서 보여준 내용대로라면 VR과 AR를 압도할 수 있는 실재감과 활용성

단위: 대

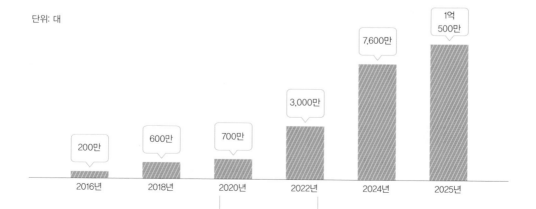

200만 2016년 | 600만 2018년 | 700만 2020년 | 3,000만 2022년 | 7,600만 2024년 | 1억 500만 2025년

을 부여할 것으로 보입니다. 하지만 유선으로 연결된 배터리팩 등을 보면 아직은 기술적으로 완전히 자리 잡은 건 아닌 것으로 보입니다. 첫술에 배부를 순 없겠죠. XR은 그동안 조금씩 기술의 보폭을 넓혀왔고, 언젠가는 드라마 〈블랙미러〉 같은 연출도 가능해질 겁니다. 그렇게 되기 위해선 XR 하드웨어들의 발전, 이를 뒷받침할 수 있는 다양한 XR 솔루션들이 지속적으로 나와줘야 합니다.

XR산업은 미·중 전쟁

기술 성장과 함께 무섭게 글로벌 XR 산업도 성장하고 있습니다. 미국과 중국 업체들을 중심으로 치열한 경쟁이 펼쳐지는 모습입니다. 처음은 메타가 치고 올라왔지만 최근엔 중국 업체들의 기세가 뜨겁습니다. 애플까지 뛰어들게 된다면 미국과 중국 간 자존심 싸움이 될 가능성도 보입니다. 시장조사업체 유비리서치가 최근 발간한 〈XR산업의 메가트렌드 분석 보고서〉에 따르면 1989년부터 2023년 상반기까지 출시된 XR 기기의 모델 수는 총 327개이며, 업체 수는 127개사로 집계됐습니다. 본격적으로 늘어나게 된 시점은 2016년부터인 것으로 추정됩니다.

국가별로 2018년부터 2022년 사이 가장 많은 XR 기기를 출시한 곳은 미국이 아닌, 중국이었습니다. 중국은 총 25개의 모델을 출시했는데 미국은 20개로 2위에 머물렀습니다. 오큘러스 시리즈를 선보이며 이름까지 바꾼 메타(옛 페이스북)가 그간 XR 시장의 '나홀로 강자'였지만, 최근 2~3년간 중국 업체들의 가세로 판도가 흔들리고 있는 모양입니다.

2022년 3분기 기준 메타의 글로벌 VR 헤드셋 시장점유율(IDC 조사 기준)은 75%였습니다. 과거 90%에 달했던 점유율이 상당히 빠진 듯합니다. 뒤를 중국 업체가 쫓고 있는데, 최근 글로벌 VR 시장에서 행보를 키우고 있는 피코(PICO)입니다. 이 회사는 '틱톡'으로 유명한 중국 바이트댄스의 자회사이기도 합니다. 점유율은 11%로, 몇 년 전 만해도 존재감도 미미했던 중국 업체가 가격 대비 성능을 앞세우며 2인자로 올라선 것이죠. 3위로 점유율 9%인 DPVR도 중국 업체이고, 나머지는 의미를 부여하기 어려운 점유율이어서 글로벌 VR 헤드셋 시장은 사실상 미국과 중국의 싸움인 것으로 보입니다.

AR 시장도 중국과 미국의 경쟁입니다. 처음은 마이크로소프트(MS)가 '홀로렌즈' 시리즈로 주목을 받아왔지만, 최근엔 대세가 바뀌었습니다. 중국 업체 엑스리얼이 그 주인공입니다. AR 글라스만 별도로 나눈 최신

점유율 통계는 없지만, 2022년 기준 판매 대수 조사 결과를 보면 엑스리얼이 압도적이었습니다.

시장조사업체 IDC에 따르면 엑스리얼은 2022년 글로벌 시장에서 총 9만 8,000대의 AR 글라스를 팔며 가장 높은 판매량을 기록했습니다. MS는 3만 5,000대로 2위에 머물렀죠. 로키드, TCL도 각각 3만여 대를 팔며 3, 4위를 차지했는데 이들도 모두 중국 업체입니다. 사실상 AR 시장은 이제 중국의 판이 된 것 같습니다.

결국 XR 시장의 현재는 미국과 중국의 싸움이 됐는데요. 2024년 초 애플이 MR 헤드셋 비전프로를 선보이게 되면 이 같은 경쟁은 더 치열해질 것으로 예상됩니다. 애플의 진출로 시장규모도 더 커지고 관련 콘텐츠도 더 늘어날 것으로 전망됩니다. 다만 아쉬운 건 이런 경쟁적인 무대에 한

애플이 2023년 6월 5일(현지 시각) 본사가 있는 미 캘리포니아주 쿠퍼티노 애플파크에서 열린 연례 세계개발자회의(WWDC)에서 공개한 MR 헤드셋 비전프로로. (사진_애플)

국 기업이 전무하다는 것이겠죠. 나름 프리미엄 스마트폰 강국인 한국인데 XR 시장에선 볼 수 없으니 더 안타깝다는 생각이 듭니다.

다행히 삼성전자가 최근 움직이고는 있습니다. 2023년 2월 '갤럭시 언팩'에서 구글, 퀄컴과 함께 XR 생태계 동맹을 발표, 향후 관련 기기를 선보일 것으로 예상되는데요. 후발 업체인 만큼 어떤 새로움을 장착해 올지 관심입니다. 삼성전자는 상용화된 XR 제품은 내지 않았지만 그간 꾸준히 관련 기술 특허 등을 출원하며 내공을 쌓았던 만큼 기대해봅니다.

스마트폰
다음은 XR, 잠재성
무궁무진

하태진
버넥트 대표

"XR이 적용될 수 있는 분야는 무궁무진합니다. '스마트폰 다음은 XR'이라는 이야기가 나오는 이유가 여기에 있죠."

하태진 버넥트 대표는 XR의 미래에 대해 이렇게 이야기했습니다. 그만큼 XR의 활용 범위가 넓고 미래 확장 가능성이 크다는 의미입니다.

버넥트는 국내 대기업 및 공공기관의 교육, 건축, 제조, 관광, 모빌리티, 광고 등의 분야에 자사의 XR 솔루션을 제공하고 있는 회사입니다. 최근 기업공개(IPO)까지 성공하며 국내 XR 시장에서 가장 활발히 움직이고 있는 곳이기도 합니다.

하 대표는 XR이 기존에 없던 완전히 새로운 개념이 아닌, 새로운 표현의 한 종류라고 강조했습니다. 그는 "XR은 기존에 신문에서 라디오, 방송, PC, 스마트폰으로 이어지는 정보와 지식의 새로운 표현이자 뉴미디어의 한 형태라고 볼 수 있다"라며 "XR은 실제 '같은' 느낌, 즉 실재감(Presence)을 제공하기 위해 컴퓨터로 만들어진 환경이자, 인간의 5개 감각을 재현하는 몰입형 멀티미디어"라고 소개했습니다.

하 대표는 XR은 기본적인 디스플레이 기술에 더해 다양한 기술들이 융복합 돼 있다고 설명했습니다. 쉽게 정의 내리기 어려운 기술이란 얘기죠. 여러 기술이 접목된 만큼 활용 범위도 우리가 예상하지 못할 만큼 클 것으로 기대됩니다.

그는 "XR에는 광학 기술, 컴퓨터 비전 및 그래픽스, 인공지능(AI), 통신, 예술, 인지과학, 인간·컴퓨터 상호작용(HCI) 등이 맞물려 발전하고 있다"며 "이런 XR이 적용될 수 있는 분야는 모빌리티, 교육, 건축, 쇼핑, 국방, 게임, 의료, 제조, 미디어, 광고, 관광 등 무궁무진하다"고 말했습니다.

이 같은 XR 기술에 대한 기대감은 갑자기 생겨난 게 아닙니다. 하 대표는 2007년 방영된 일본 SF 애니메이션을 예로 들었습니다. "2007년 방영된 애니메이션 〈전뇌코일〉의 배경은 일종의 대규모 AR 세계로, 사물과 데이터가 연동돼 AR 글라스와 같은 기기를 일상생활에서 사용한다"며 "이미 15년 이상 지난 애니메이션이지만 2023년 6월 애플이 발표한 비전프로 같은 XR 기기의 등장을 마치 예견한 것만 같다"고 밝혔습니다.

하 대표가 언급한 애플 MR 헤드셋 비전프로 이후 XR 시장이 더 활성화될 것이란 기대감도 나오는데요. 그는 "초고속, 초연결, 초저지연 등을 특징으로 한 5G가 무르익으면서 MS에서 출시한 홀로렌즈를 비롯해 메타, DPVR, 피코 등 XR 기기 시장에서 벌어지고 있는 전초전은 애플의 비전프로가 출시되면 본격적인 전쟁 양상에 돌입할 것으로 예측된다"고 말했습니다.

다만 XR 시장의 성장은 단순히 기기만 늘어난다고 해서 이뤄지는 건 아닙니다. XR을 구성하는 많은 기술들의 화학적인 결합과 진화가 필요하죠.

하 대표는 "XR산업의 활성화를 위해서는 콘텐츠, 플랫폼, 네트워크, 디바이스 즉, 'CPND'의 상호 유기적인 성장이 필요하다"며 "그간 병목현상이었던 XR 기기 보급이 활성화되면 앞서 말한 여러 분야에서 수요가 급증할 것으로 전망된다"고 기대했습니다.

3 SDV

미래 자동차산업의 화두는 단연 '소프트웨어 중심의 자동차(SDV·Software Defined Vehicle)'입니다. SDV는 소프트웨어를 기반으로 주행 성능과 승차감, 안정성 등의 하드웨어를 통합 관리하고, 각종 편의 사항을 지속적으로 업그레이드하는 차량을 뜻합니다. 이는 자율주행 등의 기술 발달로 자동차가 단순히 이동을 위한 '수단'이 아닌 이동을 위해 머무는 '공간'으로 패러다임이 바뀌는 데서 비롯됐습니다. 특히 SDV는 사용자의 편의를 위해 가전, IT(정보통신), 엔터테인먼트산업군과도 융복합하며 무한 확장하고 있어 그 발전의 끝을 예상하기 어려울 정도입니다. 이에 글로벌 완성차업체마다 SDV 시대 주도권을 쥐기 위해 기술개발에 사활을 걸고 있습니다.

'스마트폰보다 똑똑한 차' SDV, 미래 모빌리티를 바꾸다

과거의 자동차는 기계공학 중심의 하드웨어가 주를 이뤘지만 SDV는 그

OTA
기능을 지원하는
현대차의 코나 일렉트릭.
(사진_현대차)

반대입니다. 지속적인 소프트웨어 업데이트를 통해 자동차의 주행 성능 개선은 물론 편의 기능, 안전 기능, 심지어 차량의 감성 품질과 브랜드의 아이덴티티(정체성)까지 규정하고 있습니다. 특히 SDV는 자동차가 사람과 사물의 이동성을 제공하는 이동 수단이라는 전통적 서비스를 넘어 차 안에서 오락, 정보 등 다양한 콘텐츠를 즐길 수 있도록 여러 산업군과 융복합한 서비스 제공을 지향하고 있습니다.

마치 휴대전화산업이 본연의 통신 수단으로 쓰였던 '피쳐폰'에서 개인화된 컴퓨터 '스마트폰'으로 진화하면서 엔터테인먼트, 비즈니스, 의료, 금융 등의 여러 산업과 결합하며 새로운 생태계를 선보인 것과 같죠. 여기에 지금 이 순간에도 스마트폰을 사용하는 소비자 스스로 필요로 하는 앱을 만들고 공유하고, 이를 구동할 수 있는 소프트웨어도 지속적으로 업데이트하면서 스마트폰 생태계가 진화하고 있는 것처럼 SDV도 비슷한 발전 흐름이 예상됩니다.

SDV의 핵심, 중앙집중형 제어

SDV가 기존 자동차와 가장 다른 점은 중앙집중형 전기전자 설계 방식을 따르고 있어 소프트웨어를 통한 통합 제어가 가능하다는 것입니다. 예컨대

기존의 자동차는 스마트키, 디지털 대시보드, ABS 브레이크, 자동 헤드라이트, 자동 공조기, 엔진 제어, 첨단 운전자 지원 시스템(ADAS) 등 전자식으로 제어되는 모든 기능들은 각각의 전자제어장치(ECU·Electronic Control Unit)를 통해 개별적으로 제어하는 분산형 구조입니다. ECU는 센서에서 신호를 받아 판단하고 제어 명령을 구동장치로 보내는 역할을 하죠.

이러한 ECU는 각기 다른 부품사에서 독립적으로 개발된 경우가 많아 이를 통합제어하기 위해서는 메인 컴퓨터와의 통신과 배선·배전 연결이 필요하기 때문에 부품이 많을수록 이 과정은 더욱 많아지고 복잡해지는 문제가 발생합니다. 예컨대 차량 내 부품보다 선이 더 많아지는 불상사가 생길 수 있는 것이죠. 게다가 다양한 제조사들은 각기 다른 펌웨어(하드웨어의 제어와 구동을 담당하는 일종의 운영체제)를 사용하기 때문에 성능 개선을 위한 소프트웨어 업데이트도 어렵다는 단점이 있습니다.

반면 SDV는 처음 설계 때부터 ECU를 중앙집중형 방식으로 통합해 통합 제어가 가능합니다. 스마트폰처럼 소프트웨어 업데이트를 통해 새로운 기능의 추가, 수정, 제거가 가능하기 때문에 소비자 개별 취향에 따라 기능

을 제공하는 맞춤형 상품도 가능해집니다. 특히 SDV는 기존 자동차에 들어가던 100여 개에 달하는 분산형 제어 시스템을 통합해 와이어링 하네스(자동차의 각 부위에서 발생하는 전기적 신호 및 전류를 각 전장품에 전달하는 부품)의 양을 줄임으로써 경량화와 함께 공간 축소도 할 수 있습니다. 이로 인해 연비 향상과 소비자 편의성 제고를 기대할 수 있죠.

실제 SDV에 앞선 것으로 평가받는 테슬라는 '모델 3'를 출시하면서 단 4개의 ECU(오토파일럿 1개, 바디컨트롤 3개)로 구성된 중앙집중형 설계 방식의 소프트웨어 중심적 제어 시스템을 구현한 바 있습니다. 2019년부터 자체 개발한 SoC(System on Chip)를 적용한 HW 3.0 플랫폼을 선보였고, 무선 소프트웨어 업데이트(OTA)를 실현함으로써 차량의 오류,

제로백 시간 단축 등 자동차 성능 개선을 소프트웨어로 구현했습니다. 이런 중앙집중형 설계가 바로 SDV로 가기 위한 출발점인 셈입니다.

완성차업계 자체 OS 개발 속도전

SDV가 중앙집중형 설계를 작동시키기 위해서는 차량용 운영체제(OS·Operating System)도 필수입니다. OS는 차량 내 모든 하드웨어와 모든 소프트웨어가 구동할 수 있는 환경을 만들어주고 잘 움직이고 있는지 관리하는 일종의 '최종 관리자'입니다. 일반적으로 컴퓨터에서 MS 윈도우, 애플 iOS 혹은 리눅스 등의 운영체제가 모든 컴퓨터 부품을 동작하게 하고, 스마트폰에서 안드로이드 혹은 iOS를 통해 다양한 기능을 수행하는 것과 같은 경우죠. OS는 소프트웨어와 함께 SDV 차량의 성능을 좌

SDV 전환의 단계
출처_한화투자증권
리서치센터

모바일 시장	피처폰에서 스마트폰으로 전환	스마트폰 기반 앱 서비스 본격화	IoT 서비스 생태계 확장
	● HW와 SW 분리 ● 저전력·고성능 기술 　(모바일 AP 등) 확보	● 앱스토어 등 모바일 생태계 활성화 　-애플 앱스토어, 　안드로이드 마켓 등	● 클라우드·빅데이터 기반 　모바일 서비스 확대 ● 다양한 IoT 디바이스 연동
SDV 시장	Phase 1: SDV HW(2023~2025)	Phase 2: SDV SW(2026~2030)	Phase 3: 서비스 경쟁(2030~)
	SDV 서비스 확장성 가진 전기차 보급 ● E/E 아키텍처 기반 통합 제어 　-SW 기능 다양화·고도화 　대응에 필수 ● 전기차 저전력·고성능 제어 　-자율주행 등 전력 사용량 　증가에 대비	**SDV 서비스 본격화** ● 차량 SW 플랫폼(차량 통합 OS) 　-생태계 구축 통한 킬러 　서비스 확대 ● AI 알고리즘 　-SW 성능 고도화에 필수 　역량으로 부상	**모빌리티 서비스 생태계 확장** ● 모빌리티 플랫폼 　-로봇·UAM과 연동한 　서비스 제공

우하는 핵심기술이자 부품으로 꼽힙니다.

현재 일부 제조사들은 구글이 제공하는 '안드로이드 오토모티브(Android Automotive)'나 애플의 '카플레이(CarPlay)'를 자사 차량에 도입해 제한적으로 인포테인먼트 기능을 선보이는 곳도 있습니다. 스텔란티스와 혼다, 볼보, GM, 르노-닛산 등은 차량 전반의 통합제어 기능을 제공하는 구글의 차량용 OS 안드로이드 오토모티브를 활용해 기존 모바일산업 내 구축된 생태계를 적극 활용하겠다는 계획을 밝힌 바 있죠. 스마트폰 OS 환경에 익숙한 대규모 사용자가 존재하므로, 이를 기반으로 SDV 시장으로 빠르게 침투하겠다는 전략을 택한 것으로 풀이됩니다.

반면 테슬라와 다임러, 도요타, 폭스

OTA와 음악 및 영상 스트리밍 서비스를 탑재해 SDV 전환에 속도를 더한 기아 더 뉴 K5. (사진_기아자동차)

바겐, 현대자동차그룹(현대차), 메르세데스-벤츠 등은 자체 개발을 추진하고 있습니다. 이는 향후 차량 내 OS를 자사 고유 브랜드에 맞게 UI(User Interface)를 차별화하고 싶어도 타사 OS를 가져다 쓸 경우 범용성에 따라 차별화 한계가 존재하고, 앱 거래 등의 신규 수익 창출도 제한될 수 있기 때문입니다. 현재 스마트폰 OS를 양분화한 구글과 애플이 생태계 내에서 미치는 영향력이 얼마나 큰지 익히 알고 있기 때문에 각자 자사 고유의 OS를 개발하는 데 힘을 쏟고 있는 것이죠.

무엇보다 현재 자동차 OS 시장은 SDV 개화와 함께 태동기라 볼 수 있어 아직까지 시장을 장악한 절대적 지배자는 없는 상태입니다. 이 때문에 범용성이 높은 OS를 개발한다면

PART 1 이미 도착한 미래

다른 회사에 자사 OS를 공급할 수 있는 가능성도 생깁니다. 또한 자기 OS를 쓰면 데이터도 쉽게 확보할 수 있어 자율주행 고도화 등의 경쟁력도 높아집니다. SDV는 완전자율주행을 지향하고 있는 만큼 이를 실현하기 위해서는 방대한 데이터와 반복학습이 필수기 때문이죠. 또한 데이터에는 탑승객 이용 패턴도 포함돼 있는 만큼 쇼핑, 레저, 숙박 등 소비활동과 연결해 신규 수익원을 창출할 수 있다는 장점도 있습니다. 데이터를 누가 얼마나 모으느냐에 따라 SDV 시대 성패도 갈릴 것으로 전망됩니다.

완성차부터 가전, 빅테크까지…
미래 모빌리티 각축전

SDV로의 패러다임 전환과 함께 고성능 전장부품의 중요도도 커지고 있습니다. 소프트웨어 역량에 따라 차의 성능도 바뀌는 만큼 완성차업체는 물론 정보기술(IT) 기업까지 뛰어들어 소프트웨어와 OS 개발에 집중하고 있고, 가전업체는 전장부품(전기장치 부품) 사업에 사활을 걸고 있습니다.

업계에 따르면 현대차는 2025년까지 모든 차종에 OTA 기능을 적용하고, 소프트웨어 업데이트·구독 등 개인화된 서비스를 제공하는 등 SDV 전환을 이룬다는 목표를 세웠습니다. 이를 위해 현대차는 AI, SW, OS 등을 개발하는 다양한 기업들과 협력을 추진하고 있습니다. 특히 2022년 8월 인수한 소프트웨어 및 모빌리티 플랫폼 개발 스타트업 포티투닷

2023년 9월 4일(현지 시각) IAA 모빌리티 2023 미디어데이에서 마그누스 외스트버그 메르세데스-벤츠 최고소프트웨어 책임자(CSO)가 차세대 운영체제 MB.OS를 설명하고 있다. (사진_메르세데세스-벤츠 뉴스룸)

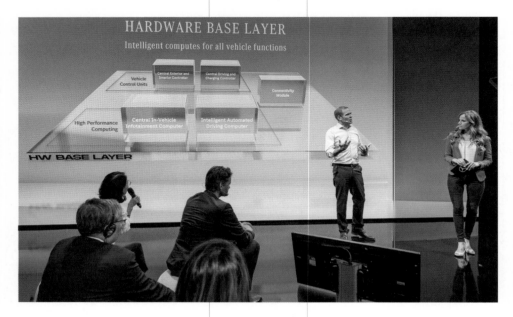

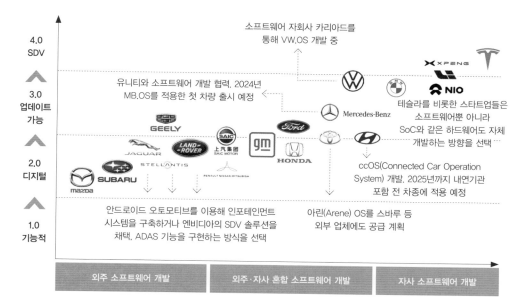

소프트웨어 자회사 카리아드를
통해 VW.OS 개발 중

4.0 SDV

유니티와 소프트웨어 개발 협력. 2024년
MB.OS를 적용한 첫 차량 출시 예정

3.0 업데이트 가능

테슬라를 비롯한 스타트업들은
소프트웨어뿐 아니라
SoC와 같은 하드웨어도 자체
개발하는 방향을 선택

2.0 디지털

ccOS(Connected Car Operation
System) 개발. 2025년까지 내연기관
포함 전 차종에 적용 예정

1.0 기능적

안드로이드 오토모티브를 이용해 인포테인먼트
시스템을 구축하거나 엔비디아의 SDV 솔루션을
채택, ADAS 기능을 구현하는 방식을 선택

아린(Arene) OS를 스바루 등
외부 업체에도 공급 계획

외주 소프트웨어 개발	외주·자사 혼합 소프트웨어 개발	자사 소프트웨어 개발

(42dot)을 구심점으로 해 소프트웨어 중심의 모빌리티 디바이스와 솔루션 개발을 주도하고 있습니다. 현대차는 소프트웨어 기술력 강화를 위해 2030년까지 총 18조 원을 투자할 계획입니다.

독일 폭스바겐그룹도 2020년 아우디, 포르쉐 등 그룹 내 각 계열사나 자회사로 분산되어 있던 SW 조직을 한데 모은 자회사 '카리아드'를 설립, 그룹의 통합형 독자 운영체제인 VW.OS를 개발 중입니다. VW.OS는 그룹 내 전기차 플랫폼부터 SDV를 위한 전동화 기반의 소프트웨어를 통합해 차량 기능 전반을 제어하는 기술입니다. 폭스바겐은 2026년까지 소프트웨어와 자율주행기술 개발에 300억 유로(약 39조 원)를 연구 자금

업체별 차량용 OS 개발 현황

출처_현대차, 각사, 하이투자증권

으로 투입할 계획입니다.

메르세데스-벤츠도 독자 개발한 차량 전용 운영 체제 'MB.OS'를 2025년부터 상용화하겠다고 2023년 초 밝혔습니다. MB.OS는 인포테인먼트, 자율주행, 충전 등 사실상 차량의 모든 영역에 접근성을 제공하는 시스템입니다. BMW그룹은 2023년 콘셉트카 '비전 노이어 클라쎄(Vision Neue Klasse)'를 공개하고, 차세대 SW 아키텍처와 다양한 기능을 하나의 시스템에 통합한 새 인터페이스를 선보였습니다. 노이어 클라쎄 플랫폼이 적용된 차량은 2025년부터 양산될 예정입니다.

일본의 토요타도 2025년 상용화를 목표로 차량용 OS '아린(Arene)'을 자체 개발 중에 있습니다. 아린은 핸

들과 브레이크, 가속 등을 제어하고 내비게이션 역할도 하는 소프트웨어로, 국가나 차종과 상관없이 '아린'을 탑재한 차량이라면 공통적인 기능을 발휘할 수 있도록 개발될 예정입니다. 토요타는 이를 오픈소스 형태로 외부에 공개해 내부 소프트웨어 개발자 이외에도 제3자 참여를 유도해 차량 관련 다양한 서비스를 고객에 제공하겠다는 목표도 세웠습니다.

이미 오래전부터 SDV 기능 정의 및 개발 방식에 대한 콘셉트를 구상하고 구현해온 테슬라는 슈퍼컴퓨터 '도조'를 통해 완전자율주행 고도화를 추진

중에 있습니다. 도조는 AI 기술과 고화질 영상 등 테슬라 전기차의 주행 데이터를 바탕으로 자율주행 소프트웨어를 만드는 슈퍼컴퓨터입니다. 테슬라의 오토파일럿과 자율주행 AI를 구동하는 신경망을 훈련시키는 데 사용되죠. 업계에서는 테슬라가 도조를 통해 만든 자율주행 소프트웨어를 다른 기업에 판매함으로써 수익 다각화까지 이룰 수 있다는 분석도 나오고 있습니다.

레거시(전통) 완성차업체뿐 아니라 IT 빅테크 업체들과 가전업체들도 이 영역에서 보폭을 넓혀가고 있습니다. 구글, 애플 등의 빅테크 업체들은 모바일 생태계를 차량 서비스 영역으로 확장하고자 하는 움직임을 지속적으로 강화하고 있습니다. 구글 안드로이드 오토, 애플 카플레이 등 폰커넥티비티 서비스를 통해 자사의 소프트웨어 플랫폼을 차량 AVN(오디오·비디오·내비게이션)과 연동하고, 앱 마켓(앱스토어, 안드로이드 마켓 등)에

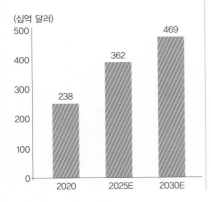

(십억 달러)

차량용 전장부품 및 SW 시장규모 전망

출처_맥킨지, 한화투자증권 리서치센터

부품	연평균 성장률(CAGR) 2020~2030
합계	**+7%**
SW(functions, OS, middleware)	+9%
Integration, verification, and validation services	+10%
ECUs / DCUs	+5%
Sensors	+8%
Power electronics(exd. Battery cells)	+15%
Other electronic component(harnesses, controls, switches, displays)	+3%

Auto SoC (V920) Development Board

차량 클러스터, 디스플레이 등 차량 UI에 맞는 전용 앱을 출시해 차량 서비스 이용자 수 증대를 꾀하고 있는 것이죠.

특히 개인화된 기능 구성이 가능한 SDV는 최적의 소프트웨어 개발 환경 구축을 위해서는 클라우드와 AI 인프라 기술 활용이 필수 요건이기 때문에 빅테크 업체와 협업을 하기 위한 수요도 늘어나는 추세입니다.

국내 양대 가전사인 삼성전자와 LG전자는 2023년 9월 독일에서 열린 글로벌 오토쇼 'IAA 모빌리티 2023'에서 미래차 혁신을 이끌 첨단 전장(전기장치 부품) 기술을 대거 선보이며 시장 공략을 강화하고 있습니다.

삼성전자는 반도체 사업을 담당하는 디바이스솔루션(DS) 부문과 자회사인 삼성디스플레이, 삼성SDI가 참가해 리튬인산철(LFP)배터리와 차량용 반도체 솔루션 등 첨단 전장 기술을

프리미엄 인포테인먼트용 오토모티브 프로세서인 엑시노스 오토 V920. (사진_삼성전자 반도체 뉴스룸)

대거 선보였습니다. 프리미엄 인포테인먼트용 프로세서인 '엑시노스 오토 V920'과 함께 운전자 부주의, 졸음 등을 경고할 수 있는 모니터링 시스템 기술도 공개했습니다.

LG전자는 자동차를 '개인화된 디지털 공간'이라고 재정의하고, 롤러블·플렉서블·투명 등 다양한 폼팩터를 구현하는 디스플레이와 가전을 활용해 자동차를 가변 공간으로 구현하겠다는 계획을 밝힌 바 있습니다. LG전자는 전장 사업 매출을 2030년까지 2배 이상 키워 글로벌 10대 전장 업체가 된다는 목표입니다.

글로벌 시장조사업체인 맥킨지 등에 따르면 차량용 전장부품 및 SW 글로벌 시장규모가 2020년 2,380억 달러에서 2025년 3,620억 달러, 2030년 4,690억 달러 등으로 2030년까지 연평균 7% 이상 지속 성장할 것으로 전망하고 있습니다.

SDV 패권,
기업 혼자선 무리… 데이터
개방 등 정부 지원 있어야

고태봉
하이투자증권
리서치본부장

"SDV 글로벌 패권을 쥐기 위해서는 SW나 OS 개발 등 어느 하나만 잘해서는
안 됩니다. 방대한 데이터를 가지고 고도의 자율주행 네트워크 전반을 설계
하고 가동하는 능력이 있어야 합니다. 이는 데이터 보안 문제도 있어 기업 혼
자서는 어려운 일이라 정부 차원의 통합적 지원도 필요합니다."

고태봉 하이투자증권 리서치본부장은 "전동화와 함께 SDV로 급변하는 모빌
리티 시장에서 생존 전략을 오롯이 완성차업체 홀로 짊어져서는 안 된다"면
서 이같이 지적했습니다. 그는 "SDV로 진화하는 과정에서 수많은 완성차 부
품업체가 사라지고 기업 간 통폐합이 이뤄질 것"이라며 "모빌리티산업은 국
가경쟁력을 좌우하는 산업이기 때문에 기업 간 다양한 협업은 물론 정부 차
원의 통합적 지원이 뒷받침돼야 한다"고 제언했습니다.

고 센터장이 정부 차원의 통합적 지원을 강조하는 것은 SDV가 단순히 완성
차업체에 국한된 자동차에 관한 기술이 아니라 반도체와 로봇 등 다른 첨단
산업에도 접목할 수 있는 중요한 자산이 될 것이라는 분석 때문입니다. 예컨
대 자율주행 분야의 선두 주자인 테슬라와 엔비디아가 동시에 로봇 분야 진
출을 발표한 것도 같은 맥락으로 보고 있습니다.

고 센터장은 "미래 모빌리티에는 많은 기술 요소가 포함되는데 자율주행이

상용화되면 큰 낙수효과가 기대된다"며 "전기차와 자율주행, 로봇, 미래항공모빌리티(AAM) 등 전반에서 기업이 힘을 합치면 더 큰 생태계가 열리는 만큼 정부도 산업별로 정책을 수립하는 것이 아니라 융복합 관점에서 통합적인 지원책을 고민해야 한다"고 말했습니다.

특히 SDV 전환을 추진하고 있는 완성차업계에 무엇보다 시급한 것을 데이터 개방으로 꼽았습니다. 고 센터장은 "자율주행을 고도화하고 완성하기 위해서는 결국 데이터를 범용적으로 쓸 수 있는 게 중요하다"며 "그러나 일반 완성차 제조사는 개인정보보호 등의 이유로 데이터를 구하는 게 어려워 최종 개발 단계에서 반쪽짜리에 그칠 수 있다"고 지적했습니다.

개인정보보호 문제로 데이터 즉시 개방이 어렵다면 적어도 일반인들의 개인정보와 실용 데이터를 분리하는 방안을 고민해달라는 업계의 요구도 있습니다. 적어도 국내 운전자들의 데이터만큼은 한국의 완성차업체가 양질의 데이터를 우선적으로 갖고 자율주행 시스템을 개발할 수 있도록 데이터 사용을 열어달라는 요청입니다.

테슬라의 경우 항공우주 기업 스페이스X의 스타링크 인공위성을 통해 전 세계 테슬라 자동차 데이터를 모두 한 곳으로 모으고 있다는 점에서 더욱 경각심을 가져야 한다고 고 본부장은 지적했습니다. 테슬라는 위성으로부터 모은 정보를 빅데이터화해 다시 글로벌 테슬라 차량에 입력, 업데이트하는 방법을 구사하고 있습니다.

고 본부장은 끝으로 "테슬라가 궁극적으로 추구하는 건 전기차를 만들어 파는 게 아니라 하드웨어를 이끌 수 있는 소프트웨어를 완성하고, 이 알고리즘을 가지고 돈을 벌겠다는 전략"이라며 "국내 완성차업체나 관련 산업계, 정부는 바로 이 부분을 경계해야 한다"고 재차 강조했습니다.

4 폴더블폰

2000년대 후반 스마트폰의 등장은 인류의 삶을 혁신적으로 바꿨습니다. 손안에서 모든 일을 처리할 수 있고, 더 많은 엔터테인먼트 경험을 즐길 수도 있게 됐습니다.

이후에도 스마트폰의 기술 발전은 계속됐습니다. 더 이상의 혁신이 없을 것으로 생각했던 그때, '화면을 접는' 스마트폰이 세상에 나왔습니다. 바로 '폴더블(Foldable·접이가 가능한)폰' 입니다.

접으면 일반 바(bar) 형태의 스마트폰이, 펼치면 2배 이상 크기의 광활한 화면이 펼쳐집니다. 과거 스마트폰으로 할 수 있던 작업과 경험의 폭도 그만큼 넓어지게 됐습니다. 스마트폰이 '폼팩터(Form Factor·제품 외형)'의 혁신으로 새로운 전환기를 맞게 된 셈입니다.

발전된 플렉스 힌지, '더블레일'로 구현

새로운 기술은 기대 이상으로 빠르

갤럭시Z 폴드5(왼쪽)와 플립5.
(사진_삼성전자)

세상을 뒤바꿀 미래기술 25   36

게 확산하기 마련입니다. 폴더블폰이 처음 세상에 나왔던 2019년만 해도 '폴더블'이란 단어는 매우 생소했습니다. 하지만 5년여 만에 폴더블폰은 글로벌 스마트폰 시장의 한 축이 됐습니다. 한국의 대표기업 삼성전자가 주력으로 내세우며 시장을 키워가고 있습니다.

삼성전자는 매년 하반기 '갤럭시Z 폴드'와 '플립'이라는 이름으로 폴더블폰 신제품을 출시하고 있습니다. 글로벌 폴더블폰 1위 업체로 관련 기술 발전을 이끌고 있죠. 벌써 5세대 제품이 나온 만큼 완성도도 점차 높아지고 있는 모습입니다. 2023년에는 기존보다 더 발전한 힌지(경첩) 기술을 내세웠죠.

힌지는 삼성전자뿐만 아니라, 최근 폴더블폰 시장에 뛰어든 글로벌기업이 일제히 매진하고 있는 기술 분야인데요. 어찌 보면 '접어야 하는' 폴더블폰의 숙명상 가장 중요할 수밖에 없을 겁니다. 삼성전자가 2023년 출시한 '갤럭시Z 폴드5·플립5'에 선보인 '플렉스 힌지' 기술이 대표적입니다.

플렉스 힌지는 내부에 탑재되는 '더블레일(Double Rail·2개의 레일)' 시스템으로 구동됩니다. 로테이터(Rotator·회전) 레일과 링크(Link) 레일을 부품으로 사용해 패널을 접었을 때 손상 없이 자연스러운 물방울 형태로 만들어줍니다.

1차로 로테이터 레일이 폴더블폰 디스플레이상에 부착되는 초박형 강화유리(UTG·Ultra Thin Glass)를 구부리는 역할을 합니다. 이후 2차로 링크 레일이 구부러진 UTG에 또 한 번의 변곡점을 만들어 평평한 구조를 구현할 수 있게 합니다. 이 경우 양쪽의 디스플레이 간 틈은 최소화하고 접히는 부분도 내구성이 강해진다고 합니다.

제품의 크기와 무게를 줄이는 데도 힌지 기술은 많은 도움을 줍니다. 플렉스 힌지 기술이 적용된 갤럭시Z 폴드5는 전작 대비 힌지 부분의 두께가 2.4mm, 무게도 10g나 줄었습니다. 크기와 무게 때문에 사용성이 다소 제한됐던 폴더블폰이 점점 작아지고 가벼워지는 데 이 힌지 기술이 큰 역할을 하는 셈입니다.

힌지의 내구성도 중요합니다. 실생활에서 수만 번 접었다 펴야 하기 때문이죠. 이에 삼성전자는 개발 단계에서부터 20만 번 이상의 '폴딩(접었다 펴는)' 테스트를 거치고 있습니다. 특히 갤럭시Z 플립5 출시 직후 폴란드의 한 IT 인플루언서가 제품을 직접 손으로 접고 펴는 실험을 했는데, 무려 40만 번 이상을 진행해도 문제가 없었습니다. 삼성전자가 내세운 공식

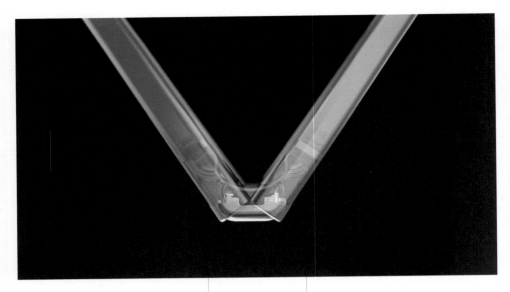

플렉스 힌지 구조.
2개의 레일을 활용해
손상 없이 틈을
줄이는 데 성공했다.
(사진_삼성전자)

폴딩 횟수(20만 번)보다 무려 2배나 많은 수준이어서 시장을 놀라게 했죠.

다만 이는 업계 1위인 삼성전자의 기술력이기 때문에 가능한 것으로 보입니다. 해당 인플루언서는 중국 레노버 산하 모토로라의 폴더블폰 '레이저40 울트라'도 직접 폴딩 테스트를 했는데, 불과 4만 3,000회 만에 이상을 보이기 시작했고 결국 12만 6,000회 정도 되니 화면이 꺼졌다고 합니다. 외관은 비슷해도 내부에 들어가는 부품의 신뢰도가 아직은 차이가 나는 듯 보입니다.

디스플레이 응력 분산 위해 적층 구조 최적화

힌지와 더불어 폴더블폰의 핵심 중 하나는 디스플레이 기술입니다. 폴더블폰은 접는 영역에 가해지는 응력(Stress) 때문에 디스플레이에 파손이 가해질 가능성이 큰데, 이를 방지하기 위해 두께를 줄이고 적층 구조를 최적화하는 기술이 필요합니다.

두꺼운 책을 접는다고 가정해봅시다. 얇은 책을 구부릴 때보다 힘이 많이 들어가겠죠. 폴더블폰도 두께를 얇게 해야 디스플레이가 접힐 때 받는 저항이 낮아집니다. 때문에, 스마트폰 제조사들은 폴더블폰의 두께를 줄이기 위해 터치 센서, 편광판 등 부품을 패널 내 내장하는 식으로 기술을 개발하고 있습니다.

점착제도 중요합니다. 폴더블폰은 접었다 펴는 움직임이 많은데다, 디스플레이 패널을 이루는 레이어(층) 간 결합을 유지해야 하기에 고(高)연신(이완), 고복원(수축), 고점착성이 필요합니다. 패널은 각 층마다 점착제로 붙어 있습니다. 접착제와는 다르게 붙였다가 떼도 다시 붙일 수 있죠. 껌 같은 재질이라고 생각하시면 쉽습니다.

폴더블 디스플레이엔 일반적인 유기발광다이오드(OLED)보다 더 특성이 좋은 점착제가 필요한데, 보통은 'PSA(Pressure Sensitive Adhesive·반유동적 성질의 물질)' 소재를 사용합니다. 이완하는 정도가 높아 패널의 적층 구조를 쉽게 유지해주는 역할을 합니다.

폴더블폰이 5세대까지 오면서(삼성전자 제품 기준) 점차 기기적 완성도를 높여가고 있습니다. 대중화의 길목으로 향하고 있는 이 시점에서, 앞으로 가장 중요한 건 가격경쟁력으로

폴더블 OLED 패널

구조

❶ 커버 윈도
❷ 편광판
❸ 터치 센서
❹ 박막봉지 레이어
❺ OLED 발광층
❻ TFT 기판
❼ 베이스 필름

❶ 커버 윈도 유리→투명 폴리이미드 필름(CPI), 초박막 유리
❹ 박막봉지 레이어 유리→필름 형태 박막봉지(TFE)
❻ TFT 기판 유리→폴리이미드 필름(CPI)
❼ 베이스 필름 폴리에스테르(PET)→폴리이미드 필름

적용한 신소재

보입니다. 기기의 완성도와 신뢰도를 높이는 동시에 소비자들의 저항이 적은 가격까지 갖추게 되면 폴더블폰의 확산은 더 빨라질 것으로 기대됩니다.

산업 커지는 폴더블폰··· 후발업체들 '타도 삼성' 공세

폴더블 스마트폰이 최근 기술적 발전을 거듭하면서 이를 둘러싼 산업계도 함께 성장하는 모습입니다. 초창기만 해도 삼성전자만이 있었던 글로벌 폴더블폰 시장에 다양한 제조사들이 하나둘 진출하더니, 이제는 그 어느 곳보다 뜨거운 시장이 됐습니다. 후발업체들의 목표는 '타도 삼성'입니다. 폴더블폰의 기준을 정립했던 삼성전자인 만큼 뒤따라오는 중국 업체들의 기술적인 견제도 심한 상황입니다.

이 같은 분위기는 2023년 9월 초 독일 베를린에서 열린 '국제가전전시회(IFA) 2023'에서도 잘 나타났습니다. 기조강연을 한 중국 아너의 조지 자오(George Zhao) 최고경영자(CEO)는 자사의 폴더블폰 '매직V2'를 들고 대뜸 삼성전자를 언급했는데요. "매직V2의 두께는 9.9mm로 삼성 갤럭시Z 폴드5의 두께 13.4mm보다 얇고, 무게도 231g으로 갤럭시의 253g보다 가볍다"는 발언이었습니다. 세계의 이목이 집중되는 글로벌 전시회

PART 1 이미 도착한 미래

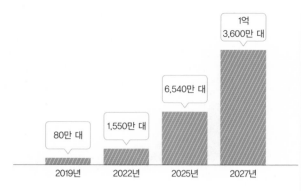

2019년	2022년	2025년	2027년
80만 대	1,550만 대	6,540만 대	1억 3,600만 대

글로벌 폴더블폰 판매량과 전망

출처_ 스트래티지애널리틱스 (SA)

에서 타사 브랜드를 직접 지목하는 건 흔치 않죠.

중국 화웨이에서 분사한 아너가 처음 폴더블폰을 출시한 건 2022년으로, 삼성전자보다 약 3년이 늦습니다. 후발 주자이지만 아너는 이번 IFA 기조연설에서 30분 이상을 폴더블폰 이야기를 했고, 실제 전시도 폴더블폰에 집중했습니다. 그만큼 폴더블폰 시장에 대한 기대감이 높기 때문입니다.

아너뿐 아니라 중국 스마트폰 업체들은 최근 너도나도 폴더블폰 기술개발에 매진하고 있습니다. 화웨이도 폴더블폰 신제품 '메이트X5'의 사전 판매를 최근 시작했는데요. 현재 알려진 제원에 따르면 메이트X5는 접었을 때 두께가 11.08mm로 삼성전자 갤럭시Z 폴드5보다 약 2.32mm 얇고, 무게도 243g으로 10g 가볍게 설계됐습니다. 상당한 기술 진전이죠.

다른 중국 업체들의 움직임도 바쁩니다. 오포는 삼성전자 갤럭시Z 플립5

와 비슷한 디자인의 '클램셸(조개껍데기 모양)' 폴더블폰 신제품 '파인드 N3 플립'을, 샤오미도 유사한 디자인의 폴더블폰 '믹스플립'을 2023년 내 출시할 것으로 예상됩니다. 중국 레노버의 모토로라도 자체 폴더블폰 레이저40 울트라를 출시한 바 있습니다.

여기에 미국의 대표 빅테크 기업 구글도 폴더블폰 시장에 진출해 눈길을 모으고 있습니다. 구글은 2023년 5월 진행한 연례개발자회의(구글 I/O)에서 자사 최초의 폴더블폰 '픽셀 폴드'를 공개했습니다. 아직 전반적인 기기 완성도는 삼성전자에는 다소 뒤떨어지지만, 자체 운영체제(OS)를 가진 구글인 만큼 향후 앱 호환성 등 다양한 측면에서 발전의 가능성이 엿보입니다.

시장조사업체 스트래티지애널리틱스(SA)에 따르면 2023년 글로벌 폴더블폰 시장은 2,330만 대 규모가 될 것으로 전망됩니다. 2019년 80만 대 규모였던 시장과 비교하면 괄목상대한 셈이죠. 오는 2025년엔 6,540만 대까지 성장할 것으로 추산됩니다. 2023년 1분기 기준 글로벌 폴더블폰 시장 1인자는 46.6%의 점유율을 확보한 삼성전자입니다. 2위(화웨이·22.1%)와의 격차도 2배 이상일 정도로 압도적입니다.

공격적이고 빠르다는 데에 있죠.
이제는 삼성전자도 긴장을 해야 할
시점이 된 것 같습니다. '초격차' 기술
로 폴더블폰의 새로운 기준을 지속적
으로 수립해야 하는 1위 업체의 숙명
을 잘 이룰 수 있을지 기대됩니다.

하지만 2020년만 해도 삼성전자의
폴더블폰 점유율은 90.0%였습니다.
화웨이는 8.5%에 불과했는데, 이 격
차가 점차 줄어들고 있다는 점은 시
사하는 바가 큽니다. 물론 폴더블폰
시장이 성장하고, 여러 제조사가 뛰
어들면서 당연히 1위의 점유율은 점
차 낮아질 수밖에 없습니다. 다만 불
안감은 삼성전자를 뒤를 쫓고 있는
중국 업체들의 공세가 예상보다 더

중국 아너의 매직V2.
(사진_아너 홈페이지)

자체 운영체제를 지닌
만큼 앱 호환성 등
다양한 측면에서의 발전
가능성이 높아 기대를
모으고 있는 구글의
첫 폴더블폰 픽셀폴드.
(사진_구글 블로그)

폴더블폰 대중화?
소비자 가격
저항부터 낮춰야

강지해
한국IDC 연구원

"현재 폴더블폰은 프리미엄 제품군 안에서도 상위 모델로 자리 잡다 보니, 소비자들의 가격 저항성이 큽니다. 합리적인 가격대의 제품을 출시하는 것부터가 폴더블폰 시장 활성화의 시작이 될 것입니다."

한국IDC에서 스마트폰 시장을 연구하고 있는 강지해 연구원은 "폴더블폰 시장 활성화를 위해선 고객층의 성장이 필요한데, 기존 소비자들의 인식과 교육이 중요한 요소가 될 것"이라며 이같이 밝혔습니다.

국내에선 삼성전자 덕분에 폴더블폰 시장이 빠른 속도로 성장하며 대중화의 기틀을 마련하고 있지만 전 세계적으로 보면 여전히 비중(1.8%, 2023년 전망치)이 미미한 수준입니다. 아직은 '비싼' 가격대를 합리적인 수준으로 낮추는 것이 가장 우선돼야 한다는 분석입니다.

삼성전자의 5세대 폴더블폰 갤럭시Z 폴드5만 보더라도 209만 원(256GB 기준)부터로 상당히 가격대가 있습니다. 최근 화제를 모았던 화웨이의 메이트 60 프로도 960달러, 한화 127만 원 수준이고 모토로라 레이저40 울트라 역시 약 130만 원입니다.

그럼에도 최근 몇 년 간 글로벌 스마트폰 시장의 출하량 감소세가 이어지고 있는 상황에서 폴더블폰의 성장은 분명 의미가 있다는 게 강 연구원의 설명입니다. 그는 "최근 스마트폰 시장은 와우포인트가 절실한 시점인데, 이런 관점에서 폴더블폰은 시장을 뒤흔들 잠재력이 충분하다"고 강조했습니다.

이어 "폴더블폰의 대화면은 기존의 전통적인 스마트폰이 갖고 있던 한계를 넘어서는 데 상당히 기여했으며, 사용자 경험을 최적화하고 멀티태스킹을 가능하게 했다"며 "특히 업무와 관련된 엑셀이나 기타 앱 사용의 한계가 있던 커머셜 부문에서 폴더블폰은 PC와 태블릿, 스마트폰을 합친 '올인원(All-in-One)' 디바이스의 대안이 됨과 동시에 향상된 휴대성을 자랑하기 때문에 흥미로운 옵션으로 주목받을 것"이라고 언급했습니다.

다만 보다 대중성을 갖추려면 기술적인 문제도 지속적으로 보완해야 한다고 설명했습니다. 강 연구원은 "최소 800달러(한화 약 100만 원) 이상을 지불하고 제품을 구매하는 소비자 입장에선 여전히 하루에도 수십 번 접히는 디스플레이가 장기간의 마모를 견딜 수 있을까라는 의구심을 갖고 있다"며 "향후 다양한 폴더블 폼팩터에 대응하기 위해선 힌지와 내구성은 여전히 기술적으로 중요한 만큼 계속해서 개선될 것"이라고 했습니다.

그렇다면 향후 폴더블폰은 어떤 식으로 변화할까요. 강 연구원은 혁신의 핵심으로 '디스플레이 기술'을 꼽았습니다.

그는 "최근 일부 제조사들은 화면을 두 번 접거나, 개발 단계이긴 하지만 종이처럼 디스플레이를 접는 기술개발도 성공하고 있다"며 "이 중에서도 가장 현실성 있는 혁신을 꼽는다면 '롤러블(화면을 둘둘 마는)'이 차기 폴더블 시장의 새로운 폼팩터가 될 것으로 예상한다"고 말했습니다.

이어 "롤러블은 향후 여러 방면으로 활용할 수 있어 흥미로운 기술"이라며 "롤러블은 폴더블에서 추가적인 혁신이 가능한 가장 현실적인 콘셉트 중 하나가 될 것"이라고 덧붙였습니다.

5 자율운항선박

선박을 조금 더 효율적이고 안전하게 활용할 수 있다면 우리는 더 적은 비용으로 물건을 주고받으며 더 윤택한 삶을 누릴 수 있지 않을까요? 선박 운항의 효율성과 안전성이라는 두 마리 토끼를 잡을 수 있는 기술은 '자율운항선박'에 있습니다.

운항 효율성·안전성 '두 마리 토끼' 잡는 자율운항선박

자율운항선박을 정의하는 표현은 기관마다 조금씩 다릅니다. 무인 선박, 스마트 선박, 디지털 선박 등 다양한 용어로 불리기도 하죠. 공통된 점을 꼽아보면 '선박 스스로 주변 상황을 인지하고 제어해 운항하는 기술'이란 개념을 포함하고 있는 정돕니다. 국제해사기구(IMO · International Maritime Organization)는 자율운항선박을 MASS(Maritime

지구 표면의 70% 이상을 차지하는 바다는 무역의 중심입니다. 매년 전 세계 무역량의 80%가 바닷길을 통해 운반되기 때문이죠. 다시 말하면 무역은 바다 위 선박 없인 이뤄지기 어렵다는 뜻이기도 합니다. 그렇다면

자율운항선박의 핵심기술인 '지능항해시스템'. (출처_ 자율운항선박기술 개발사업 통합사업단)

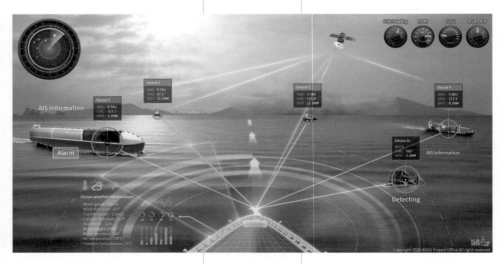

Autonomous Surface Ship)라고 하고 '수면에서 사람의 개입 없이 또는 최소한의 개입으로 운항하는 선박'이라고 정의합니다.

물론 현재 운항하는 선박에도 자율운항(오토파일럿) 기능은 있습니다. 다만 해당 기능은 선장과 선원의 역할을 지원하는 수준에 그치죠. 바다는 육지처럼 길이 뚜렷하게 있지도 않고 이정표도 없어 까다롭습니다. 이에 선박 접안 등 세밀한 조종은 아직 사람의 몫입니다. 아직은 선원의 주된 업무인 견시(見視)를 대신해주고 의사를 결정하는 데 다양한 정보들을 종합해 상황에 대한 통찰을 키워주는, 낮은 단계의 자율운항 기술이 쓰이고 있는 셈입니다.

IMO는 4단계 수준으로 나눠 자율운항 기술 수준을 정의합니다. 1단계는 선원 의사결정을 지원하는 수준, 2단계는 선원이 승선한 상태에서 원격제어하는 수준, 3단계는 선원 없이 원격제어하는 수준을 뜻하죠. 여기까진 부분 자율운항 기술이라고 부릅니다. 4단계에 이르러서야 선박 운영체제가 스스로 결정·운항하는, 완전자율운항 기술이 적용된 선박이라고 할수 있습니다. 해운·조선업계가 미래 성장동력으로 주목하는 기술도 완전자율운항 기술이죠.

선박이 완전자율운항을 하기 위해선

IMO 자율운항선박 단계별 정의

자율 수준 1

Ship with automated process decision support
부분적 자율운항 지원 자동화 단계 및 선원의 의사결정을 지원하는 기능을 가진 선박

자율 수준 2

Remotely controlled ship with seafarers on board
선원이 승선, 원격제어 선박, 시스템 고장 시 선원이 직접 대응

자율 수준 3

Remotely controlled ship without seafarers on board
선원이 비 승선, 원격제어 선박, 시스템 고장을 대비해 스탠바이(Stand-by) 시스템 구축

자율 수준 4

Fully autonomous ship
완전 무인 자율운항선박

(출처_자율운항선박기술 개발사업 통합사업단)

상황 인식·탐지 기술, 플랫폼 기반 판단 기술, 조치·제어 기술, 인프라 제반 기술이 필요합니다. 상황 인식·탐지 기술로는 날씨·물체 등을 정확히 인식하고, 플랫폼 기반 판단 기술로는 실시간 수집·예측되는 데이터를 토대로 판단하죠. 조치·제어 기술로는 앞선 판단을 기반으로 선박 제어를 인공지능(AI)이 수행하는 기술, 인프라 제반 기술은 자율운항선박이 안정적으로 운용할 수 있는 항만에서의 기술 등을 말합니다.

'선원 부족 문제' 해결 방안으로 주목… 인적 사고↓

IMO가 2018년 제99차 해사안전위원회에서 자율운항선박 운용 시 영향을 미칠 해사 안전·보안 관련 14개 국제협약 제정 착수에 합의한 이후 조선·해운업계의 자율운항선박을 향한 관심과 투자가 큰 폭으로 증가했습니다. 한국은 물론, 노르웨이·핀란드·미국·일본·중국·싱가포르 등 조선·해운 강국들을 중심으로 자율운항선박 기술개발과 시험 항해가 본격적으로 추진되기 시작한 시점도 이 시기죠.

조선·해운 강국들이 자율운항선박에 관심을 두는 가장 큰 이유는 효율성을 꼽을 수 있습니다. 운항에 인간이 관여하는 부분이 줄어들수록 효율

삼성중공업 연구원들이
신규 개발한 오버 헤드
디스플레이로
충돌 회피 상황을
주시하고 있다.
(사진_삼성중공업)

은 오르기 마련입니다. 자율운항선박은 기존 선박 대비 25% 이상의 운용 비용 절감 효과를 낼 것이란 분석 결과도 있죠. 일반적으로 상업 선박 운용비용 중 연료비와 인건비가 80% 이상을 차지해 자율운항 기술로 이를 줄일 수 있다면 해운업계의 수익성 개선에도 크게 도움이 될 것으로 전망됩니다.

최근엔 국내에서 불거진 선원 부족 문제를 해결할 방안으로 주목받기도 합니다. 2030년이 되면 한국인 선원 공급이 수요보다 2,710명 부족하리라는 전망이 나오고 있어서죠. 이런 현상은 전 세계로 폭을 넓혀도 마찬가지입니다. 영국 해운 전문 컨설팅 업체 드류리(Drewry)는 오는 2027년엔 전 세계 선원 공급 부족 규모가 5만 5,000명에 이르리라고 내다봤죠. 이 같은 상황은 조선·해운업계가 자율운항선박 개발에 더욱 힘쓰게 하는 요인이라는 시각도 있습니다.

결국, 완전자율운항 기술이 실현된다면 선원 거주 공간과 통로, 안전 장비 등이 전혀 필요 없어 이를 제거한 공간에 화물을 더 실어 운항 효율성을 높일 수 있습니다. 선박을 디자인하는 과정에서도 인간 탑승을 고려하지 않으면 항해에 최적화된 구조로 배를 만들어 연비를 높일 수도 있겠죠. 이

22% 이상↓

경제성
운영비용

안전성
인적 해양
사고

효율성
물류 흐름

친환경성
환경오염

10% 이상↑

75% 이상↓

최소화

**자율운항선박의
기대효과**

(출처_해양수산부)

때문에 서비스 차별성이 낮고 경쟁이 치열해 수익성이 그다지 높지 않은 해운산업이 한층 더 발전할 수 있는 계기가 되리라는 관측도 나옵니다.

아울러 안전사고 우려도 줄어듭니다. 중앙해양안전심판원 조사 결과 지난 2016~2020년 사이 일어난 국내 해양 사고 중 80%는 '항해 도중 전방 경계 소홀' '항행 법규 위반' 등 인적(人的) 과실이 이유였습니다. 자율운항선박을 활용하면 사고 위험이 그 만큼 줄어들 수 있다는 의미죠. 1,500여 명이 한 번에 사망한 '타이타닉호 침몰 사고' 등 해양 사고 대부분이 비극적인 결말을 맞이한다는 점을 고려하면 안전성 측면에서라도 자율운항선박은 개발될 필요가 있습니다.

규제·법률 등 풀어야 할 문제 많아…
패러다임 전환

아직 자율운항선박 상용화까지 갈 길은 멉니다. 기술이나 시장 문제 외에도 규제, 법률, 보험 등 아직 풀지 못한 비(非)기술적 문제가 많기 때문이죠. 자율주행선박도 현재는 선박법, 선원법, 선박안전법 등 관련법 규제를 받습니다. 규제에서 벗어난다고 해도 자율주행선박은 사람이 승선하지 않을 수도 있어 이런 법규를 누가 책임지고 준수할지 기준이 모호해지기도 하죠. 자율주행차량이 상용화

하는 과정에서 겪는 문제를 비슷하게 겪고 있는 셈입니다.

그러나 업계에선 기술의 성숙도가 확보되고 사회 인프라가 구축되면 자율운항선박 도입은 급물살을 탈 것으로 보고 있습니다. 업계 관계자는 "자율운항선박은 조선 시장뿐만 아니라 해운 물류 전반의 패러다임을 전환할 산업 분야"라며 "각국 조선사들은 자율운항선박 시장을 선점해 미래 조선산업을 주도하는 선두주자가 되고자 관련 기술을 개발하는 데 힘을 쏟고 있다"고 강조했습니다.

5년 뒤 300조 원 시장 열린다…
자율운항선박 개발 속도

자율운항 기술을 갖춘 선박을 개발하려는 글로벌 조선업계의 움직임이 빨라지고 있습니다. 자율운항선박 시장이 오는 2028년 300조 원 규모로 성장할 것이라는 전망이 나올 정도로 조선·해운 분야 패러다임을 바꿀 기술로 떠오르고 있기 때문이죠. 국내 조선업계에서도 미래성장동력으로 자율운항선박산업을 꼽고 치열하게 기술을 개발하고 있습니다.

시장조사기관 어큐트마켓리포트(Acute Market Report)에 따르면 전 세계 자율운항선박·기자재 시장규모는 2021년 이후 연평균 12.6%씩 성장해 2028년엔 2,357억달러(300조

한화오션이 건조한 자율운항 전용 테스트 선박인 '한비'가 해상 시험을 하고 있다. (사진_한화오션)

원)에 이를 전망입니다. 이에 최근엔 IMO도 자율운항선박 관련 제도를 정비하는 데 본격적으로 나서고 있으며 각국 정부와 조선업계, 연구 기관도 기술개발에 집중하고 있죠.

국내 조선업계 역시 자율운항선박 시장 선점을 위해 저마다의 자율운항 솔루션을 구축하는 데 힘쓰고 있습니다. 한화오션은 자율운항 전용 시험선 '한비(HAN-V)'를 건조해, 개발한 자율운항 기술을 즉시 선박에 탑재해 검증·보완할 수 있는 테스트베드를 마련, 관련 연구·개발(R&D)에 속도를 높이고 있죠.

한화오션의 한비는 대형 상선을 모사해 실제 대형선과 유사한 운항 데이터를 확보할 수 있어 대형 상선용 자율운항 시스템을 검증하는 데 적합하다는 평가를 받습니다. 한화오션은 2022년 11월 단비에 3단계 자율운항 솔루션을 탑재해 서해 제부도 인근에서 해상 시험을 벌이는 등 기술 검증

에 나서 성공적으로 이를 마무리하기도 했습니다.

한화오션은 선박뿐만 아니라 원격관제센터(ROC)도 구축해 해상에서의 열악한 통신 환경에서도 적은 용량의 데이터로 원격 관제를 할 수 있는 디지털트윈 기반의 관제 솔루션도 마련하고 있죠. 한화오션은 오는 2024년엔 완전자율운항 기술을 확보하고 이를 상용화할 수 있도록 해상 테스트와 관련 데이터를 확보하는 데 노력한다는 방침입니다.

삼성중공업은 'SAS(Samsung Autonomous Ship)'라는 자체 자율운항 시스템을 개발, 2023년 7월 업계 최초로 대한민국과 남중국해를 잇는 1,500km 구간에서 자율운항 기술 검증을 벌였습니다. 선박의 정면(헤드온), 측면(크로싱) 접근 시 안전한 회피 경로를 정확히 제시하는 등 자율운항 기술 실증에 성공했다는 평가를 받았죠.

삼성중공업은 2023년 3월 노르웨이 콩스버그와 자율운항선박 개발을 위한 공동개발 프로젝트 협약(JDA)도 체결했습니다. 콩스버그는 선박에 탑재되는 자동화·항해 시스템과 디지털 솔루션 분야에서 최고 기술력을 보유한 글로벌 전문 기자재 업체죠. 삼성중공업은 이를 통해 최신 원격 자율운항 기술을 확보해 자율운항 액

화천연가스(LNG) 운반선을 개발할 예정입니다.

아울러 HD현대의 선박 자율운항 전문 자회사 아비커스(Avikus)는 2022년 6월 세계 최초로 2단계 자율운항 솔루션을 탑재한 대형 선박으로 태평양 횡단에 성공하는 등 자율운항 솔루션 분야의 선도기업으로 성장하고 있습니다. 2022년 8월엔 SK해운과 장금상선 등 국내 선사 2곳에 대형 상선용 자율운항 솔루션인 '하이나스(HiNAS) 2.0'을 수주하는 등의 성과도 냈죠. 현재 아비커스는 레저 보트용 자율운항 솔루션 '뉴보트'를 개발, 전 세계 보트 시장의 60% 이상을 차지하고 있는 미국시장을 공략하고 있습니다. 또 이를 토대로 2025년 부산에선 자율운항 해상택시를 띄울 예정입니다. AI가 실시간 최적 항로를 파악한 뒤 자동으로 배를 움직여 승객이 원하는 목적지까지 이동하는 물위의 택시인 셈이죠.

업계에선 자율운항선박이 조선업계에 이른바 '게임체인저' 역할을 할 것으로 보고 있습니다. 자율운항선박이라는 패러다임 전환에 대비하고자 각 조선사가 R&D에 힘을 쏟고 있는 만큼 정부의 지원도 중요하다는 목소리가 나오는 이유죠. 기술개발에 필요한 데이터를 확보할 수 있도록 지원하는 동시에 규제·법률을 손질하는

선장과 항해사가 HD현대의 아비커스 '하이나스 2.0' 시스템을 살펴보고 있다.
(사진_HD현대)

아비커스가 오는 2025년부터 운행할 자율운항 솔루션이 탑재된 미래 해상택시 조감도.
(사진_아비커스)

데도 정부의 적극적인 움직임이 필요합니다.

업계 관계자는 "미래 조선·해운업계를 뒤바꿀 자율운항선박을 개발하기 위해선 국내 조선사들의 노력도 중요하나 정부와 국회 등 여러 기관의 지원이 이뤄져야 한다"며 "해외 조선사들에 뒤처지지 않으려면 새로운 기술에 알맞은 제도를 마련할 수 있도록 정부와 조선사 간 적극적인 소통이 필요하다"고 강조했습니다.

자율운항선박, 선원 구인난 해결할 것… 규제 혁신 등 필요

진은석
한화오션 자율운항연구팀장

"자율운항선박은 조선 시장뿐만 아니라 해운 물류 시장 전반의 패러다임 전환을 가져오는 동시에 사회·경제적으로도 막대한 파급효과를 일으킬 미래 유망 산업입니다."

진은석 한화오션 자율운항연구팀장은 "자율운항 기술은 승조원의 업무 편의성을 높여주고 사고 위험도를 현저히 줄이는 데서 나아가 승조원의 근무지를 선박 위 운항 관제실에서 육상의 원격 관제센터로 바꿔놓을 수도 있다"며 자율운항선박이 바꿀 미래상을 제시했습니다.

그는 "대형선박 1척을 운영하려면 적어도 20명 이상의 승조원이 필요하지만 척박한 환경에 따른 승선 기피 현상으로 승조원 구인난은 나날이 심해지고 있는 게 현실"이라며 "자율운항 기술개발로 궁극적으로 선박이 무인으로 항해하게 되면 이러한 문제 대부분을 해결할 수 있다"고 덧붙였습니다.

진 팀장은 또 자율운항선박이 최적의 운항을 통해 경제성을 획기적으로 끌어올릴 수 있다는 점도 강조했습니다. 그는 "자율운항 기술 중 최적 항로를 최적 속도로 운항하는 기술을 이용하면 현재 운항하는 선박도 오염물질을 줄이면서 효율성이 높은 선박으로 변신할 수 있다"며 "자율운항 기술은 친환경적이며 경제적인 선박을 위한 필수 기술"이라고 말했습니다.

그러면서도 진 팀장은 완전 자율운항선박의 상용화 시점을 2030년 이후로
내다봤습니다. 그는 "완전 자율운항선박은 현
재보다 훨씬 더 고도화된 시스템의 자율화가
필요하다"며 "완전자율운항선박 시대가 도래
하기 위해선 항해뿐만 아니라 주요 장비들의
유지보수도 반드시 자율화돼야 한다"고 설명
했습니다.

한화오션 시흥 R&D캠퍼스에 있는 자율운항선박
관제센터. (사진_한화오션)

그는 이어 "여기에 더해 이들 전체를 관장할 수 있는 고도화된 운영 시스템
의 구현도 뒤따라야 하는 만큼 완전자율운항선박이 상용화하기까진 많은 시
간이 필요할 것으로 보인다"고 했습니다. 실제로 한화오션은 현재 자율운항
기술개발과 함께 선박의 상태 진단과 화재 감시, 선원 안전 모니터링 등 자율
운항에 필요한 요소를 함께 연구·개발하고 있습니다.

진 팀장은 자율운항선박의 고도화를 위해선 여러 항해 데이터가 필요하다고
도 역설했습니다. 그는 "전국적으로 퍼져 있는 기관을 통해 해상 영상데이터
등 자율운항 기술에 활용할 만한 데이터를 확보할 수 있는 클러스터 구축 사
업에 정부 차원의 지원이 이뤄질 필요가 있다"며 "자율운항 기술 시험 여건
도 개선되면 데이터 확보에 도움이 될 것"이라고 말했습니다.

아울러 진 팀장은 관련 규제나 법률도 기술 발전에 맞춰 변화할 필요가 있다
고 주장했습니다. 그는 "국내에서도 자율운항 기술 시험과 검증을 위한 규제
자유 특구들이 들어서고 관련 법이 제정되고 있다"면서도 "기술 발전의 속도
가 규정의 발전 속도보다 빨라 개발된 기술이 규제나 법규에 따라 다시 수정
개발돼야 하는 상황이 발생하기도 한다"고 지적했습니다.

그러면서 그는 "이렇게 기술이 수정되면 외국 업체들과의 경쟁에서 비용이
나 시간을 더 들이게 돼 기술 발전이 뒤처질 수 있다"며 "이미 개발된 기술이
수정되는 상황을 줄이기 위해선 정부와 조선업계 간에 정보가 더욱 원활하게
교류될 필요가 있다"고 조언했습니다.

6

디지털트윈

디지털트윈(Digital Twin)은 용어에서 유추할 수 있듯 디지털 세계에 현실 세계를 똑같이 구현하는 기술입니다. 이 기술을 이용해 현실 세계에 존재하는 공간, 사물, 시스템 등 물리적 객체를 디지털 세계에 정확하게 반영하도록 설계된 일종의 가상 모델이라 할 수 있습니다. 현실 세계를 3차원 스캔해 컴퓨터로 옮기는 기술입니다. 최근 각광을 받고 있지만 완전히 새로운 기술은 아닙니다. 디지털트윈에 적용된 기술은 1960년대 미항공우주국(NASA·나사)이 개척한 것으로 전해집니다. 우주선과 완전히 똑같은 모형의 지상 버전이 복제돼 실제 연구와 시뮬레이션 목적으로 사용된 것입니다. '디지털트윈'이라는 용어만 없었을 뿐이지 기술의 원리가 그대로 사용된 것입니다.

디지털트윈이란 용어는 한참 뒤인

1991년 컴퓨터 과학자인 데이비드 지런터(David Gelernter)가 자신의 저서에서 처음 사용했습니다. 다만 이때는 구체적 구상은 나오지 않은 상태였습니다. 기술의 개념이 소개된 것은 그보다 11년이 지난 2002년이었습니다. 마이클 그리브스(Michael Grieves) 박사가 제품의 생애주기 관리(PLM)의 이상적 모델로 설명하며 미러링(Mirroring) 등의 현재 디지털트윈의 구체적 개념이 세상에 알려진 것입니다.

5G·AI 발전 등으로 디지털트윈 활용도 무궁무진

당시에도 이 기술은 구상에 그쳤습니다. 당시 기술이 디지털 트윈을 구현하기엔 부족했기 때문입니다. 그리고 2010년 이 기술을 나사 소속 존 바이커스(John Vickers) 박사가 '디지털 트윈'으로 명명하며 세상에 처음 용어가 알려지게 됐습니다. 그리고 기술이 고도로 발전해가며 디지털트윈은 구상에 그치지 않고 다양한 분야에서 구현되기 시작했습니다.

디지털트윈이 최근에 더욱 주목을 받게 된 것은 5G, 인공지능(AI), 증강현실(AR) 등 관련 기술의 비약적 발전으로 그 활용도가 더욱 무궁무진해졌기 때문입니다. 디지털트윈의 과정인 현실 세계와 디지털 세계 간 데이터의 '생성→전송→취합→분석→이해→실행' 등의 절차가 더욱 빠르게 가능해진 것입니다.

현실이 아닌 가상공간에서의 모델을 이용해 문제점을 파악하기 수월해지고, 새로운 구현 작업이 필요할 때 미리 가상공간에서 실험적으로 이를 구

2022년 과학기술정보통신부 디지털트윈 사업 대표 성과 사례
출처_ 과학기술정보통신부

과제명	구축 내용 예시		적용 전	적용 후
물 관리 플랫폼	섬진강 유역 3D 공간 정보(하상+육상)	Ai 기반 댐 최적 방류 시나리오	•물 관리 주체별로 데이터 별도 관리 •정해진 홍수위 및 지침에 따라 방류량 결정	•물 관리 데이터를 실시간으로 연계하고, 3차원 모형 구축을 통한 직관적 가시화 •AI 기반 최적 방류량 각본 기능을 통해 데이터 기반의 의사결정 가능
도시 침수 지능형 대응 시스템	침수 영향권 건물 표시	위험 맨홀 및 우수관로 표출	•과거 통계 기반의 침수 예상 •직관적 가시화 시스템 부재	•물리적 모형 기반의 실시간 모의실험을 통한 침수 예측 •3차원 모형 구축을 통한 직관적 가시화
친환경 에너지 소재 합성 모의실험			•연산을 위한 고사양 컴퓨터 장비 필요 •모의실험이 구동되는 리눅스 운영체제 습득 필요	•인터넷 기반 자원 공유 자원을 활용해 촉매 개발에 필요한 모의실험을 간편하게 수행

현할 수 있다는 장점 때문에 활용 범위가 늘어나고 있습니다. 가상 모델로 진행한 시뮬레이션을 통해 먼저 개선 사항을 파악하고 이를 통해 기존의 물리적 객체에 재적용해 보다 간편하고 비용 절감이 되는 방식으로 문제를 해결할 수 있는 것입니다.

구체적으로 보면 디지털트윈이 제공하는 실시간 정보와 인사이트를 활용해 물리적 객체에서 발생한 문제를 처리함으로써 가동 중지 시간을 최소화할 수 있습니다. 또 디지털트윈에 구축된 스마트센서가 진행한 모니터링을 통해 문제점이나 결함이 발생하거나 그 징후가 있을 경우 이를 안내해 재빠른 조치가 가능합니다.

또 가상공간이라는 디지털트윈의 특성상 원격제어가 가능해 위험한 현장에서의 인명 사고 등을 막을 수 있습니다. 실제 제품이나 시설이 만들어

지기 전 디지털 복제본을 만든 후 다양한 시나리오 테스트를 통해 미리 문제점을 파악할 수 있다는 점도 강점입니다.

이처럼 제조공정의 혁신을 부여해온 디지털트윈은 그동안 항공기, 자동차 등 제조업을 중심으로 발전해왔습니다. 최근엔 제조업 등 사물을 넘어 공간 관련한 디지털트윈이 크게 주목을 받고 있습니다. 관련 기술의 발전으로 사물에 비해 그 범위가 방대한 공간에 대한 디지털화가 가능해진 것이 영향을 끼친 것입니다.

세부적으로 보면 도시나 건물 등의 공간을 디지털트윈 기술로 구현해 이를 다양하게 활용하는 것인데요. 공간 분야 디지털트윈이 더욱 주목받는 것은 자율주행, 로봇을 비롯해 스마트빌딩, 스마트시티, AR 등 다양한 혁신 기술의 기반이 되기 때문입니

다. 디지털트윈 기술의 효용성이 더욱 더 무궁무진할 수 있다는 평가가 나오는 이유입니다.

자율주행·스마트시티 핵심기술⋯
활용도 더 커진다

공간 분야의 경우 사물 분야에 비해 엄청난 비용과 기술력이 요구되는 것으로 알려져 있습니다. 단순히 생각해 봐도 측정해야 하는 범위가 비교도 되지 않을 만큼 넓고, 공간이 지닌 특성상 수시로 변화하기 때문입니다. 우리가 이용하는 '지도 앱'과 같은 2차원 그래픽으로는 디지털트윈 구현이 되지 않기 때문에 측정 장비면에서도 엄청난 자본이 들어갈 수밖에 없습니다.

국내에서도 다양한 단체나 기업들이 디지털트윈 구축에 나서고 있습니다. 서울시를 비롯해 인천시, 성남시 등 지방정부뿐만 아니라, 국립중앙박물관, 인천국제공항, 송도컨벤션센터, 부평역, 강남역, 코엑스, 현대백화점 판교점 등이 구축했거나 구축을 준비 중입니다.

국내 공간 디지털트윈 분야에서 단연 돋보이는 기업은 네이버입니다. 수년 전부터 공간 디지털트윈 기술 분야에 지속적인 투자를 해온 네이버는 2022년 1월 준공한 제2 사옥 '네이버 1784'를 아예 테스트 베드로 활용하며 실전 능력을 키우고 있습니다. 네이버 1784 내부로 들어가면 누구나 쉽게 볼 수 있는 로봇들에 모두 디지털트윈 기술이 적용된 것입니다.

단순히 건물에만 한정하지 않고 대도시 전체를 디지털트윈으로 구현하고 있는 중입니다. 대한민국 수도인 서울을 넘어, 일본 도쿄와 사우디아라비아의 제다까지 네이버의 디지털트원 기술을 통해 디지털 세계가 구현되고 있습니다.

국내외에서 디지털트윈의 뛰어난 기술력을 인정받은 네이버는 2023년 10월 24일(현지 시각) 사우디아라비아 자치행정주택부가 발주한 1억 달러 규모의 국가 차원의 디지털트윈 플랫폼 구축 사업을 수주했습니다. 이번 사업 수주에 따라 네이버는 이르면 2024년 안에 사우디아라비아 수도 리야드와 메카 등 주요 5개 도시에 대한 클라우드 기반의 디지털트윈 플랫폼 구축에 본격 착수하게 됩니다.

이번 계약이 클라우드 기반 스마트시티 기술 수출이라는 점에서 단순히 디지털트윈에 그치지 않고 향후 하이퍼클로바X(HyperCLOVA X)·소버린(Sovereign) AI·소버린 클라우드 등으로 확대되면 이들 기술의 기반이 되는 클라우드 사업 역시 보다 빠르게 성장할 것으로 기대되고 있습니다. 국내 IT 기업이 대규모로 중동 지역에 기술을 수출하는 첫 사례입니다. 중동의 맹주이자 교두보라는 사우디아라비아의 위상을 고려할 때, 향후 다른 중동 지역으로도 네이버의 기술수출이 확대될 것으로 기대되고 있습니다.

네이버는 2023년 10월 23일(현지 시각) 사우디아라비아 자치행정주택부와 디지털트윈 플랫폼 구축 사업 업무협약(MOU)을 체결했다. 사우디아라비아를 국빈 방문 중인 윤석열 대통령이 리야드의 네옴전시관에서 열린 한·사우디 건설 협력 50주년 기념식에서 계약을 지켜보고 있다. 앞줄 왼쪽은 채선주 네이버 대외/ESG 대표. (사진_대통령실)

'1억 달러 계약' 사우디는 왜 네이버 1784에 주목하나

네이버의 제2 사옥 1784는 네이버의 각종 기술이 집약된 곳입니다. 그 중심에는 디지털트윈 기술이 있습니다. 네이버 1784를 방문하면 제일 먼저 눈에 띄는 것은 건물을 활보하는 로봇들입니다. 약 130대의 자율주행 로봇 '루키'들이 쉴 새 없이 이동하고 있습니다. 네이버는 설계 당시부터 1784를 세계 최초 로봇 친화형 건물로 계획해 완공했습니다. 실제 네이버 1784 내부엔 로봇 전용 엘리베이터도 설치돼 있습니다. 스스로 엘리베이터를 타는 로봇의 모습은 신기함을 자아냅니다. 전용 엘리베이터가 밀릴 땐 일반 엘리베이터를 타는 로봇도 어렵지 않게 볼 수 있습니다.

택배나 음식, 커피 등 각종 물건들을 배달하는 루키는 '뇌(브레인)'가 없는 브레인리스 로봇입니다. 뇌가 없는데 엘리베이터를 타는 등 정확한 목표 장소로 이동해 배달을 하는 비법은 무엇일까요?

바로 클라우드와 접목된 디지털트윈입니다. 네이버는 디지털트윈 데이터 제작을 위해 디바이스를 자체 제작했습니다. 대규모 실내 공간 매핑 로봇 M시리즈를 비롯해 계단 등 복합공간 데이터 구축을 위한 웨어러블 혹은 휠 베이스 형태의 T시리즈가 대표적입니다. 이들 디바이스는 수시로 1784 내부 매핑 데이터를 클라우드로 전송해 최신 데이터를 구축합니다. 5G로 네이버 건물의 다양한 시스템 및 클라우드와 연결된 루키는 뇌가 없이도 명령된 장소로 이동하고, 문을 열거나 보안 검색대를 자유롭게 통과할 수 있습니다.

네이버 1784가 디지털트윈 그 자체인 것입니다. 지하 8층, 지상 28층, 연면적 약 16만 5,000m²(약 5만 평)인 네이버 1784 전체가 3차원 디지털로 구현돼 있으며, 이를 활용해 서비스 로봇, 인프라 제어, 시뮬레이션, 클라우드 제어 등 다양한 실험과 개발이 이어지고 있습니다. 이러한 대규모 자체 테스트 베드를 활용해 디지털트윈 솔루션을 더욱 빠르게 고도화하고 있는 것입니다.

이미 자체적으로 구현한 기술이라는 점 때문에 다른 기관들로부터도 높은 신뢰를 받고 있습니다. 특히 디지털

트윈이 구현된 네이버 1784엔 외국 정부 관계자들의 방문이 끊이질 않고 있습니다.

특히 무함마드 빈 살만 왕세자가 주도하는 네옴시티 등 '사우디 비전 2030'을 추진 중인 사우디아라비아의 경우 마제드 알 호가일(Majed Al Hogail) 자치행정주택부 장관, 압둘라 알스와하(Abdullah Al-Swaha) 통신정보기술부 장관 등이 2022년 11월 이후 아홉 차례나 네이버 1784를 방문해 뜨거운 관심을 보였습니다. 결국 이 같은 뜨거운 관심은 2023년 10월, 1억 달러 규모의 사우디아라비아 5개 도시에 대한 클라우드 기반 디지털트윈 구축 사업 계약으로 이어졌습니다. 사우디아라비아에 첫발을 내딛은 만큼 향후에도 총사업비 5,000억 달러(약 670조 원) 규모인 네옴시티에 다양한 방식으로 참여가 확대될 가능성에 대한 기대감이 커지는 상황입니다.

사우디 정부 관계자들의 방문 이후 아랍에미레이트 토호국인 두바이 관계자들도 2023년 9월 네이버 1784를 찾는 등 외국 정부 관계자들의 방문이 이어지고 있습니다. 네이버 측에 따르면 2022년 준공한 후 네이버 1784를 찾은 해외 인사들의 국적을 보면 130여 개국에 달한다고 합니다.

정원조
네이버랩스 자율주행그룹
테크리더

"현실 세계에서 구현하기 어려운 각종 상황들을, 마치 놀이터처럼 마음껏 해볼 수 있는, 일종의 실험공간이라 생각합니다."
정원조 네이버랩스 자율주행그룹 테크리더는 디지털트윈 기술에 대해 이같이 설명하며 "미래도시에선 여러 가지 기술들이 필요하겠지만 그 기반은 디지털트윈이 될 것"이라고 밝혔습니다.

그는 "디지털트윈 기술을 통해 CCTV, 온도, 강우량, 화재 등과 관련해 도시를 전반적으로 모니터링할 수 있다. 여러 상황을 미리 대비해 안전한 미래도시를 설계할 수 있다"며 "그것이 우리가 지향하는 미래도시"라고 말했습니다.

정 리더는 디지털트윈을 "거대한 시뮬레이터"라고도 표현했습니다. 실제의 상황을 간단하게 축소한 모형을 통해서 실험을 하고 그 실험 결과에 따라 행동하는 시뮬레이션 기법이 아주 거대한 공간에까지 적용됐다는 설명입니다.

그는 "여러 데이터들을 수집·분석하고 그 다음에 다양한 상황에서 어떤 현상이 발생할지를 예측하게 된다. 이렇게 하려다 보니 디지털트윈에선 가능한 최대한 자세하게 현실 세계를 재현하는 것이 굉장히 중요한 포인트"라고 밝혔습니다.

디지털트윈은 공간과 사물을 가리지 않습니다. 작게는 모터 같은 부품이나 자동차 같은 사물을 디지털로 재현할 수 있고, 이보다 더 나아가 공간적으로는 네이버 제2 사옥 1784 같은 건물이나 국립중앙박물관, 심지어는 도시 전체가 대상이 되기도 합니다.

정 리더는 "범위를 한정하지 않고, 현실 세계를 가상화시켜 그 안에서 무엇인가를 해볼 수 있는 공간과 기술을 구현하는 것"이라며 "결국엔 현실을 가능하면 얼마나 비슷하게 복제하느냐, 그리고 디테일을 가져가느냐가 중요하다"고 설명했습니다.

이미 다양한 분야에서 활용되고 있는 사물 디지털트윈에 비해 공간 디지털트윈은 스마트시티와 자율주행차 등 활용 분야가 더욱 무궁무진할 것으로 기대되고 있습니다. 완전한 가상 세계인 메타버스와 달리 현실을 그대로 재현했기에, 현실 세계의 물리법칙을 그대로 구현할 수 있다는 것이 가장 큰 장점으로 꼽힙니다. 도심 계획 시에 건물 배치에 따라 바람길이 어떻게 바뀌는지 등도 시뮬레이션 가능해 비용 측면에서도 효율적일 것으로 예상되고 있습니다.

일례로 공간 디지털트윈은 자율주행차 시대에 핵심기술로 부각될 것으로 예상되고 있습니다. 도시 전체를 디지털트윈으로 구현해 AI와 접목된 자율주행차가 정확한 위치를 파악해 안전한 주행이 가능하도록 구현할 수 있는 것입니다. 정리더는 "자율주행을 하기 위해선 AI를 이용해 많은 분석을 해야 한다. 하지만 AI가 도시 위의 모든 상황을 분석할 수는 없다"며 "도시를 디지털 세계로 변환시켜 그 안에서 필요한 정보들을 미리 차에게 제공할 수 있다"고 설명했습니다.

더욱이 고도의 기술력과 대규모 비용이 소요된다는 점 때문에 진입장벽이 매우 높습니다. 일례로 서울이라는 큰 도시 전체를 매핑한다고 가정해볼까요? 평면지도는 물론, 건물의 높이까지 정확히 파악해야 하기 때문에 측정과 분석 측면에서 엄청난 기술력과 비용이 필요할 수밖에 없습니다.

네이버는 수년간 로봇과 자율주행 연구를 진행하고 이에 필수적인 실내외 매핑 기술을 축적해오며 국내 시장에서 독보적 디지털트윈 기업으로 자리매김했다는 평가를 받습니다. 정 리더 역시 "네이버랩스는 디지털트윈의 A부터 Z까지 모두 처리할 수 있는 유일한 기업이다. 글로벌에서 인정받는 경쟁력을 갖춘 대표적인 디지털트윈 기술 기업"이라며 자부심을 드러냈습니다.

7 차세대 디스플레이

돌돌 말리고 접히고 휘어집니다. 더 작아지면서도 선명한 화면을 보여줍니다. '세상을 보는 창' 디스플레이는 날이 갈수록 진화하고 있습니다. TV나 모니터, 스마트폰에나 쓰이던 평면 디스플레이는 이제 다양한 형태를 갖추며 산업 곳곳으로 확산되고 있습

운전자와 탑승객 모두에게 정보를 제공하는 다양한 차량용 디스플레이 예시. (사진_LG디스플레이)

니다. 특히 유망한 건 차량용과 확장현실(XR) 기기용입니다.

TV·스마트폰 벗어나는 디스플레이, 자동차·XR에 미래 건다

디스플레이 업계가 바라보는 차세대 디스플레이의 두 축은 차량용과 마이크로 디스플레이입니다. 모두 미래 성장성이 높죠. 특히 차량용 제품의 경우 국내 디스플레이 기업들의 경쟁력이 상당합니다.

지금까지 디스플레이의 주 무대는 모바일이나 TV, 모니터 등이었습니다. 차량용과는 거리가 다소 멀어 보였죠. 1980년대에 액정표시장치(LCD) 창이 차량의 계기판 중앙에 사용되면서 계기판의 디지털 시대가 열렸습니다만 차량 주행에 관한 정보를 알려주는 데 그쳤습니다.

그러나 앞으로는 계기판뿐 아니라 차량용 정보를 안내하는 넓직한 전면

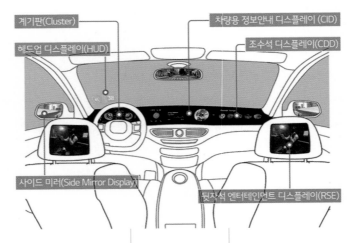

계기판(Cluster)
헤드업 디스플레이(HUD)
차량용 정보안내 디스플레이 (CID)
조수석 디스플레이(CDD)
사이드 미러(Side Mirror Display)
뒷자석 엔터테인먼트 디스플레이(RSE)

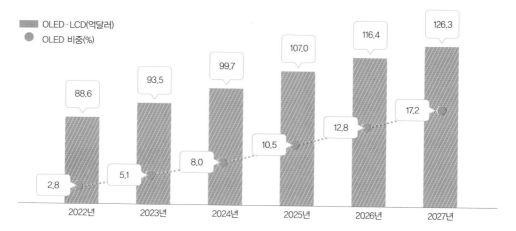

차량용 디스플레이 시장규모 전망
출처_
한국디스플레이산업협회.
옴디아 2023

부 디스플레이와 더불어 조수석 디스플레이, 뒷좌석 엔터테인먼트용 디스플레이, 사이드미러 등 차량용 디스플레이의 활용도가 더 높아질 것으로 예상됩니다. 자율주행차 시대로 자동차 패러다임이 바뀌는 데에 따른 것이죠. 주행 정보 외에 각종 콘텐츠를 더 쾌적하게 즐길 수 있게 되는 셈입니다. 이를 위해 차량에 탑재되는 디스플레이의 크기도 커질 전망입니다. 차량용 디스플레이 기술에 관심이 몰리는 까닭입니다.

차량용 디스플레이에 요구되는 사양도 달라지고 있습니다. 운전시 햇빛 아래에서도 화면이 잘 보일 수 있는 밝기 수준(500~1000니트)은 물론 영하 30℃에서 영상 70℃까지 극한의 온도변화 속에도 정상적으로 작동하는 안전성 등이 필요하죠. 그러면서도 슬라이더블, 혹은 롤러블 등 자유롭게 디스플레이 크기가 변하고

고화질 구현에도 영향이 없어야 합니다. 이는 차량용 디스플레이의 가격에도 상당한 영향을 미칩니다. 전보다 높은 수준의 기술력이 필요하기 때문이죠. 차량에 탑재되는 디스플레이의 숫자가 늘고 기술력이 향상되면서 산업 규모도 가파르게 성장할 것으로 관측됩니다. 한국디스플레이산업협회와 시장조사기관 옴디아에 따르면 차량용 디스플레이 시장규모는 2022년 88억 6,000만 달러였는데 매년 커지면서 오는 2027년에는 126억 3,000만 달러에 달할 것으로 예상됩니다. 연평균 성장률도 확 뜁니다. 2017년부터 2022년까지 연평균 성장률은 4.7%였으나 2023년부터 2027년까지는 약 7.8%로, 3.1%포인트 증가하는 것으로 분석됐습니다.

디스플레이 유형으로 보면 여전히 LCD가 유기발광다이오드(OLED)에 비해 압도적으로 많습니다. 2022년

차량용 디스플레이 시장에서 LCD 비중은 96.2%였고 OLED는 2.8%로 집계됐습니다. 다만 차량 내 고화질 디스플레이 수요가 늘어날 것으로 예상되면서 화질 우위에 있는 OLED 수요가 점점 증가할 것으로 전망됩니다. LCD 생산을 줄이고 있는 한국 기업은 차량용 LCD 시장에서 2022년 13.1%의 점유율을 확보했으나 OLED 시장에선 93%를 차지하고 있습니다. 국내에서 차량용 OLED를 만드는 대표적인 기업은 LG디스플레이와 삼성디스플레이입니다. LG디스플레이는 독자 기술인 P−OLED가 두드러집니다. P−OLED는 LG디스플레이가 독자 개발한 탠덤(Tandem) OLED 기술을 플라스틱 기판에 적용해 얇고 가벼운 동시에 구부릴 수 있는 플라스틱 OLED입니다. 무게도 LCD 제품보다 80% 더 가볍습니다. 소비력도 60% 적고요.

특히 탠덤 OLED는 기존의 제품처럼 1개의 유기발광층을 사용하는 게 아

삼성디스플레이의
다양한 차량용
디스플레이 제품들.
(사진_삼성디스플레이)

LG디스플레이의 차량용
탠덤 OLED 기술.
(사진_LG디스플레이)

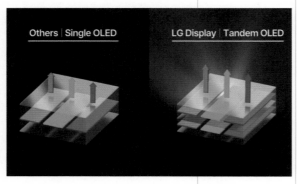

니라 2개를 사용하는데요, 유기발광층이 2개인 만큼 더 밝은 화면을 구현합니다. OLED 소자에 가해지는 에너지를 분산시켜 수명도 더 길죠. 그러면서도 OLED 두께는 기존과 같습니다.

삼성디스플레이는 다양한 폼팩터로 차량용 OLED에서 존재감을 키우고 있습니다. S자로 휘어진 S−커브드 디스플레이, 아래에서 위로 화면을 펼칠 수 있는 롤러블 디스플레이가 대표적입니다.

동승석에서 냉난방 공조나 좌석 위치 조절기로 사용하다가 필요시 영상 시청을 할 수 있는 콘셉트의 플렉스 폴드와 플렉스 하이브리드 제품도 있습니다. 이 중 플렉스 하이브리드는 펼치면 10.5형 화면으로 커지고 슬라이딩 기능까지 사용하면 12.4형까지 화면을 늘릴 수 있습니다. 공간이 한정적인 차량 내에서 디스플레이 확장·축소에 주목한 게 삼성디스플레이의 특징입니다.

차량용 디스플레이 시장을 잡기 위

해 기업만 노력하는 건 아닙니다. 정부 역시 차량용 디스플레이의 중요성을 충분히 인지하고 있습니다. 정부는 차량용 디스플레이를 디스플레이 융합 3대 신시장 중 하나로 선정하며 2027년까지 5년간 340억 원을 지원하기로 했습니다. 한국디스플레이산업협회도 자동차산업협회와 자동차산업협동조합, 자동차연구원 등과 손잡고 '미래 차 디스플레이 전략협의체'를 발족해 차량용 디스플레이 생태계 구축에 나섰습니다.

더 작고 선명한 마이크로 디스플레이… 뒤처지는 한국

"확장현실(XR) 기기는 스마트폰만큼의 파급력으로 라이프스타일을 바꿀 겁니다."

디스플레이 시장조사기관 유비리서치의 이충훈 대표는 XR 기기의 영향력을 이같이 평가했습니다. 스마트폰에서 할 수 있는 모든 것들이 XR 기기에서도 가능하게 된다는 것이죠. 자동차와 더불어 XR에 디스플레이 업계가 꽂힌 이유입니다.

XR 기기는 여러 가지 기술의 복합체이지만 그중에서도 마이크로 디스플레이가 핵심으로 꼽힙니다. XR 기기가 제공하는 화면을 사용자가 보려면 이에 적합한 디스플레이가 필수이기 때문이죠.

XR 기기에 사용하는 디스플레이 패널은 일반적인 디스플레이 제품과 다릅니다. XR 기기는 디스플레이 화면이 눈에 밀착하거나, 또는 딱 붙지 않더라도 눈과의 거리가 가깝기 때문에 더 많은 화소가 필요합니다. 그렇지 않으면 화소(픽셀) 간 경계선이 보여 몰입감이 떨어지고 사용자가 어지러움을 느낄 수도 있습니다.

이에 XR 기기에는 마이크로 디스플레이가 탑재됩니다. 마이크로 디스플레이란 1인치(in) 내외의 작은 크기에 수천 PPI(Pixels Per Inch) 수준의 높은 픽셀 집적도를 갖춘 초고해상도 디스플레이를 일컫습니다. 디스플레이 크기는 작지만 수십~수백 배 확대된 화면을 보여주기에 적합하죠.

마이크로 디스플레이는 실리콘 웨이퍼 위에 어떤 디스플레이 소자를 올리느냐에 따라 크게 3가지로 나뉩니다. LCD 계열의 엘코스(LCoS·Liquid Crystal on

디스플레이 픽셀 크기 비교
사진_삼성디스플레이

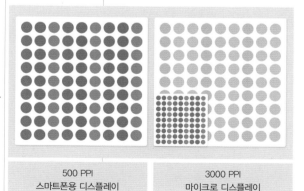

| 500 PPI | 3000 PPI |
| 스마트폰용 디스플레이 | 마이크로 디스플레이 |

Silicon), OLED를 활용한 올레도스 (OLEDoS·OLED on Silicon) 그리고 발광다이오드(LED)를 활용한 레도스(LEDoS·LED on Silicon)입니다. 엘코스는 웨이퍼에 LCD 소자를 구성한 방식으로, 외부 광원의 도움을 받아 화면을 구현합니다. 1970년에 최초로 등장해 빔프로젝터에 쓰이고 있

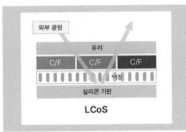

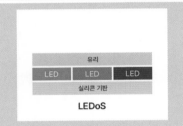

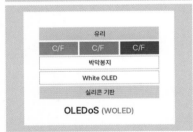

마이크로 디스플레이의 종류
(사진_삼성디스플레이)

고, 현재 주류인 마이크로 디스플레이 기술이기도 합니다. 올레도스는 자체 발광하는 OLED 소자를 입힌 방식입니다. 덕분에 외부 광원도 필요 없죠. 고화질 및 초고해상도 화면 구현에 유리하다는 평가를 받습니다. 레도스는 무기물 소자인 자체 발광 소자 LED를 올린 건데, 색 재현률이 높고 올레도스보다 밝기(휘도)가 높습니다.

가장 진화된 기술은 레도스로 꼽히지만 그만큼 높은 공정 난이도와 비싼 가격이 단점이죠. 중장기적으로는 마이크로 디스플레이 시장이 레도스를 향해 나아가겠지만, 당장 XR 기기를 만드는 애플 등 세트 업체들은 대체로 경제성을 고려해 올레도스 중심의 제품을 준비 중입니다.

XR 시장의 유망성에 따라 마이크로 디스플레이 기술이 중요해진 상황이지만 차량용 디스플레이와 달리 마이크로 디스플레이의 경우 국내 경쟁력이 외국에 비해 높지 않습니다. XR 세트를 내놓은 업체가 중국이나 미국에 비하면 많지 않은 영향이 큽니다. 유비리서치 조사에 따르면 지난 2018년부터 2022년까지 XR 기기를 출시한 업체 수가 가장 많은 국가는 25개 기업이 있는 중국으로 나타났습니다. 미국은 20개로 2위입니다. 한국은 3위이긴 하지만 9곳뿐입

애플의 XR 기기
비전프로를 착용한 모습.
(사진_애플)

니다. 미국이나 중국과 2배 이상 차이가 납니다.

세트가 없으면 관련 부품산업도 발전할 수 없습니다. 중국의 대표적인 디스플레이 기업 BOE는 이미 올레도스를 상업화했고 일본 소니도 올레도스 패널을 양산 중입니다. 미국 디스플레이 기업 이매진도 마이크로 디스플레이산업의 강자죠.

국내 기업 중에선 삼성디스플레이가 미국의 올레도스 기업 이매진을 인수하면서 경쟁력 확보에 나섰습니다만 국내 XR 생태계가 미비한 건 여전히 약점으로 꼽힙니다. 실리콘웨이퍼를 원재료로 사용하는 마이크로 디스플레이 특성상 반도체 팹리스(설계 전문 회사)와 파운드리(반도체 위탁생산), 디스플레이 업체 간 긴밀한 협력이 필요합니다.

예컨대 일본 소니는 반도체 파운드리 시설을 보유하고 있어 직접 반도체 기판 설계와 생산, 패널 제작까지 원스톱으로 가능하죠. BOE도 자국 내 파운드리 기업인 SMIC에서 기판을 공급받아 마이크로 디스플레이 패널을 만들고 있습니다.

다행히 국내 기업들도 상호 협력의 첫발을 떼며 선발 업체들을 추격하고 있습니다. LG디스플레이는 올레도스 개발을 위해 LX세미콘, SK하이닉스 등 반도체 기업과 손을 잡았습니다. LX세미콘이 칩을 개발하고 SK하이닉스가 웨이퍼를 만들죠. LG디스플레이는 소자 증착 등을 맡았습니다.

자동차·XR 모두
놓칠 수 없어… 부족한 분야엔
정부 마중물 투자 필요

한철종
한국전자기술연구원
디스플레이연구센터장

요즘 디스플레이 업계의 관심사는 하나입니다. '중국의 추격을 어떻게 따돌릴 것이냐'입니다. LCD 시장을 장악한 중국이 디스플레이 시장 1위에 올라선 뒤 OLED 확대에도 속도를 내고 있기 때문이죠. 일각에선 여전히 중국과의 OLED 기술 격차가 크다고 봅니다만, 당장 2년 뒤 스마트폰 OLED 점유율이 중국에 역전된다는 조사가 나오고 중국의 추격이 위협적이라는 분석도 많습니다.

결국 우리가 가야할 길은 중국의 추격이 어려운 고난이도 차세대 디스플레이입니다. 다행히 유력한 미래 시장인 차량용 OLED는 우리 기업이 꽉 잡고 있습니다. 이제 차량용 디스플레이에서 중요한 점은 보다 다양한 OLED 제품을 더 많이 탑재하는 것입니다.

한국전자기술연구원(KETI)에서 디스플레이연구센터를 이끌고 있는 한철종 센터장은 이를 위해 가장 중요한 점으로 폼팩터를 꼽습니다. 좁은 차 안에서 공간 활용도를 높이고 자동차 이용자들의 눈을 휘어잡아 구매욕구를 불러일으킬 수 있어야 한다는 것이죠. 차량용 OLED는 비록 LCD보다 비싸지만 자체 발광 특성상 별도의 광원이 필요 없어 자유로운 형태 변환이 가능합니다. 차량용 OLED 수요가 늘어날 것으로 기대되는 이유입니다.

한 센터장은 "차량용 디스플레이에선 폼팩터가 가장 중요한 경쟁력"이라며

"기술적 특성상 LCD 디스플레이는 휠 수 없는 반면 OLED는 자유롭게 형태를 바꿀 수 있다"고 설명했습니다. 그러면서 "고급 차량에 OLED가 먼저 채택된 후 점차 보급형 차량으로 확대될 것"이라고 내다봤습니다.

투명 디스플레이도 자동차에서 다양하게 활용될 것으로 예상됩니다. 탑승자의 옆 창문을 투명 디스플레이 제품으로 만들어 각종 정보를 제공하는 식입니다. 특히 버스 같은 다인승 차량에서 유용하게 쓰일 것으로 보입니다. 창문으로 현재 가고 있는 버스 정류장이 어디인지, 혹은 지금 지나는 장소가 어떤 곳인지 등을 확인할 수 있습니다. 현재 국내에선 LG디스플레이가 투명 디스플레이 제품을 개발 중입니다.

한 센터장은 "차량용 디스플레이 중에서도 상업용 투명 제품은 버스 등 다인승 자동차에서 여러 정보를 보여주는 창문으로 적용될 수 있다"고 강조했습니다.

차량용 제품과 달리 마이크로 디스플레이 분야에선 갈 길이 아직 멉니다. XR 기기를 만드는 세트 업체들이 디스플레이의 양산성과 가격 등을 고려해 올레도스 패널을 쓸 전망이기에 당장 큰 문제는 없습니다. OLED는 원래 우리나라가 잘 하고 있는 분야니까요.

그러나 보다 진화된 기술인 레도스로 가면 약점이 드러납니다. 우리나라는 OLED에 집중하다 보니 LED 기술을 제대로 파고들지 못했죠. 반면 중국은 LED를 중심으로 집중 투자했습니다. 레도스의 가격과 수율이 안정화되면 결국 마이크로 디스플레이의 주도권이 레도스로 넘어갈 텐데 우리나라가 제대로 준비를 하지 못하면 차세대 시장에서 중국에 밀릴 수 있는 셈입니다.

이를 극복하려면 정부 지원을 토대로 LED 연구개발(R&D)과 소재·부품·장비 등에 기초 투자를 단행해야 한다는 게 한 센터장의 지적입니다. 정부가 마중물 역할을 하고 성과를 내면 민간투자를 유발해 우리나라가 레도스로 넘어가는 데에 진입장벽을 낮출 수 있다는 것입니다.

한 센터장은 "현재는 기초가 부족해 투자도 안 되는 '데드록(Deadlock·교착상태)' 상황"이라며 "정부가 먼저 지원에 나서 이 같은 문제를 해소해야 한다"고 말했습니다.

PART

2

미래기술의 DNA

8 블록체인

블록체인을 가리켜 '신뢰의 기술'이라 합니다. 중개인 없이도 서로 신뢰하지 않는 개인 간에 안전한 거래를 가능하게 해주는 기술이란 의미입니다.

블록체인은 최초의 가상자산(암호화폐)인 비트코인을 구현하기 위한 기반 기술로 고안됐습니다. 중앙에 있는 금융기관을 거치지 않아도 개인 간 금전 거래가 가능한 탈중앙화된 화폐 시스템을 구현하는 방법을 만들어낸 것이죠. 2008년 11월 1일 사토시 나카모토(中本哲史)라는 익명의 인물이 발표한 논문 〈비트코인: 개인 대 개인의 전자화폐 시스템〉에서 블록체인 네트워크 구현 방법이 처음 소개됐습니다.

세상 모든 체인을 연결하라… 탄생 15주년 맞은 블록체인

블록체인은 거래 정보를 기록한 원장 데이터를 중앙 서버가 아닌 네트워크 참여자가 다 함께 관리하는 방식으로

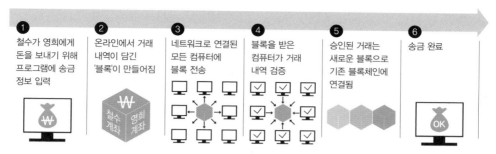

❶	❷	❸	❹	❺	❻
철수가 영희에게 돈을 보내기 위해 프로그램에 송금 정보 입력	온라인에서 거래 내역이 담긴 '블록'이 만들어짐	네트워크로 연결된 모든 컴퓨터에 블록 전송	블록을 받은 컴퓨터가 거래 내역 검증	승인된 거래는 새로운 블록으로 기존 블록체인에 연결됨	송금 완료

| 블록체인의 작동 원리 |

블록체인 네트워크와 기존 중앙집중 네트워크 비교

중개인 없이도 거래의 신뢰를 담보합니다. 작동 방법을 좀 더 자세히 살펴보면 이렇습니다. A가 B에게 송금하겠다는 요청을 하면, 해당 거래 정보를 포함한 블록이 생성됩니다. 이 블록은 네트워크에 참여한 모든 사람에게 전파됩니다. 참여자들은 거래 정보의 유효성을 상호 검증하는데, 참여자 과반수의 데이터와 일치하면 검증이 완료됩니다. 이렇게 검증이 완료된 블록은 이전 블록에 일렬로 연결돼 체인을 이룹니다. 이로써 A가 B에게 한 송금 요청도 처리가 완료됩니다. 네트워크에서 발생한 거래 내역은 모든 참여자 컴퓨터에 분산 저장되고, 거래 내역을 담은 블록이 서로 맞물려 연결돼 있기 때문에 한 번

기록된 정보는 바꿀 수 없다는 게 특징입니다. 따라서 발생한 거래 사실을 부인하거나, 거래 내역을 변조하는 게 불가능합니다. 신뢰를 보장하는 중개인이 없어도 안전한 거래를 할 수 있게 된 것입니다.

일상 속 디지털 혁신 가져온 블록체인
블록체인은 비트코인 탄생 과정에서 필요에 따라 만들어진 기술이지만 다양한 분야에 응용되고 있습니다. 이에 블록체인산업의 성장잠재력도 높게 평가됩니다. 글로벌 시장조사업체 마켓앤드마켓은 전 세계 블록체인 시장규모를 2022년 약 74억 달러(10조 270억 원)로 추산하면서, 2027년 말에는 940억 달러(127조 3,700억 원)

이상으로 성장할 것이라 내다봤습니다. 2022년부터 2027년까지 5년간 연평균 성장률(CAGR)이 66.2%에 달할 것이란 예상입니다.

특히 중개인이 많아 비효율이 컸던 분야는 블록체인 기술을 도입해 거래 단계를 간소화하고 거래에 들어가는 시간과 비용을 줄일 수 있습니다. 해외 송금을 생각해보면 중개인이 줄어들었을 때 이점이 분명히 보입니다. 송금인이 보낸 돈이 '송금 은행–국제 금융 결제망 스위프트(SWIFT)–수신 은행'을 거쳐 수신인에게 전달되는 게 지금의 해외 송금 구조입니다. 그 과정에서 각종 수수료가 발생하고 시간도 2~3일씩 걸리죠. 중개인 줄어들면 그만큼 더 저렴하고 빠른 해외 송금이 가능합니다.

블록체인 채택이 늘어나면서 일상생활 속 디지털전환도 가속화되는 중입니다. 지금까지 신뢰를 보장할 방법이 없어 디지털전환이 이뤄지지 못했던 분야가 많습니다. '모바일 신분증'이 대표적입니다.

실물 신분증은 정교한 홀로그램이 적용돼 위·변조가 어렵지만, 모바일로 신분증을 만들면 위·변조 위험이 커집니다. 그렇다고 정부 서버에 개인의 모바일 신분증을 저장해놓고 사용한다면 편의점에서 주류를 구매하면서 신분증을 확인한 기록까지 서버에 남게 되니 프라이버시 침해 문제가 생길 수도 있습니다. 그동안 모바일 신분증이 도입되지 못한 이유입니다.

하지만 블록체인 기술을 활용한 신원 인증 방식인 '분산 식별자(DID·Decentralized Identity)'는 신분증 위·변조와 프라이버시 침해 걱정 없이 모바일 신분증 구현을 가능하게 합니다. 개인이 스마트폰 안에 신분증 정보를 보유하면서, 신분증의 진위 여부는 블록체인을 통해 검증하는 겁니다. 예컨대 편의점에서 주류를 구매하는 경우, 이용자는 모바일 신분증에서 자신이 '성인'이라는 정보를 제시하면 됩니다. 블록체인에는 실제 신분증 정보가 아닌 암호화된 해시(Hash)값만 등록돼 있어, 서비스 제공자(편의점주)는 이용자가 제출한 신분증의 해시값이 블록체인에 등록된 것과 일치하는지만 확인하게 됩니다. 해시로 원본 정보를 유추하는 건 불가능하기 때문에 블록체인에 공개된 해시를 통해 개인정보가 유출될 위험은 없습니다. 정부는 2022년 7월 말부터 블록체인 DID를 적용한 모바일 운전면허증 발급을 시작했습니다. 주민등록증까지 모바일 발급을 확대한다고 하니 더 많은 국민이 모바일 신분증의 편의를 누릴 수 있게 될 것으로 기대됩니다.

파편화된 블록체인, 상호 운용을 높여라

블록체인이 등장한 지 15년이 흘렀지만, 극복해야 할 기술적 한계도 많습니다. 트랜잭션(거래 처리 단위)이 한번에 몰리면 네트워크 속도가 느려지고 '가스비'라고 부르는 트랜잭션 처리 수수료가 올라간다는 점이 큰 단점입니다.

비트코인이 초당 처리할 수 있는 트랜잭션 수(TPS)는 4.6건 수준이고, 그보다 진화한 이더리움은 10~20TPS를 기록하고 있습니다. '이더리움 킬러'를 자처하며 등장한 솔라나, 아발란체 등의 블록체인은 5,000TPS까지 성능을 향상시켰지만 글로벌 결제 네트워크 비자가 평균 2만 4,000TPS를 유지하는 것과 비교하면 블록체인의 성능 개선은 여전히 중요한 이슈라고 할 수 있습니다.

다양한 블록체인 네트워크가 등장하면서 상호 운용성 확보도 새로운 과제로 부상하고 있습니다. 각각의 블록체인은 고유한 합의 메커니즘과 스마트 컨트랙트 언어, 토큰 표준을 가지고 있습니다. 상호 간에 자산 및 정보 교환이 어려워 각각의 블록체인이 고립된 채로 운영되고 있습니다. 이에 서로 다른 블록체인을 연결하고 더 큰 규모의 이용자 생태계를 구축하려는 움직임이 일어나고 있습니다. 일명 '크로스체인'을 구현하기 위한 기반 프로토콜인 코스모스, 폴카닷, 레이어제로 등이 주목받고 있습니다. 블록체인 시스템 도입이 증가함에 따라 상호 운용 기술에 대한 요구도 커질 것으로 보입니다.

미술품부터 부동산까지… 토큰증권 시장 열린다

토큰증권(Security Token) 시장이 열리면서 블록체인 기술에 대한 수요는 더 높아질 것으로 예상됩니다. 토큰증권은 블록체인 분산 원장 기술을 활용해 증권을 디지털화한 것입니다. 기존 전자증권 제도 아래서는 발행이 어려웠던 다양한 권리를 증권화하고,

토큰증권의 개념
출처_금융위원회

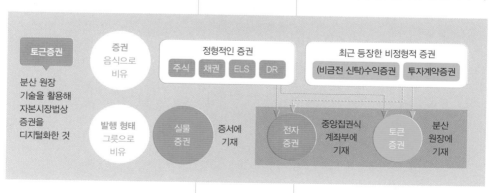

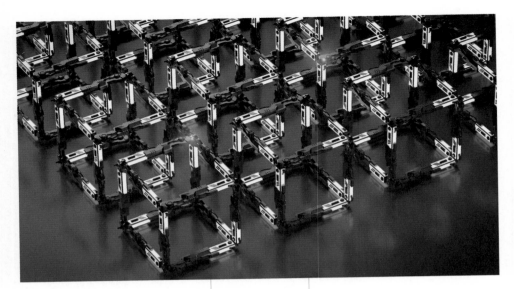

편리하게 거래할 수 있어 혁신적이라는 평가를 받습니다. 부동산, 미술품, 한우, 식물, 전기차 배터리, 웹툰 지적재산권(IP) 등 온갖 형태의 자산이 토큰 형태로 발행되고 유통될 것으로 보입니다.

금융당국은 2023년 2월 '토큰증권 발행·유통 규율 체계'를 공개하고, 토큰증권을 제도권으로 편입하겠다는 계획을 밝혔습니다. 금융당국은 토큰증권의 개념을 음식과 그릇에 비유해 설명했는데요. 증권은 '음식', 증권의 발행 형태를 '그릇'이라고 표현했습니다. 그릇이 달라진다고 해서 안에 담긴 음식이 바뀌지 않는 것처럼, 토큰증권은 발행 형태가 토큰으로 달라진 증권이란 설명입니다.

그럼, 토큰증권이라는 새로운 그릇에는 어떤 음식을 담을 수 있을까요?

기존 전자증권으로 발행하기 어려웠던 비정형적 증권(수익증권, 투자계약증권)이 발행·유통될 수 있습니다. 토큰증권의 제도권 편입에 발맞춰 다양한 자산을 토큰증권으로 발행하려는 시도도 등장하고 있습니다.

부동산 조각 투자가 대표적입니다. 신탁사에 상업용 부동산 등기를 맡기고, 이를 기반으로 수익증권(고객의 재산을 투자, 운용해 발생한 수익을 받을 권리를 표시하는 증권)을 토큰으로 발행할 수 있습니다. 투자자들은 소액으로 토큰증권을 사서 임대 수익을 받을 수 있습니다.

미술품 조각 투자에도 토큰증권을 활용할 수 있습니다. 미술품 조각 투자 업체는 특정 작품 취득을 목표로 한 투자계약증권(여러 조각으로 쪼갠 자산에 다수 투자자가 공동 투자하고,

공동으로 이익을 배분받는 투자 방식)을 토큰으로 발행할 수 있습니다. 토큰증권 투자자들은 정해진 기간 내에 미술품을 처분하면서 생긴 손익을 정산받게 됩니다. 그동안 일반 투자자들은 이런 고가품에 대한 투자 접근성이 떨어졌습니다. 투자금이 많이 필요하기도 하지만, 가치 평가와 가품 확인도 전문적인 영역이기 때문입니다. 토큰증권이 활성화되면 등 미술품, 골동품, 명품 시계 같은 고가품의 투자자 저변도 확대될 것으로 기대됩니다.

토큰증권 시장에선 한우나 식물도 기초자산이 될 수 있습니다. 실제 한 소액 투자 플랫폼은 식물 기초자산을 기반으로 한 토큰증권 발행을 추진 중입니다. 3~4년 동안 나무를 심고 키워 아파트 단지, 신도시 등을 조성하는 건설업체나 공공기관에 판매하고, 이때 발생하는 수익금을 투자자에게 배당한다는 계획입니다. 조경수목 시장은 매년 1조 원 이상이 유통되는 시장으로, 식물이 꽤 유망한 투자자산이라는 설명도 있습니다.

리스(Lease) 시장이 형성된 전기차 배터리나 항공 엔진을 기초자산으로 토큰증권을 발행하려는 움직임도 있습니다. 발행사가 전기차 배터리, 항공 엔진 등을 사려는 목적으로 토큰증권을 발행해 자금을 조달하고, 리스를 통해 발생한 수익을 투자자들에게 배분하는 게 사업 구조입니다. 이외에도 유튜브 채널, 웹툰 및 영화 IP 같은 콘텐츠 제작에 투자하고 수익을 배분받는 토큰증권을 준비하는 프로젝트도 등장했습니다.

금융당국은 우선 금융 규제 샌드박스를 통해 토큰증권 발행을 일부 허용하고, 전자증권법과 자본시장법을 개정해 2024년부터는 본격적으로 토큰증권을 제도권 금융 안으로 끌어들일 계획입니다. 이에 따라 국내 토큰증권 시장도 급성장할 것으로 기대됩니다. 보스턴컨설팅그룹(BCG)은 국내 토큰증권 시장이 2024년 34조 원에서 2030년에는 367조 원까지 성장할 것으로 전망했습니다.

모든 자산이 토큰화… 디지털자산지갑, 웹3 슈퍼 앱될 것

유민호
아이오트러스트
최고전략책임자

"디지털자산지갑은 자산을 관리하고 금융상품을 추천받는 '핀테크 앱'이자, 다양한 블록체인 서비스(웹3 서비스)에 접근할 수 있는 '포털서비스', 개인의 자격 및 신원을 인증하는 '신분 증명' 역할까지 모두 담당하게 될 겁니다."
아이오트러스트의 최고전략책임자(CSO) 유민호 이사는 "디지털자산지갑이 웹3 슈퍼 앱으로 진화할 것"이라고 예상했습니다.

아이오트러스트는 2018년 설립된 디지털자산지갑 전문 업체입니다. 유 이사는 아이오트러스트 공동 창업자로 지난 5년간 디지털자산지갑 한 분야에 집중했습니다.

그는 먼저 "모든 자산이 토큰화되고 있다"는 점을 짚으며 "디지털자산지갑의 역할이 앞으로 더 중요해질 것"이라고 했습니다. 부동산, 미술품은 물론 개인이 가지고 있는 경험이나 능력까지 자산의 범주에 포함되고 있고, 이를 토큰화하려는 프로젝트가 많이 등장했습니다. 이렇게 토큰화된 자산을 보관하고 사용하려면 필연적으로 디지털자산지갑의 역할이 중요해질 것이란 얘깁니다.

디지털자산지갑은 크게 3가지 용도로 쓰일 수 있습니다. 가상 자산(암호화폐), 같이 투자 목적의 자산을 안전하게 보관하는 핀테크 앱 역할이 가장 기본이죠. 그는 "전통적인 핀테크 앱들이 간편 송금에서 금융서비스로 발전한 것처럼 디지털자산지갑도 처음엔 자산을 보관하고 전송하는 기본적인 기능만 제공하다가 점차 사용자에게 금융상품을 추천, 연계해주는 금융서비스로 발전할 것"이라고 했습니다.

디지털자산지갑은 흩어져 있는 웹3 서비스를 쉽게 찾고 접근할 수 있는 포털 역할도 할 수 있습니다. 웹3 서비스는 보통 디지털자산지갑과 연동해 사용합니다. 지갑 주소로 서비스에 로그인하고, 서비스에서 사용하는 자산도 지갑에 보관하게 됩니다. 결국, 디지털자산지갑을 거쳐 여러 웹3 서비스를 이용하는 구조가 만들어지게 됩니다. 그는 "지갑을 통해서 서비스를 이용하다 보니, 어떤 종류의 웹3 서비스가 있는지 알려주고 탐색할 수 있는 포털의 역할도 하게 될 것"이라고 설명했습니다.

온·오프라인에서 자격이나 신분을 증명하는 기능도 디지털자산지갑이 담당할 수 있습니다. 블록체인 기반 DID 기술을 이용하면 모바일 운전면허, 국가자격증, 학생증, 졸업증 등 오프라인 세계의 각종 증명서를 담을 수 있습니다. 대체불가토큰(NFT)으로 발행한 참가증, 수료증도 디지털자산지갑에 담아 관리할 수 있습니다.

유 이사는 "지금은 영역별로 특화된 디지털자산지갑들이 각 분야를 개척하고 있지만 궁극적으로는 핀테크, 포털, 신분 증명 역할을 모두 하는 지갑이 등장하게 될 것"이라고 예상했습니다. 그러면서 "미국 최대 가상 자산 거래소 코인베이스를 포함해 최근 대형 업체들이 디지털자산지갑 분야에 뛰어드는 이유도 결국 '웹3 슈퍼 앱'이라는 기회를 봤기 때문"이라고 분석했습니다.

아이오트러스트도 사업을 확장 중입니다. "아직 초기 산업인 만큼 한 명의 승자가 시장을 다 차지한 상태가 아니라 다양한 기회가 있다"는 게 그의 분석입니다. 회사는 개인 이용자를 대상으로 한 하드웨어 지갑과 모바일앱 지갑을 제공하고 있고, 최근엔 웹3 요소를 접목하려는 기업들을 대상으로는 한 클라우드 지갑 솔루션도 공급하고 있습니다. 국내에선 클라우드 지갑 솔루션인 위핀의 사용 사례를 확대하는 데 집중하면서, 웹3 정책을 다듬고 있는 일본이 개인용 하드웨어 지갑의 새로운 수요처가 될 것으로 보고 시장 개척에 나선다는 계획입니다.

9 오픈랜

5G가 성숙기에 접어들면서 통신 기술의 세대(Generation)별 진화가 아니라 아키텍처(Architecture) 진화가 주목받고 있습니다. 컴퓨팅 장비보다 폐쇄적이었던 통신 네트워크 설계도 '개방화'되고 있는 것이죠. 예전에는 코어 장비부터 액세스망, 무선망까지 화웨이, 에릭슨, 노키아, 삼성 등 한 개 회사 장비만 써야 했지만, '오픈랜(Open-RAN·Radio Access Network)'은 여러 회사의 것을 섞어 쓸 수 있습니다. 기지국 장비의 하드웨어와 소프트웨어 구성 요소를 분리해 '가상화'하게 되면, 기지국의 새로운 기능을 갱신하기 위해 장비 제조사의 신규 패키지 상품이 나올 때까지 기다리지 않아도 마치 앱스토어에서 다운받는 것처럼 통신사는 각종 기능을 수월하게 이용할 수 있습니다. 통신 네트워크가 그만큼 '지능화'

된다고 볼 수 있죠.

글로벌 통신 장비 시장의 민주화를 이끄는 오픈랜 세상이 시작됩니다.

미·중 기술 패권 경쟁 수혜주, 클라우드로 가는 오픈랜

오픈랜이 다음 세대 기술로 주목받고 있습니다. 오픈랜은 간단히 말해 무선 접속망(Radio Access Network)을 개방하는 개념입니다. 이것이 왜 중요한지 궁금하실 겁니다. 이는 이전까지 통신 장비의 경쟁력은 주로 수직적인 하드웨어(HW) 안정성에 기반해왔지만, 이제는 소프트웨어(SW) 역량이 더욱 중요해지는 시대로 진입했기 때문입니다. 마치 컴퓨팅 분야와 유사한 추세입니다.

전문가들은 오픈랜의 3가지 핵심 키워드로 '개방화' '가상화' '지능화'를 지목하고 있습니다. 그중 현재 가장 중요한 것은 '개방화'라고 할 수 있습니다.

'개방화'는 간단히 말해 글로벌 기지국 장비 제조업체가 자사 기지국 장비 내부의 인터페이스를 오픈하는 것을 의미합니다. 이렇게 하면 예를 들어, 노키아가 자사의 기지국 장비 인터페이스를 오픈하면 국내 중소기업인 삼지전자의 기지국(RU)이 함께 운영될 수 있게 됩니다. 통신사는 다양한 제조업체의 기지국을 혼합하여

사용할 수 있다는 의미를 갖습니다. 이는 화웨이, ZTE와 같은 중국의 기업들이 주도하는 글로벌 통신 장비 시장에서 경쟁업체가 늘어나는 결과를 가져옵니다. 델오로(Dell'Oro Group)라는 시장조사기관에 따르면, 2022년에 화웨이는 전 세계 통신 장비 시장에서 28%의 점유율로 1위를 차지했고, 2위는 노키아(15%)이며, 에릭슨(14%), ZTE(11%), 시스코(5.5%) 등이 그 뒤를 이었습니다. 삼성전자는 3.2%의 점유율로 글로벌 6위에 이름을 올렸습니다.

화웨이가 여전히 글로벌 통신 장비 시장에서 강한 존재감을 보이는 가운데, 미국 정부는 오픈랜 기술을 통해 중국의 5G 인프라 지배력을 제한하려는 계획을 가지고 있습니다.

이와 관련해 2023년 1월 호세 페르난데스(Jose W. Fernandez) 미국 국무부 경제차관 등이 방한해 한국 기업들에게 오픈랜의 글로벌 확산에 참여하도록 요청하는 등 관심이 커지고 있습니다. 미연방통신위원회(FCC)는 통신 네트워크 법안에 따라 오픈랜 방식으로 통신 장비를 전환할 경우 최소 10억 달러에서 최대 20억 달러의 자금 지원을 약속하고 있어 관심을 끌고 있습니다.

장비 제조사 중에서는 노키아가 오픈랜에 가장 열성적으로 참여하고 있습

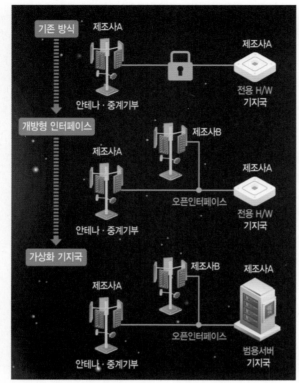

오픈랜으로의 진화

동돼 있다고 하죠.

한효찬 노키아코리아 최고기술책임자(CTO)는 "노키아는 2010년부터 화이트박스 개념으로 장비를 만들었고 멀티 밴더 상호 운용성을 시작한 바 있다"면서 "SK텔레콤 CTO였던 도이치텔레콤 최진성 박사가 글로벌 표준화기구인 오픈랜 얼라이언스(O-RAN Alliance) 의장으로 선출돼 한국의 민관 협의체 오리아(ORIA·Open-RAN Industry Alliance)와 가교 역할을 하지 않을까 한다"고 했습니다.

가상화와 지능화 진전 중… 6G 시대 대비

가상화와 지능화 부분은 아직 더 많은 과제가 남아 있는 영역입니다. 가상화는 기존의 통신 장비 기능을 일반 서버(COTS)에 가상화하는 개념을 포함합니다. 델테크놀로지스와 윈드리버와 같은 컴퓨팅 회사뿐만 아니라, 화웨이, 노키아, 에릭슨, 삼성전자와 같은 전통적인 통신 장비 업체가 가상화 기지국의 핵심 역할을 수행하고 있습니다.

가상화하면 무엇이 좋아지냐고요? 궁극적으로 오픈랜 가상화가 완료되면, 클라우드 인프라에 기지국 SW를 설치하는 방식으로 나갈 겁니다. 그리 되면 망 구조의 확장성, 유연성이

니다. 노키아는 자사의 오픈랜 분산장치(O-DU)와 삼지전자의 오픈랜 무선 기지국(O-RU) 장비를 연동하여 필드 시험을 진행했습니다. LG유플러스 상용망에서 속도, 핸드오버, 접속 성공률 등을 측정하여 성공적으로 테스트를 완료했습니다.

이태훈 삼지전자 대표는 "오픈 프론트홀을 활용한 개방화된 규격에 따른 장비(O-RU)는 이미 상용화 가능한 수준의 기술 검증을 완료했다"고 밝혔습니다. 일본 통신사 NTT도코모에도 노키아 기지국 인터페이스를 이용한 삼지전자 기지국(O-RU)이 연

국가	통신사	현황
일본	KDDI	2024년 본격적 개방, vRAN 기반 통신망 구축 시작
프랑스	오렌지	2025년부터 유럽 통신망에 오픈랜 호환 장비 설치
미국	T모바일	2025년까지 완벽한 오픈랜 목표, 2023년까지 장비 설치 2배 확대
영국	보다폰	2030년까지 유럽 이동통신망의 30% 오픈랜 운영

미국, 일본, 유럽 통신사 오픈랜 현황(MWC 2023)

지금보다 훨씬 좋아지죠. 김동구 연세대 교수는 "오픈랜은 클라우드와 합쳐져 클라우드 네이티브 랜(Cloud Native RAN)으로 나갈 것"이라면서 "2023년이 본격적인 도입기이고 2025년부터 성장하기 시작할 것"이라고 했습니다.

지능화는 네트워크 관리를 인공지능(AI)과 머신러닝(ML) 기술을 활용해 자동화하는 작업을 의미합니다. 이로써 통신망 운영과 최적화에 드는 비용을 줄일 수 있으며, 서비스 품질을 향상시킬 수 있습니다.

가상화와 지능화 영역은 5G에서 6G로 나아갈수록 더욱 중요해질 것으로 예상됩니다. 통신 방식이 이동성과 다양성을 가진 데이터 중심으로 변화하고 있는데, 2030년에는 6G가 도입되며 도심항공모빌리티(UAM)와 자율주행차 같은 서비스들이 더욱 확대될 것입니다. 이에 따라 네트워크의 안정적인 접속이 필수이며, 서비스 추가와 삭제가 용이한 유연한 소프트웨어 모듈화도 중요해질 것입니다. 앱스토어에 수많은 앱이 출시되듯,

오픈랜 위에 얹힐 소프트웨어들의 파급력은 클 것으로 보입니다.

따라서 전문가들은 오픈랜 칩, 부품, 장비, SW 확보는 6G 시대에 대비하기 위해 필수적이라고 이야기합니다. 과학기술정보통신부가 '5G 개방형 네트워크 핵심기술 개발 사업('23~'27년)' '차세대 네트워크 6G 원천·응용·상용 기술 확보('24년~)'에서 오픈랜을 중심에 두는 것도 같은 이유지요.

요약하자면, 오픈랜은 5G와 6G 시대에 필수적인 기술로, 통신과 컴퓨팅의 융합 추세에 따라 발전하고 있는 분야입니다. 개방화, 가상화, 지능화의 키워드를 중심으로 글로벌 통신 장비 시장과 기술 발전에 영향을 미치고 있으며, 현재와 앞으로의 통신 기술 발전에 큰 역할을 할 것으로 기대됩니다.

PART 2 미래기술의 DNA

오픈랜 활성화의 핵심은 장비사의 인터페이스 개방

강종렬
SK텔레콤 사장
(ICT인프라담당)

오픈랜 기술을 활성화하기 위한 오리아가 출범했습니다. 오리아는 민관합동 협의체죠. 통신사와 장비 제조업체 등 30개 기업 및 유관 기관이 함께합니다. 그런데 오리아의 대표 의장사는 SK텔레콤(SKT)입니다. 의장을 류탁기 SKT 인프라기술담당이 맡고 있죠. SKT는 오픈랜에 대해, 오리아에 대해 어떤 생각을 하고 있을까요.

강종렬 SKT 사장(ICT인프라담당)은 "중요한 시기에 오리아 의장사라는 어려운 역할을 맡아 마음이 무겁기도 하다"면서 "오리아 출범은 대한민국 정부, 통신사, 제조사, 학계에 이르는 다양한 이해관계자가 참여해 오픈랜 활성화의 큰 틀이 다져졌다는 데 의의가 있다"고 했습니다.

그는 "성공적인 오픈랜 생태계 활성화를 위해선 삼성, 에릭슨, 노키아 등 글로벌 기지국 장비 제조사의 인터페이스 개방에 대한 적극적 협력이 가장 중요한 요소"라면서 "중소기업은 기술 투자를 통한 기지국 장비(Radio Unit) 완성도 제고, 정부는 연구개발(R&D) 투자 및 오픈랜 장비 활용에 대한 정책적 지원, 연구소와 학계는 통신사 및 제조사 요구사항을 반영한 연구 성과 창출 등 이동통신사 외에도 이해관계자 모두가 생태계 관점에서 협력해야 한다"고 힘줘 말했죠.

오픈랜은 이름처럼 '개방을 통한 생태계' 성장이 중요한데, 이것이 가능하려면 기지국 장비 제조사들이 국내 중소기업에게 인터페이스를 오픈해야 한다는 것이죠.

그는 삼지전자나 HFR, 쏠리드 같은 국내 중소 통신 장비 업체들의 글로벌 시장 진출 가능성에 주목하기도 했습니다. 강 사장은 "5G망 구축이 상당히 진행된 국내 상황을 고려하면, 오픈랜은 국내에선 당장은 인빌딩 등 실내 커버리지 확장에서 제한적으로 활용될 것으로 예상된다"면서도 "그러나 5G 통신망이 늦게 확장되고 있는 해외시장 공략은 상대적으로 용이할 것"이라고 전망했습니다.

다만, 강종렬 사장은 오픈랜은 통신 기술 변화의 큰 방향성이며, 갑자기 뜬 게 아니고 5G 진화 및 6G 시대를 대비하는 과정에서 주목받는 기술이라고 소개했습니다. 강 사장은 "4G 때도 기지국에 대한 개방화가 SKT 망에서 일부 상용화되었지만, 관련 기술 등 생태계 성숙도 측면에서 현실적인 한계들이 존재해왔다"며서 "그러나 6G에선 본격적인 확대가 기대된다"고 예상했습니다.

화웨이 등 중국 기업이 큰 비중을 차지하고 있는 글로벌 통신 장비 시장을 견제하려는 미국과 중국 사이에 기술 패권 경쟁이 불붙은 게 오픈랜을 부추긴 측면은 있지만, 기술적으로도 오픈랜은 가야 할 길이라는 의미로 들립니다.

그는 "최근 한국 정부는 12개의 국가전략기술에 '차세대 통신 기술'로 6G를 포함했으며, 차세대 통신의 50개 세부 기술에 오픈랜을 포함했다"면서 "'21년, '22년, '23년 한미정상회담 공동선언문에서 지속적으로 오픈랜이 언급되는 등 정부에서도 중요하게 생각하는 걸로 안다"고 전했습니다.

오리아는 앞으로 5G 진화 및 6G 시대에 대비해 오픈랜 장비의 테스트 베드 도입을 통한 실험·실증 기회를 확대하고, 오픈랜 장비 국제 인증 체계(K-OTIC)를 구축할 예정이라고 합니다. 강 사장은 "기술 발전 단계에 맞춰 연구개발을 통한 표준화, 부품·장비·소프트웨어 개발을 진행함과 동시에, 오픈랜 얼라이언스 같은 국제 표준화 단체에 기고 및 발표, 나아가 기술 생태계 실행력 강화를 위한 양 단체 간 적극적인 협업 활동을 발굴해 추진해나갈 예정"이라고 했습니다.

또 "SKT 역시 오리아 계획과 연계해 오픈랜 장비 도입을 통한 테스트 베드 및 상용망 실증을 계획하고 있다. 이러한 결과를 오픈랜 국제행사(Plugfest)에서 전시할 계획"이라고 귀띔했습니다.

10

클라우드

눈에 보이지는 않지만 온갖 디지털 서비스로 가득한 이 세상을 떠받치는 기술이 있습니다. 바로 '클라우드'입니다. 전산실 같은 물리적 공간이나 설비 없이 인터넷만으로 서버, 데이터베이스(DB), 스토리지, 소프트웨어(SW) 등 필요한 IT 자원을 클라우드 서비스 사업자(CSP)들에게 빌려 쓸 수 있게 됐죠.

하드웨어를 일일이 사들여 사내 전산실에 설치·운영했던 과거 '온프레미스' 방식의 단점을 극복할 수 있게 된 것입니다. 필요한 만큼 자원이 자동으로 늘어나는 '오토스케일링'으로 유연성과 안정성을, 사용한 만큼만 결제하는 '구독형' 모델로 비용 절감 효과를 얻게 됐죠.

이미 클라우드는 산업을 넘어 일상생활 속에도 깊숙이 자리잡았습니다. 생성형 인공지능(AI) 등 신기술 개발·활용뿐만 아니라 이메일, 영화·음악을 스트리밍할 때도 클라우드가 사용되기 때문입니다.

놀랍게도 이 같은 개념은 무려 58년 전인 1965년 처음 나왔습니다. 미국 컴퓨터 과학자이자 인지과학자인 존 매카시(John McCarthy)는 "언젠가 컴퓨팅은 전화 시스템과 같이 공공재

로 구성될 것"이라며 "사용자들은 자신들이 사용한 만큼의 돈을 지불할 것이고, 거대한 시스템의 모든 프로그램언어에 접근할 수 있을 것"이라고 예언했습니다.

미래기술 '밑바탕' 클라우드

클라우드는 성공적 디지털전환(DT)을 위한 첫 단추로 꼽혔습니다. 그 이유는 다름 아닌 '데이터' 때문입니다. IT 세상에서 데이터의 중요성은 4차 산업혁명 시대의 '원유'라고 불릴 정도로 커졌습니다. 기업 내부 시스템 곳곳에 '고립(사일로)'돼 있던 데이터를 모아 걸러내고, 이를 분석·활용할 수 있는 역량이 곧 서비스 출시 속도와 경쟁력을 좌우하게 됐죠.

여기서 클라우드는 언제 어디서든 데이터를 실시간으로 연결·통합하는 역할을 합니다. 데이터가 어디서 생성되고 어디에 저장됐는지 파악할 수 있도록 '가시성'을 높여주기도 하죠. 뿐만 아니라 클라우드 기반 서비스형 소프트웨어(SaaS) 분석·개발·배포 플랫폼으로 업무 효율성도 획기적으로 개선해줍니다.

현대 클라우드 기술이 단순한 데이터 저장을 넘어 AI, 자율주행차, 디지털 트윈 등 최근 떠오르고 있는 미래기술을 실현시킬 바탕으로 꼽히는 이유도 이와 맞닿아 있습니다. 막대한 데이터를 처리·분석해야 할 뿐만 아니라 잘 가공해 서비스에 적용하는 일이 무엇보다 중요하기 때문입니다.

전환만 하면 끝? '클라우드 네이티브' 중요성 커진다

DT 초기, 기업들은 단순히 클라우드로 인프라를 전환하는 '리프트 앤 시프트(Lift and Shift)'를 수행했습니다. 그러나 최근에는 애플리케이션 구축과 실행 방식까지 고려한 '클라우드 네이티브클라우드 네이티브(Cloud Native) 전략 필요성이 커지고 있는 상황입니다.

클라우드 네이티브는 시스템 기획·설계 단계부터 클라우드 환경을 고려해 애플리케이션을 만드는 방식입니다. 쉽게 말해 기존 시스템을 단순히 클라우드로 옮기는 방식이 아니라 이점을 극대화할 수 있도록 처음부터 구조를 짜야 한다는 의미입니다.

클라우드 네이티브 전략의 핵심으로 꼽히는 '마이크로 서비스 아키텍쳐(MSA)'가 대표적입니다. MSA는 단일 시스템을 통째로 클라우드에 올려 구동하는 것과는 달리 각 기능과 서비스별로 독립된 시스템을 결합해 하나로 구성하는 방식입니다. 예를 들어 고도화가 필요한 기능에 해당하는 시스템만 중지한 상태로 작업하거나 장애가 발생한 부분만 고칠 수 있습니다. 어린 시절 갖고 놀던 '레고'와 비슷한 개념입니다.

이외에도 개발과 운영을 통합해 서비스 고도화나 출시를 빠르게 진행하는 방법론인 '데브옵스(DevOpS)', 민첩한 개발 환경과 문화를 지향하는 '애자일(Agile)' 방법론, 부분 '스케일 아웃(Scale-Out)' 접근을 통한 비용 최적화 등이 존재합니다.

이는 향후 한국 기업들이 글로벌 경쟁력을 갖추기 위한 선결 조건이기도 합니다. 특히 국내 산업 지형도에서 큰 비중을 차지하는 중소기업들의 클라우드 기술 도입률이 28%에 불과하고, 클라우드 네이티브 환경을 구축했거나 고려하고 있는 건 게임·이커머스 등 일부 산업군에 속한 대기업들뿐이라는 점에서 앞으로 나아가야 할 길이 먼 것으로 보입니다.

AI 시대 핵심은 클라우드… 인프라 경쟁 펼쳐진다

클라우드와 AI는 떼려야 뗄 수 없는 기술입니다. 2023년 세상을 뒤흔들었던 '챗(Chat)GPT'와 같은 초거대 AI는 막대한 데이터 연산이 필요하고, 이를 뒷받침하는 기술이 클라우드 컴퓨팅이기 때문입니다. 두 기술의 관계성을 미리 내다본 것일까요? 공교롭게도 클라우드 컴퓨팅과 AI에 대한 개념을 최초로 제시한 인물 또

한 동일합니다. 미국의 컴퓨터과학자이자 인지과학자인 존 매카시(John McCarthy)는 1955년 논문에서 AI에 대한 개념을 처음 언급했습니다. 그는 "AI의 목표는 인간처럼 만드는 것이 아니라, 인간과 유사하게 생각하며 인간의 사고를 뛰어넘는 것"이라고 말하기도 했습니다. 1959년에는 클라우드 컴퓨팅의 시초격인 '시분할 시스템'을 개발했고, 이후 컴퓨팅이 공공재로 구성돼 사용한 만큼 돈을 지불할 것이라고 예언했습니다.

전 세계를 달구고 있는 생성형 AI 경쟁에서 클라우드의 존재감은 더 커지고 있습니다. AI 학습 데이터 확보는 물론, 대규모 연산이 가능한 수준의 인프라 확보 차원에서도 클라우드가 필수적이기 때문이죠. 초거대 AI를 감당하기 위한 서버와 DB 등을 하드웨어로 구축하기에는 지나치게 큰 비용이 투입돼야 하는 탓입니다. 최근에는 초거대 AI 구축·운영에 필수적인 그래픽처리장치(GPU) 또한 가상화 기술을 통해 클라우드로 제공되고 있어, 향후 클라우드 기술의 입지는 더욱 커질 전망입니다.

이는 결국 클라우드 인프라를 보유한 기업들 간의 승부로 확대될 수밖에 없다는 의미이기도 합니다. 2022년부터 현재까지 생성형 AI 경쟁을 주도하고 있는 마이크로소프트(MS),

구글 등 주요 기업들은 모두 자체 클라우드를 가지고 있습니다. 생성형 AI를 통해 클라우드 사업을 확대하려는 '록인(Lock-in)' 전략을 펼치는 모습입니다.

먼저 MS는 오픈AI와 독점 계약을 맺고, '애저(Azure)' 클라우드 위에서만 챗GPT와 GPT-4 등을 운영할 수 있도록 했습니다. 또 '애저 오픈AI 서비스'를 출시해 기업들이 GPT-4, 챗GPT, 메타 '라마(LLaMA)2' 등 다양한 모델을 애저 클라우드 상에서 제공합니다. 기업용 AI 구축을 위한 서비스로는 '애저 AI 스튜디오'가 제시됐습니다. 클릭 몇 번만으로 챗GPT나 GPT-4 기반의 자체 AI를 생성하는 일이 가능해진 것입니다.

이에 맞서는 구글 또한 구글클라우드(GCP)를 통해 AI 챗봇 '바드(Bard)'와 거대언어모델(LLM) '팜(PaLM)2' 등을 제공 중입니다. 2023년 연말에는 구글의 차세대 LLM '제미니(Gemini)' 또한 GCP 기반 생성형 AI 플랫폼 '버텍스 AI(Vertex AI)'를 통해 기업들에게 제공될 전망입니다. 제미니는 매개변수(파라미터) 약 1조 개를 가진 '멀티모달' AI로 추정되고 있습니다. '미드저니(Midjourney)'나 '스테이블 디퓨전(Stable Diffusion)'처럼 텍스트만으로 사용자가 원하는 이미지를 만들어내는 기능이 탑재될 가능성이 높습니다.

한국형 AI '하이퍼클로바X(Hyper CLOVA X)'를 선보인 네이버와 2023년 10월 초거대 AI '믿음(Mi:dm)' 상용화에 나선 KT 또한 각각 자사 클라우드를 통해 서비스를 제공합니다. 기존 모델을 업그레이드한 새 초거대 AI 모델 '코(Ko)GPT 2.0'을 개발 중인 카카오 또한 카카오엔터프라이즈 클라우드 기반으로 활용될 예정인 가운데, 향후 국내외 클라우드 서비스 제공사업자(CSP)들의 '인프라 경쟁'은 더욱 치열해질 전망입니다.

클라우드는 미래의 근간… AI와 함께 성장한다

김동훈
NHN클라우드 대표

"챗GPT 등장 이후 클라우드는 혁신 기술 기반으로 중요성이 커졌습니다. AI와 클라우드산업의 발전은 함께 이뤄질 수밖에 없습니다"

김동훈 NHN클라우드 대표는 "AI 신기술은 필수적으로 대규모의 인프라가 필요하다"며 "단순한 IT 환경의 전환이 아닌 '혁신 기술의 장'으로 클라우드가 중요한 역할을 하고 있다"고 강조했습니다.

NHN클라우드는 국내 주요 클라우드 서비스 제공 사업자(CSP)입니다. 공공시장에서 두각을 드러내는 것은 물론, 광주 국가AI데이터센터를 건립 중이기도 합니다. 이 데이터센터는 88.5페타플롭스(PF) 수준 연산 능력과 107페타바이트(PB) 저장공간을 가진 글로벌 10위권 규모입니다. 페타플롭스는 1초당 1,000조 회에 달하는 연산 능력을, 페타바이트는 6기가바이트(GB) 영화 17만 4,000편을 담을 수 있는 용량입니다.

김 대표는 향후 클라우드 업계가 나아가야 할 방향으로 '신기술의 근간'이 돼야 한다고 역설했습니다. 그는 "코로나19 팬데믹 시기에는 '전환'이라는 키워드가 화두였지만, 엔데믹인 지금 시점에는 '클라우드를 활용한 혁신'만 있다"며 "챗GPT도 클라우드 기반의 대규모 고사양 인프라가 밑바탕에 있었기 때문에 가능했다"고 설명했습니다.

이어 "클라우드가 미래기술 활용의 필수 인프라로 이용되고 있는 만큼, 앞으로도 아키텍처 제공과 인프라 자원에 대한 준비를 다 해야 한다"며 "클라우드가 신기술의 근간이 되는 필수 기술이라는 가치를 계속해서 선보여야 한다"고 부연했습니다.

특히 그는 생성형 AI와 클라우드가 함께 성장할 수밖에 없다고 예상했습니다. AI 학습·데이터 분석·활용·연산 등을 감당하기 위한 인프라를 하드웨어로 구축하려면 막대한 비용이 소요되는 반면, 클라우드를 활용하면 기능과 비용을 최적화할 수 있어 '동맹관계'로 귀결될 것이란 의미입니다.

김 대표는 "오픈AI의 초거대 언어모델을 학습하기 위해서 '엔비디아 A100' 서버 약 3,600대, GPU 수로는 2만 8,000개가 필요하다고 알려져 있다"며 "이를 비용으로 추산해보면 한 번 학습하는 데 약 500억 원 정도 비용이 발생하는 것으로, 자원의 확보가 현 기술 경쟁의 가장 중요한 변수로 작용할 수 있다"고 역설했습니다.

끝으로 그는 "AI 기술이 발전할 수 있도록 최적의 클라우드 환경을 제공해야 한다"며 "NHN클라우드는 2023년 10월 AI 특화 데이터센터인 '광주 AI데이터센터'의 정식 운영을 시작했고, 여기에 국내 최초로 '엔비디아 H100'을 도입하는 등 만반의 준비를 갖춰 혁신을 주도해나가겠다"고 밝혔습니다.

스마트홈

직장인 이정하(29·여·가명) 씨는 오늘도 늦잠을 잤네요. 그래도 다행입니다. 이미 설정해놓은 대로 커피머신이 만들어놓은 리베리카(Liberica) 원두커피 한 잔을 아침으로 갈음할 수 있으니까요. 출근길에 나선 정하 씨. 아뿔싸, 또 텔레비전을 그대로 켜놓고 나왔네요. 하지만 걱정 없습니다. 바로 스마트폰 애플리케이션(앱)을 켜서 끄면 되니까요. 퇴근할 때쯤 정하 씨는 다시 스마트폰으로 로봇청소기를 작동시키고 '퇴근 후' 시나리오로 활성화합니다. 동시에 아늑한 조명과 부드러운 재즈 음악도 미리 틀어 놓아야겠죠.

그간 주목받아오긴 했지만, 요즘 들어 스마트홈의 중요성이 더욱 부각되고 있습니다. 스마트홈은 사물인터넷(IoT·Internet of Things)과 인공지능(AI)을 기반으로 TV나 에어컨 등 집에 있는 장치를 원격으로 제어하는 기술을 말하는데요. 코로나19 팬데믹을 겪으며 집 안에서의 다양한 활동이 주목받았고 이를 지원할 가전의 역할이 커졌다는 점, 편의성과 함께 사용하지 않을 때 전기를 차단하는 등 불필요한 자원 활용을 자율적으로 억제해 탄소 중립으로 다가가게 하는

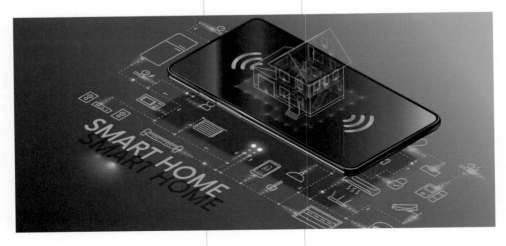

기술이라는 점 때문에 글로벌 거대 기업들이 이 분야에 많은 관심을 쏟고 있습니다.

스마트홈 기반은 IoT··· 성장성 무궁무진

스마트홈의 기반은 IoT입니다. 이 개념을 처음으로 제시한 케빈 에쉬튼(Kevin Ashton) 전 벨킨 총책임자는 1999년 비누, 샴푸 등 소비재 제조·판매 기업 P&G에서 일하며 매장에서 어떤 제품이 얼마나 팔리는지, 재고량은 어떤지 등을 관리할 수 있도록 제품에 태그를 붙여 이를 관리하자는 아이디어를 냈습니다. 이 아이디어를 기반으로 에쉬튼은 인터넷(Internet)과 연결되지 않은 일반 사물들(Things)을 네트워크와 연결하는 IoT 개념을 만들어냈습니다. 일상 속 모든 물건을 인터넷으로 연결해 한 사람의 삶을 더욱 편리하게 바꾸겠단 목표도 세웠습니다.

케빈 에쉬튼 전 벨킨
총책임자.

이미 IoT는 우리 일상생활 속에 자리 잡은 지 오래입니다. 스마트폰 앱으로 에어컨·세탁기·냉장고를 제어하는 일은 이제 아주 익숙한 일이 됐습니다. 스마트 쓰레기통은 이제 비울 때가 됐다고 알려주기도 하고 스마트 오븐은 조리할 메뉴를 고르면 자동으로 조리 시간을 조절하기도 합니다. IoT를 통해 말 그대로 '스마트'한 삶이 도래한 거죠.

IoT의 성장성은 무궁무진합니다. 시장조사기관 IDC에 따르면 글로벌 IoT 시장규모는 오는 2026년까지 연평균 10.7%로 성장할 것으로 전망되고 있습니다. 또 글로벌 ICT 기업 중 약 15%가 IoT 분야에 종사하고 있는데, 이 비중은 더욱 커질 것이란 게 관련 업계 전문가들의 전망입니다.

삼성·LG 초연결 시동··· 다양한 분야로 진화

최근 들어 스마트홈이 더욱 주목받는 이유는 글로벌기업들이 '초연결'에 집중하고 있기 때문입니다. 서로 다른 기업의 IoT 기기를 한 플랫폼에서 활용할 수 있도록 기술 연동·표준화 작업이 활발히 진행 중입니다. 이는 스마트홈 서비스를 활용하기 위해 한 기업의 제품으로 집안 제품을 싹 맞출 필요가 없단 뜻이기도 합니다. 실제로 그간 기업들은 자사 제품의 가

1982년	카네기멜론대 컴퓨터공학과 교수 및 학생들이 콜라 자판기에 마이크로 스위치를 설치하고 재고 수준과 내용물 온도를 인터넷으로 전송
1989년	컴퓨터 과학자 겸 작가인 존 롬키가 토스터를 인터넷에 연결해 빵 굽기 정도를 제어
1991년	마크 와이저가 유비쿼터스 컴퓨팅 개념 소개
1993년	케임브리지대 학생들이 멀리 떨어진 커피머신에 카메라 설치, 커피 유무 확인하고 영상을 HTTP 프로토콜로 보내는 프로그램 개발
1999년	케빈 에쉬튼이 P&G와 협업하며 '사물인터넷(IoT)'이라는 용어를 처음으로 언급. 재고 파악을 위해 제품에 센서를 달자고 제안
2000년	LG, 세계 최초의 '커넥티드 냉장고' 출시

치와 판매를 높이고자 스마트홈 서비스를 제공했었지요. 삼성전자는 '스마트싱스'로, LG전자는 '씽큐'로 자사의 제품만 활용 가능했습니다.

그러나 삼성전자와 LG전자가 함께 스마트홈 연결 표준인 매터(Matter) 적용 서비스를 실시할 것으로 알려졌는데요. 첫 연동 기기는 세탁기, 건조기, 식기세척기 등 자주 쓰는 가전 7종으로 알려졌습니다. 즉, 매터 도입과 함께 삼성전자 스마트싱스를 이용해 LG전자 에어컨 풍량을 제어하거나 LG전자 씽큐로 삼성전자 세탁기 전원을 켜고 끌 수 있게 됩니다. 매

IoT의 역사

IoT 기술 구성 요소

터는 IoT 기기의 통신 언어를 통일해 서로 연동할 수 있도록 하는 기술 표준입니다. 스마트홈 생태계가 기업 중심으로 쪼개져 있어 성장에 어려움을 겪자, 이를 합쳐 시장을 키워보자며 스마트홈 사업자가 모여든 것이죠. 그렇게 기술 협의체인 '커넥티비티 스탠다드 얼라이언스(CSA)'가 탄생했습니다.

CSA에는 구글과 아마존, 애플 등 해외 주요 IT 사업자와 주요 스마트홈 액세서리 제조사, 글로벌 가전 제조사 등 260여 개 기업이 참여하고 있습니다. 그러니 매터는 앞으로 가전부터 스마트 조명·음향기기 등 다양한 분야에 적용될 걸로 보입니다.

유수의 글로벌기업들 참여… 생태계 빠르게 커진다

가전기업을 중심으로 한 '홈 커넥티비티 얼라이언스(HCA)'도 있습니다. 200곳이 넘는 글로벌 파트너사와 손잡고 자사 플랫폼을 키워온 삼성이

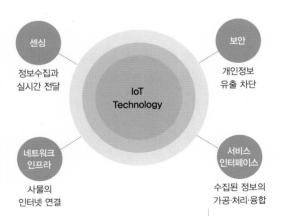

센싱
정보수집과
실시간 전달

보안
개인정보
유출 차단

IoT
Technology

네트워크
인프라
사물의
인터넷 연결

서비스
인터페이스
수집된 정보의
가공·처리·융합

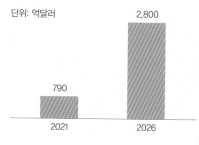

단위: 억달러

790
2021

2,800
2026

스마트홈 시장규모
(출처_옴디아)

글로벌 가전기업과 함께 IoT 서비스 확장에 나선 셈인데요. HCA의 목표는 스마트홈 플랫폼과 기기 간 연결성을 강화하는 것입니다. 참여 기업은 아메리칸스탠다드, 아르첼릭, 일렉트로룩스, 하이얼, GE어플라이언스 등 유수의 글로벌 가전·공조 기업입니다. 최근에는 LG전자도 이름을 올렸고요. 이들 기업의 스마트홈 플랫폼을 서로 연동하게 된다면, 수천 개의 스마트 가전기기가 서로 연결되는 셈이니 진정한 '초연결'이 가능해지겠죠.

실제로 유미영 삼성전자 생활가전사업부 부사장은 '베를린 국제가전박람회(IFA) 2023'이 열린 독일 베를린에서 간담회를 열고 "HCA를 통해 스마트싱스의 에너지 저감 서비스나 AI 솔루션을 타사 가전제품에도 지원할

수 있을지 협의를 하고 있다"며 "실제 협력으로 이뤄진다면 경쟁사 제품에서도 스마트싱스만의 기능을 소비자들에게 제공할 수 있을 것"이라고 언급했습니다. 류재철 LG전자 H&A 사업본부장 사장 역시 협력 확장의 가능성을 남겼습니다. 류 사장은 "고객이 원한다면 LG 씽큐에서도 삼성전자 제품을 연결하는 게 맞다고 본다"며 "현재는 기본 기능만 프로토콜이 정의돼 있고 단순 기능 제어 외에 어떻게 할지 계획은 없으나 진화의 가능성은 충분히 열려 있다"고 설명했습니다.

스마트홈 생태계는 더욱 빠르게 커질 전망입니다. 진정한 '초연결'의 시작이 스마트홈이 될 수 있을까요? 성장 중인 스마트홈 생태계가 불러올 연결된 미래에 대한 기대감이 커지고 있습니다.

진격의 IoT… 스마트 홈·시티 넘어 가상 세계와도 초연결

최근에는 IoT를 산업 분야에도 도입하려는 움직임이 커지고 있습니다.

CSA가 개발 중인 스마트홈 IoT 오픈소스 표준, 매터(왼쪽)와 HCA 홈페이지. (사진_CSA 및 HCA 홈페이지 캡처)

산업용 사물인터넷(IIoT)은 제조를 비롯해 에너지·건설·농업 등 산업 현장 일선에 IoT 기술을 적용해 데이터를 실시간으로 수집·관리하고 생산성과 효율성을 높이는 것을 의미하는데요. 특히 제조업 분야에서 IoT 도입을 통한 혁신을 모색하는 움직임이 두드러지는 분위기입니다.

IoT 기술을 활용해 '스마트공장'을 만들어 생산성을 높이는 방식이 대표적입니다. IoT 센서를 적용한 공장 장비를 활용해 제조 시스템을 만드는 겁니다. IoT 기술을 도입한 스마트공장에서는 장비를 통해 실시간 데이터 수집이 가능해집니다. 매분 매초 장비의 상태를 살필 수 있으니 어디 한 군데가 고장 난다고 해도 빠르게 고칠 수 있겠죠. 또 공정이 얼마나 진행됐는지 데이터도 확인할 수 있고, 너무 적거나 많이 생산했을 경우 신속하게 수량을 조절하는 등 대처할 수

있게 됩니다. 위험물질 상태를 관리할 수도 있으니 공장 환경도 안전하게 유지할 수 있겠죠.

글로벌 시장분석업체 테크나비오(Technavio)에 따르면 전 세계 산업용 IoT 시장은 오는 2026년 1,061억 달러(약 142조 5,000억 원) 규모로 성장할 것으로 전망됩니다. 연평균 성장률(CAGR)은 6.7%에 달합니다.

'지능형 사물인터넷(AIoT)' 역시 최근 산업계의 화두인데요. 지능형 IoT는 IoT와 AI를 융합한 것을 말합니다. IoT 센서가 수집한 많은 양의 실시간 데이터를 AI가 알고리즘을 통해 직접 분석하고 의사결정해 서비스를 제공하는 것이 특징입니다.

지능형 IoT가 적용된 기기를 활용하는 사례를 살펴볼까요. AI 스피커에게 "내가 좋아하는 음악 들려줘"라고 말했을 때 사용자가 이전에 반복해서 들었던 노래와 비슷한 장르이거나 같

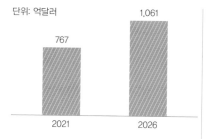

단위: 억달러

767 (2021)
1,061 (2026)

전 세계 산업용 IoT 시장 성장 규모 및 전망

(출처_테크나비오)

은 가수의 노래를 추천하는 경우가 있습니다. AI가 이전에 들었던 데이터를 기반으로 학습한 결과물이죠.

지능형 IoT의 최종 목표는 단순히 사물을 연결하는 것을 넘어 스스로 판단해 최적의 서비스를 제공하는 '자율형'까지 나아가는 것입니다. 그러면 사람이 명령할 필요 없이 신속하게 가장 좋은 결과물을 얻을 수 있으니 생산성이 높아지겠죠.

지능형 IoT 기술은 다양한 미래 산업의 기반 기술이 될 것으로 점쳐집니다. 산업계에서는 지능형 IoT가 도심항공모빌리티(UAM)와 자율주행자동차 등에서 빛을 발할 것으로 예상하고 있습니다. 주변 상황이 변화했을 때 운전자와 보행자의 행동을 예측해 더 안전한 주행이 가능하도록 하는 것이죠.

스마트시티, 메타버스(확장 가상 세계), 디지털트윈(현실 세계의 기계·장비·사물 등을 컴퓨터 속 가상 세계에 구현한 것) 등 현실과 동기화하는 가상 세계를 '초연결'하기 위해서도 지능형 IoT 기술이 필요할 전망입니다. 현실 공간의 데이터를 바탕으로 AI가 알고리즘을 통해 낸 결과물을 가상 세계에서 볼 수 있다면 손쉬운 시뮬레이션이 가능하겠죠. 집과 거리, 교통과 에너지 등 도시 속 인프라를 지능형 IoT로 연결한다면 실시간으로 데이터를 주고받으며 예측할 길이 열리게 될 것입니다.

글로벌 시장조사기관 글로벌마켓인사이트에 따르면 IoT가 인공지능을 포함한 다른 ICT 기술과 결합한 '디지털트윈' 분야는 오는 2027년까지 연평균 35%로 성장해 약 500억 달러(약 67조 8,500억 원) 규모로 성장할 것으로 예측되고 있습니다. 이에 발맞춰 국내에서도 공공 분야를 중심으로 정책적 투자가 이뤄지고 있는 만큼 시장규모는 급성장할 것으로 전망되고 있습니다.

PART 2 미래기술의 DNA

주요국, 스마트홈 주도권 경쟁… 한국, 정책·기술 지원 필요

이상신
한국전자기술연구원
자율지능IoT연구센터장

"IoT 기술은 AI, 시뮬레이션, 3D 시각화 등 최신 기술과 융합돼 디지털트윈으로 발전했습니다. 그리고 다양한 산업의 기반 기술 및 인프라로 활용돼 산업적 파급효과는 더욱 커지고 있다고 생각합니다. 현재 시장규모, 글로벌 산업 동향으로 판단했을 때 미래 성장성은 충분히 기대해볼 만합니다."

이상신 한국전자기술연구원(KETI) 자율지능IoT연구센터장은 "국내 IoT산업은 디지털 플랫폼 정부 등 디지털화 정책이 가속화됨에 따라 재난, 산업, 관광, 가전 등 전 분야에서 성장하고 있다"며 이렇게 짚었습니다. 그러면서 "AI와 같은 신기술의 등장과 지리정보시스템(GIS), 시뮬레이션 등 이전부터 산업에서 많이 사용돼온 기술이 고도화되고 IoT와 결합하면서 관련 시장이 크게 활성화되는 것 같다"며 "산업 전반적으로 도입 중인 디지털전환(DT) 영향으로 IoT 도입이 가속화되고 있다"고 말했습니다.

특히 이 센터장은 "IoT는 활용 범위가 아주 넓은 산업"이라며 "현재 시공간 데이터 관리·보안·AI와의 연계 등 IoT 기술 고도화를 위한 핵심기술에 대한 개발이 활발하게 진행 중"이라고도 언급했습니다.

다만 해결해야 할 과제도 남아 있다고 이 센터장은 지적했습니다. 그는 "IoT산업의 경쟁력은 결국 데이터를 기반으로 구체적인 성과를 낼 수 있는 킬러 앱 개발이 가능하느냐에서 판가름날 것"이라며 미래 IoT 기술을 실제 현장에서 지속적으로 운용할 수 있는 틀을 마련해야 한다고 강조했습니다.

이를 위해 "국내 IoT산업의 요구를 반영한 체계화된 제도와 정책적 지원이 필요하다"고 이 센터장은 말했습니다. 그는 "수요가 늘어나고 있는 IoT산업의 발전과 글로벌 흐름에 부합하기 위해서는 개인정보·IoT 통신망에 규제를 탄력적으로 적용하고 정보보호법 등 법과 제도도 지속해서 개선하는 등 다양한 제도적 지원이 필요하다"며 "앞으로 IoT 및 응용 서비스가 산업뿐만 아니라 공공, 의료, 스마트홈 분야 등에서도 활성화되기 위해 정보보호에 대한 이슈가 해결돼야 한다"고 했습니다.

더 나아가 이 센터장은 "생태계를 더욱 활성화하고 응용 분야를 보다 확장하기 위해 IoT 생태계 간 연합·연계를 위한 표준화 시도가 있어야 한다"며 "다양한 응용 분야의 IoT 인프라의 데이터 및 기능을 연합해 복잡한 현실 문제를 보다 효율적으로 해결할 수 있는 융합 서비스를 제공해야 한다"고 했습니다.

이 센터장은 스마트홈 분야를 언급, "아마존, 구글, 삼성 등 글로벌기업들이 호환성, 연결성을 강조하며 매터 표준을 기반으로 다양한 가전기기와의 연결, 맞춤형 경험을 제공할 수 있는 솔루션을 개발하고 있는데, 이는 일상생활에서 수많은 IoT 제품을 통합·연계할 수 있는 초연결 시대를 제시하고 있는 것"이라며 "글로벌 주요국의 경우 스마트홈을 신산업으로 육성하고 시장에서의 주도권 확보를 위해 표준화에 대한 정책적 지원을 아끼지 않고 있다"고 말했습니다.

무엇보다 이 센터장은 "신뢰도 높은 서비스를 제공하기 위해 IoT 인프라의 지속적인 안전성을 확보할 수 있는 기술 확보도 시급하다"고 당부하기도 했습니다.

이 센터장은 또 "대기업과 중견기업을 중심으로 IoT 도입 및 활용이 가속화되고 있지만 아쉬운 점은 중소기업은 신기술 도입에 다소 소외되는 모습을 보인다는 점"이라고 짚은 뒤 "디지털 기술에 친숙하지 않은 중소기업이 쉽게 IoT 기술에 접근할 수 있도록 지원하는 플랫폼 및 응용 기술 개발과 관련 역량을 육성하기 위한 제도가 필요하다"고 언급했습니다. 이어 "DT 사업에 다양한 응용 분야의 중소기업이 참여할 수 있도록 독려하기 위한 기술 지원 제도 역시 필요하다"고 당부했습니다.

12 인공지능

"인공지능(AI)산업의 아이폰 모먼트가 시작됐다."

지난 2023년 3월, 최대 AI 반도체 업체 엔비디아의 젠슨 황(Jensen Huang) 최고경영자(CEO)가 한 말입니다. 아이폰이 스마트폰과 모바일 혁명이라는 새로운 시대를 연 것처럼 AI의 확산이 또 다른 미래를 열 것이라는 의미입니다.

변화를 촉발한 것은 AI 챗봇 '챗(Chat)GPT'였습니다. 오픈AI가 2022년 11월 내놓은 챗GPT는 인간이 컴퓨터에 입력한 문장을 인식해 인간처럼 답변하는 대규모 언어모델(LLM)입니다. 출시 2개월 만에 이용자 1억 명을 모으며 IT업계에 신드롬을 일으켰죠. 전 산업의 판도를 바꿀 '게임체인저'로 부상했습니다.

골드만삭스는 2023년 3월 발표한 보고서에서 "AI의 확산이 10년간 세계경제(GDP)를 7% 성장시키는 효과를 낳을 수 있다"고 전망했습니다. 그만큼 생성형 AI가 생산성을 크게 끌어올릴 수 있다는 것입니다. 시장조사

업체 더브레이니인사이츠에 따르면 2022년 86억 달러(11조 원)였던 생성형 AI 시장은 연평균 36.1%씩 성장해 10년 후인 2032년엔 1,886억 달러(244조 원) 규모가 될 전망입니다.

AI 혁명… "세계 GDP 7% 늘릴 것"

챗GPT로 대표되는 생성형 AI가 영향을 미치고 있는 분야 중 하나는 검색 시장입니다. 챗GPT 열풍엔 검색 시장이 바뀔 것이란 기대감이 숨어 있었습니다. 기존 검색은 키워드를 치면 나오는 수많은 검색 결과에서 원하는 결과를 일일이 찾아야 했지만, 챗GPT는 질문을 하고 결과를 단번에 얻을 수 있으니까요.

오픈AI에 투자한 마이크로소프트(MS)는 2023년 초 검색엔진 '빙(Bing)'에 챗GPT 기술을 결합하며 지난 20년간 구글이 장악해온 검색 시장에 도전장을 내밀었습니다. 위협을 느낀 구글도 부랴부랴 챗GPT의 대항마로 '바드(Bard)'를 내놓았죠. 결론부터 말하면, 현재 시점에서 검색 시장의 판도가 바뀐 것은 아닙니다. 여전히 구글은 검색 시장의 92%가량을 장악하고 있습니다.

하지만 검색 패러다임 자체는 바뀌고 있는 것으로 평가됩니다. 소프트웨어정책연구소는 "생성형 AI 부상으로 검색 시장의 핵심 가치가 검색 효율성에서 생성 정보의 신뢰성으로 전환하고 있다"며 "생성형 AI 기능이 결합된 검색 포털 서비스가 AI 시대의 관문 역할을 할 것"이라고 분석했습니다. 실제로 구글은 이미 기존 검색창과 달리 바드가 추천하는 검색 결과가 가장 위에 보이는 방식으로 검색창 개편을 준비 중이고, 네이버도 유사한 방식의 대화형 검색 서비스 '큐(Cue:)'를 선보일 예정입니다.

2030년 AI가 만든 영화 등장

생성형 AI는 검색 시장을 떠나 전 산업을 성장시키는 기폭제 역할을 할 것이라는 예상이 나옵니다. 생성형 AI는 제조 분야의 디지털전환(DT)을 고도화하고 있으며, 유통 분야에선 광고 마케팅·고객센터 업무 등에 활용되기 시작했습니다. 가트너는 2025년까지 대기업의 마케팅 메시지 중 약 30%가 '합성' 문장으로 만들어질 것으로 내다봅니다. 2022년엔 2%에 불과했습니다. 국내에선 최근엔 삼성생명이 광고 캠페인 '좋은 소식의 시작' 배경음악(BGM)을 AI 스타트업 포자랩스와 함께 생성형 AI로 제작해 이목을 끌기도 했습니다.

금융 분야에서도 개인 맞춤형 금융·투자상품을 개발하거나 실시간으로 최적의 투자 포트폴리오를 수립하는 데 생성형 AI가 활용될 전망입니다.

엔비디아는 최근 조사에서 "글로벌 금융회사의 20%가 대화형 AI를 도입 중"이라고 밝혔습니다. 미디어 분야도 마찬가지입니다. 2030년엔 AI가 콘텐츠의 90%를 만든 블록버스터 영화가 최소한 1편은 개봉될 것이라는 전망(가트너)도 나옵니다.

챗GPT가 '플러그인'을 통해 외부 서비스까지 연동하면서 산업에 미치는 영향은 더 커질 것으로 보입니다. 질문에 답만 하던 챗GPT가 장보기나 호텔 예약 등 다른 앱을 사용하지 않아도 모든 서비스를 할 수 있게 한 차원 진화하는 것이기 때문입니다. 다양한 앱을 다운로드받을 수 있는 앱 스토어처럼, 챗GPT가 'AI 시대 앱스토어'가 될 수 있습니다.

'환각' 현상 숙제… 저작권 분쟁도

기대만큼 숙제도 많습니다. '환각' 현상은 해결해야 할 선결과제로 꼽힙니다. 현재 챗GPT 같은 LLM은 인간과 비슷한 퍼포먼스를 보이면서도 엉뚱

한 거짓말을 하는 단점을 갖고 있습니다. 생성형 AI의 답변을 전적으로 믿을 수 없다는 얘기입니다. 이 때문에 기업들도 생성형 AI를 출시하면서도 조심스럽습니다. 구글 바드의 명령어 입력창 하단엔 "바드가 부정확하거나 불쾌감을 주는 정보를 표시할 수 있으며, 이는 구글의 입장을 대변하지 않는다"고 써 있습니다.

생성형 AI가 인간이 만든 콘텐츠 등을 가져다 학습하다 보니 저작권, 정보 유출 문제도 불거지고 있습니다. 온라인에서 이미지·동영상을 제공하는 게티이미지가 이미지 생성 AI 스테이블 디퓨전을 개발한 스태빌리티 AI를 상대로 저작권 침해 소송을 제기한 게 대표적 사례입니다. 오픈AI도 인터넷에서 모은 정보로 AI를 훈련시키면서 저작권 등을 침해했다며 미국 로펌 클락슨으로부터 소송을 당했습니다. 국가정보원은 2023년 6월 개인정보나 비공개 정보 등 민감한 내용의 입력을 금지하는 '챗GPT 등

AI 작동 개념도

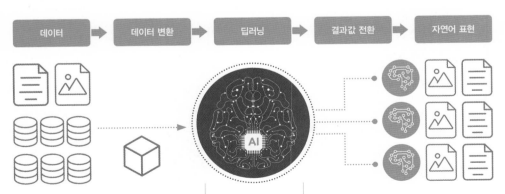

데이터 → 데이터 변환 → 딥러닝 → 결과값 전환 → 자연어 표현

생성형 AI 활용 가이드라인'을 만들어 공개했습니다.

최근엔 AI의 급속한 발전에 대해 우려도 높아지고 있습니다. 'AI 대부'로 불리는 제프리 힌튼(Geoffrey Everest Hinton) 교수는 "AI가 기후변화보다 인류에게 더 시급한 위협"이라며 "기후변화에 대한 대응을 제안하는 것은 쉽지만, AI는 우리가 무엇을 해야 하는지 명확하지 않다"고 말했습니다. AI 발전이 통제할 수 없을 정도로 너무 빠르단 뜻입니다. 미IT업계에선 AI의 위험성을 경고하며 '6개월 정도 AI 개발을 멈춰야 한다'는 주장이 나오기도 했습니다. 미국, 유럽 등에선 AI 보안과 윤리에 대한 규제 움직임도 일고 있습니다.

초거대 AI 개발하는 한국 5대 회사는?
네이버, KT, 카카오, SK텔레콤, LG. 국내에서 챗GPT 같은 대규모 LLM을 자체적으로 보유한 기업은 딱 이 5곳뿐입니다. 전 세계적으로 봐도 한국은 자체 초거대 AI를 가진 4개국(미국, 중국, 이스라엘, 한국) 중 하나입니다.

각 기업이 개발하고 있는 초거대 AI는 어떻게 다를까요? 먼저 네이버가 개발한 초거대 AI '하이퍼클로바(HyperCLOVA)'는 미국 오픈AI의 GPT-3를 뛰어넘는 2,040억 개의 매

생성형 AI에 쓰이는 인공신경망 구조

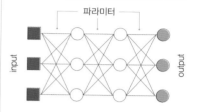

- 인간 뇌의 뉴런 간 정보통신 통로인 시냅스와 비슷한 역할을 하는 파라미터(매개변수)에 의해 작동
- 여러 입력값(Input)을 처리한 뒤 임계값이 넘으면 출력(Output)

개변수(파라미터) 규모를 가졌으며, 현재 국내 500여 스타트업의 마케팅 AI·기업용 챗봇 등에 적용됐습니다. 뤼튼테크놀로지스가 대표적인 사례입니다. 뤼튼은 하이퍼클로바를 활용해 광고·제품·회사 소개 문구 등을 자동 생성해주는 AI 서비스를 만들었습니다. 네이버는 2023년 8월 24일 하이퍼클로바를 업그레이드시킨 '하이퍼클로바X'를 공개했습니다. 챗GPT보다 한국어를 6,500배 학습한 초거대 AI입니다. 9월에는 하이퍼클로바X를 검색에 접목한 '큐'도 내놓았고, 연이어 10월에는 B2B 솔루션 2종도 공개했습니다.

KT의 경우 2023년 하반기 초거대 AI '믿음(Mi:dm)'과 믿음의 응용프로그램인터페이스(API·Application Programming Interface)를 공개하며 AI 생태계 경쟁에 본격적으로 뛰어듭니다. API를 공개한다는 것은 외

부 기업이 KT의 초거대 AI를 가져다 쓸 수 있도록 한다는 얘기입니다. 가령 국내 AI 스타트업 업스테이지는 챗GPT API를 가져다 카카오톡 기반 AI 챗봇 '애스크업'을 서비스하고 있습니다. 믿음은 기업 맞춤형 초거대 AI를 표방하고 있습니다. KT 믿음의 API 가격은 아직 확정되진 않았으나, API가 공개되면 산업별로 특화된 AI 비서 서비스가 더 확대될 것으로 예상됩니다. 이미 KT는 AI컨택센터(AICC), 금융, 법률, 의료, 미디어·콘텐츠, 공공·행정 등의 분야에서 API 연동을 추진 중입니다. 가령 금융 AI 비서에 "5대 시중은행 금리는 어때?"라고 물으면 내용을 정리해 보여주고 관련 상품을 추천해주는 일도 가능한 시나리오입니다.

카카오브레인은 2023년 11월 정도에 한국어 특화 초거대 AI '코(Ko)GPT 2.0'을 선보이기에 앞서, 7월 이미지 생성 AI '칼로 2.0'을 공개했습니다. 약 3억 장 규모의 텍스트-이미지 데이터셋을 학습한 초거대 AI로, 사실감 넘치는 이미지를 3초 안에 그려냅니다. 한국어 입력도 가능해졌습니다. 예를 들어 '밝은 파란 눈동자를 가진 고양이(A cat has light blue eyes)' 같은 복잡한 명령어를 입력해도 이를 이해하고 그려낼 수 있습니다. 국내 AI 생태계 발전을 위해 칼

칼로 2.0으로
그린 고양이.
(사진_카카오브레인)

로 2.0의 오픈 API도 공개했습니다. 현재 국내에서 자체 이미지 생성 모델로 서비스를 하는 회사는 카카오가 유일합니다. 미드저니, 달리 등 그림을 그려주는 AI가 경쟁자죠.

'AI 컴퍼니'를 선언한 SK텔레콤은 LLM 등 자체 AI 기술을 고도화하는 동시에 외부 기업과 AI 동맹을 강화하는 '투 트랙' 전략을 이어가고 있습니다. 지난 2023년 6월엔 AI 앱 '에이닷' 서비스를 개편하며, 감성형 AI 에이전트 'A.프렌즈'를 선보였습니다. AI 챗봇 '이루다' 개발사인 스캐터랩과 협력을 통해 자연스려운 대화가 가능한 감성 대화 AI 기술을 적용한 것입니다.

LG AI연구원은 2023년 7월 자체 초거대 멀티모달 AI '엑사원(EXAONE) 2.0'과 이를 기반으로 한 생성형 AI

서비스를 공개할 예정입니다. 엑사원의 매개변수는 3,000억 개로, 매개변수 숫자론 국내에서 가장 많습니다. LG의 초거대 AI는 계열사를 타깃으로 하며 '전문가 AI'로 포지셔닝할 것으로 알려졌습니다. 현재 LG AI연구원은 세계 최대 출판사 엘스비어와 협력해 논문, 특허 등을 LLM에 학습시키고 있습니다.

자체 초거대 AI 없는 나라, 종속 위협

전문가들은 '챗GPT'로 촉발된 초거대 AI 경쟁을 기업 간 대결을 넘어 'AI 주권' 문제로 바라보고 있습니다. 자체 AI 모델이 없는 나라는 다른 나라의 AI에 의존하고, 결국 데이터까지 종속될 수밖에 없다는 것입니다.

특히 챗GPT가 '플러그인'으로 외부 서비스를 연동하면서 개인 데이터를 '블랙홀'처럼 빨아들일 것이라는 전망이 나옵니다. 챗GPT와 연동되는 서비스가 늘어날수록 사용자들은 다른 앱을 쓰지 않을 수 있습니다. 쇼핑, 예약도 챗GPT에서 가능해진다는 얘기입니다. 챗GPT의 이런 전략은 애플과 구글의 '앱스토어'에 비견됩니다. 하정우 네이버클라우드 AI이노베이션센터장은 "초거대 AI 플러그인 생태계는 모든 개인 데이터의 블랙홀이 될 것"이라고 지적했습니다. 한국도 자체 초거대 AI를 구축해야 데이

터 반출 등으로 인한 종속을 막을 수 있다는 얘기입니다.

설레발이라고만 보기 어렵습니다. 최근 영국 노동당 싱크탱크에서 '브릿GPT' 등 자체 LLM 개발을 위해 110억 파운드를 배정해야 한다는 주장이 나와 주목을 받았습니다. 영국은 AI 기술 수준은 높지만 자체 초거대 AI 모델은 보유하고 있지 않은 상황입니다. 중국은 LLM에 대한 국가 표준 제정에 나서기도 했습니다. 화웨이, 알라바바 등 중국 빅테크들이 초거대 AI에 나서고 있음에도 정부 주도로 초거대 AI 연구에 착수한 것입니다.

이용자 측면에서도 다른 나라의 초거대 AI만 있다면 더 낮은 품질의 서비스를 비싸게 이용할 가능성이 크다고 전문가들은 말합니다. 챗GPT 서비스만 하더라도 영어보다 한국어 서비스 이용 시 더 높은 비용을 내야 한다는 사실은 많이 알려졌습니다. 챗GPT, 구글 바드 등의 한국어 실력이 올라왔다고 해도 한국어 중심의 초거대 AI를 확보하는 것이 중요하다는 얘기가 나오는 배경 중 하나입니다.

반면 한국은 네이버, KT, 카카오, SK텔레콤, LG AI연구원 등 5개 기업이 초거대 AI를 개발하고 있습니다. AI 역량 수준도 세계 10위권 내로 평가됩니다. 초거대 AI 생태계까지 구축한 나라는 3곳뿐이라고 합니다.

13

인공지능 반도체

다. 오픈AI의 챗GPT 흥행에 이어 미국 엔비디아가 반도체 상장사로는 처음으로 시가총액 1조 달러(약 1,300억 원)를 돌파한 것이 이를 증명하고 있죠. 앞으로 더욱 커질 AI반도체 시장을 선점하기 위한 반도체 기업들의 기술개발에도 이목이 집중되는 이유입니다. 반도체 시장에서 핵심 제품으로 각광받는 AI반도체는 무엇인지, 이를 개발하기 위한 핵심기술은 무엇인지 짚어보겠습니다.

엔비디아의 GPU, 챗GPT 구동에 2~3만 개 탑재

AI반도체는 크게 두 가지 의미로 쓰입니다. 하나는 AI에 탑재되는 메모리반도체이고요, 또 하나는 시스템반도체로, 둘 다 편의상 AI반도체라고

반도체 업황이 바닥을 찍었다는 관측이 나오는 가운데 챗(Chat)GPT발(發) 인공지능(AI) 수요가 더욱 늘어나면서 AI반도체 시장 전망은 밝습니

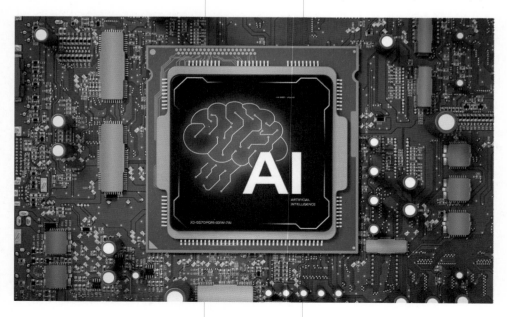

통칭하고 있습니다. 최근 주목받고 있는 반도체는 시스템반도체로 분류되는 그래픽처리장치(GPU)입니다. AI에 쓰이는 반도체 중 GPU가 가장 많이 거론되고 있죠. 생성형 AI인 챗GPT에 엔비디아 GPU의 대표 제품인 'A100'과 'H100'이 탑재되고 있어서입니다. 정확히 말하면 AI 기능을 하는 반도체는 아닙니다. 엔비디아 GPU는 원래 중앙처리장치(CPU)를 보완해 고성능 게이밍에 이용됐지만, 성능이 뛰어나 AI 구동에 적극 활용되고 있습니다. CPU가 데이터를 순차적으로 처리하는 구조를 가졌다면 GPU는 여러 데이터를 동시에 처리하는 병렬 처리 능력이 뛰어나 대용량 데이터 처리에 강점을 갖습니다. 생성형 AI 구동을 위한 거대언어모델(LLM)을 개발하려면 CPU를 도울 GPU가 필요하며 엔비디아 GPU가 최적화돼 있는 것이죠. 챗GPT는 AI 추론 작업에 필요한 엔비디아 GPU를 대량으로 소모합니다. 딜런 파텔(Dylan Patel) 세미애널리시스 수석분석가에 따르면 오픈AI는 2만 8,936장의 A100으로 이뤄진 컴퓨터 클러스터를 보유하고 있습니다.

시장조사업체 트렌드포스는 오는 2025년 AI 시장 수요를 감안할 때 엔비디아 A100 등에 대한 수요가 최소 14만 5,600개에서 23만 3,700개에

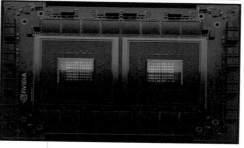

엔비디아의 A100(위)과 H100. (사진_엔비디아)

이를 수 있다고 전망했습니다. 마이크로소프트(MS), 구글, 아마존웹서비스(AWS) 등 글로벌 주요 클라우드 업체도 엔비디아 H100 사용을 가시화하며 엔비디아의 인기에 힘을 보태고 있습니다.

또 다른 팹리스인 AMD도 GPU를 공급하며 엔비디아에 도전장을 내민 상황으로 'MI300X' 출시를 예고했습니다. 이 제품은 최대 192기가바이트(GB)의 메모리를 탑재해 큰 AI 모델에 장착할 수 있다고 설명했는데, 엔비디아 H100의 120GB를 능가하는 것입니다. 현재 엔비디아 H100의 경우 개당 가격이 3만 달러가 넘는데 AMD 제품은 이것보다 비싸지 않을 것으로 보입니다. 따라서 가격경쟁력이 충분할 것이라는 게 업계 관측입니다.

'차세대 D램' HBM… 삼성·SK 경쟁 구도

AI에 필요한 반도체로 고대역폭메모리(HBM)를 빼놓을 수 없습니다. AI 서비스를 위한 데이터센터에는 GPU뿐만 아니라 HBM이라는 메모리반도체가 탑재됩니다. HBM은 D램 여러 개를 수직으로 쌓은 뒤 1,024개의 정보 출입구를 뚫어 연결한 제품으로, 기존 D램보다 데이터 처리 속도를 대폭 끌어올렸습니다. 기존 제품 가격의 5~6배에 이르러 이를 개발·양산하는 삼성전자와 SK하이닉스의 고부가 제품으로도 꼽힙니다. 결국 생성형 AI가 확대될수록 GPU뿐 아니라 HBM 시장도 같이 커진다고 볼 수 있죠. 트렌드포스에 따르면 2023년 전 세계 HBM 수요는 2억 9,000만 GB로 전년 대비 60%가량 증가할 전망입니다. 2024년 HBM 수요는 30% 추가 성장할 것으로 전망되고 있습니다. 또 향후 HBM은 고성능 데이터센터에 탑재되며 AI의 완성도를 높이는 머신러닝과 기후변화 해석, 신약 개발 등에 사용되는 슈퍼컴퓨터에도 적용될 전망입니다.

엔비디아 GPU 제품에 HBM3를 공급하는 SK하이닉스가 주목을 받는 이유이기도 합니다. HBM3는 HBM 4세대 제품으로, 초당 데이터 처리 속도가 819GB에 달해 초고속 AI 반도체 시장에서 최적의 제품으로 평가받고 있습니다. 현재로선 전 세계 HBM 시장에서 SK하이닉스가 가장 큰 시장점유율을 차지하고 있습니다. 트렌드포스는 2022년 SK하이닉스·삼성전자·마이크론 등 3개사의 시장 점유율을 각각 50%, 40%, 10% 수준으로 집계했습니다.

삼성전자는 HBM과 AI 가속기를 결합한 HBM-PIM(프로세싱 인 메모리)를 개발해 시장 주도권을 잡기 위해 노력 중입니다. HBM-PIM은 메모리에 시스템반도체 영역인 연산기능을 더한 지능형 반도체입니다. AI 반도체에 가깝다고 볼 수 있죠. D램에 통합된 AI 가속기를 통해 병렬연산을 실행할 수 있어 데이터 이동량을 줄였으며 에너지 효율성이 높다는 장점을 갖고 있습니다. 챗GPT 등 생성형 AI 내 문장 생성 속도가 지연되는 등의 메모리 병목현상을 개선시킬 수 있는 것입니다.

삼성전자의 HBM-PIM은 GPU 업계 2위 기업인 AMD의 GPU(MI-100) 가속기 카드에 탑재됐습니다. 성능이 탑재 전과 비교해 2배 늘고 에너지 소모는 50% 줄어들었다고 합니다.

이뿐 아니라 삼성전자와 SK하이닉스는 HBM3보다 성능이 강화된 신제품 개발·양산 계획을 깜짝 발표했습니다. SK하이닉스는 2023년 하반기 8기가비피에스(Gbps) HBM3E 제품

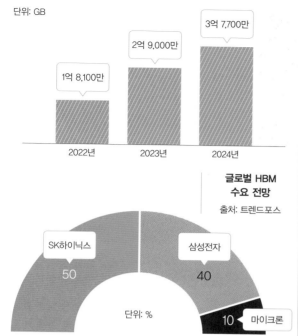

단위: GB

1억 8,100만

2억 9,000만

3억 7,700만

2022년   2023년   2024년

**글로벌 HBM
수요 전망**
출처: 트렌드포스

SK하이닉스
50

삼성전자
40

마이크론
10

단위: %

**글로벌 HBM
시장점유율**
출처: 트렌드포스

샘플을 준비하겠다며 2024년 상반기 양산을 예고했습니다. 삼성전자는 이에 맞서 HBM3P 개발 과정을 공개했습니다. 삼성전자는 플러스(Plus)의 P를, SK하이닉스는 익스텐디드(Extended)의 E를 제품명인 HBM3 뒤에 붙였는데, 제품 성능 경쟁도 향후 관전 포인트가 될 것 같습니다.

엔비디아 독주 막는다…

차세대 AI반도체 개발에 K드림팀 뜬다
엔비디아의 AI용 GPU 시장점유율은 현재 기준 90%에 육박합니다. 다만 엔비디아의 독점체제가 유지될 가능성은 크지 않다는 게 업계 중론입니다. GPU가 AI반도체가 아닌 만큼 AI

연산 시 비용이나 전력 소모 등 비효율적인 부분이 지적되고 있어서입니다. 다시 말해 연산장치와 D램 사이 병목현상과 과부하 등 성능 문제가 발생한다는 것입니다. 이 같은 문제점을 개선하고 더 나은 성능을 구현할 제품 개발에 우리나라 기업의 역할에 기대가 커지는 상황입니다.

한국전자통신연구원(ETRI)은 지난 2020년 '인공지능 프로세서 기술 동향' 발표를 통해 "다양한 응용에 적용할 수 있도록 일반화된 구조를 가지는 GPU는 AI 알고리즘 처리에 필요하지 않은 블록이나 데이터 패스를 포함하고 있다"며 "성능 개선의 여지가 있고 전력 면에서도 불필요한 소모가 있다"고 지적했습니다. AI 알고리즘에 최적화된 고속 데이터 전송 구조 설계를 바탕으로 AI 전용 반도체가 구현돼야 한다는 얘기입니다.

이에 엔비디아를 넘기 위해 많은 팹리스들은 신경망처리장치라고 불리는 NPU와 FPGA(프로그래밍이 가능한 반도체) 등 AI 전용 반도체 개발에 박차를 가하고 있습니다.

먼저 NPU는 병렬연산을 통해 연산 속도와 효율을 높여 AI 딥러닝에 특화한 차세대 반도체로 정의됩니다. 특히 AI 추론 기능의 경우 사용자 요청에 따라 실시간으로 대응하는 응답 속도가 중요한데 NPU 성능이 GPU

리벨리온의 아톰이
적용된 KT클라우드의
클라우드 기반
NPU 인프라 서비스.
(사진_KT)

보다 우위에 있다는 평가를 받고 있습니다.

엔비디아를 비롯해 구글, 퀄컴, AMD, 인텔 등 글로벌 빅테크들은 GPU가 아닌 NPU를 자체 설계함으로써 데이터센터 시장 공략에 집중하는 모양새입니다. 우리나라 팹리스들이 NPU 개발에 강세를 보이는 것도 주목할 만한 점입니다. 국내 팹리스 중 하나인 '퓨리오사AI'는 워보이를 개발해 상용화를 진행 중입니다. 또 다른 팹리스인 '리벨리온'은 데이터센터용 AI 반도체인 아톰을 개발했으며 이 성능을 개선해 초거대 AI에 최적화한 아톰 플러스를 개발하기로 했습니다.

이 제품들은 세계에서 가장 공신력 있는 것으로 알려진 AI 반도체 기술력 검증 대회인 '엠엘퍼프(MLPerf)'에서 엔비디아, 퀄컴, 구글 등 글로벌 빅테크 제품을 압도하는 언어모델 성능도 선보였습니다.

FPGA도 각광받는 AI반도체입니다. 회로 변경이 불가능한 일반 반도체와 달리 회로를 재설계하는 식의 반도체 커스터마이징이 가능한 것이 특징입니다. AI 알고리즘이 확정되지 않은 상황에서 가장 적합한 AI 반도체로, GPU의 대안으로 떠오르며 로봇 등에 탑재되고 있습니다. AMD는 생성형 AI 사업을 강화하기 위해 FPGA 전문 반도체 제조업체인 자일링스를 인수한 바 있습니다.

기존 반도체 구조가 아닌 인간의 뇌(뉴런-시냅스 구조)를 모방해 연산 처리, 저장, 통신 기능을 융합한 가장 진화된 형태의 반도체 기술인 뉴로모픽(Neuromorphic) 반도체가 AI반도체 개발의 궁극적인 비전으로 꼽힙니다. 뉴로모픽 반도체는 사람의 뇌 신경망에서 영감을 받거나 또는 직접 모방하려는 반도체로, 모든 칩을 병렬로 연결해 인지, 추론 등 뇌의 고차원 기능까지 재현하는 것을 목표로 합니다.

기업 간 협업·정부 주도 프로젝트 진행
AI 분야에서 우월한 기술력과 우수한 인재풀을 자랑하는 우리나라 기업들의 협업도 많아지고 있습니다. 삼성전자와 IT 기업 네이버의 협업이 그중 하나입니다. 두 회사는 2022년 12월 AI 반도체 솔루션 개발 협업을 위한 업무협약을 체결하고 태스크포스(TF)를 구성, 협력을 이어오고 있

습니다. 목표는 초거대 AI 시스템에서 메모리 병목현상을 해결할 수 있는 반도체 솔루션을 마련하는 것인데요. 네이버는 삼성전자 AI반도체 제품, 기술을 토대로 초거대 AI인 하이퍼클로바를 운용하는 방식으로, 차세대 반도체 솔루션에 최적화한 AI를 확보하겠다는 구상을 갖고 있습니다. LG그룹의 AI 연구 허브인 LG AI연구원은 퓨리오사AI와 차세대 AI반도체, 생성형 AI 공동연구 및 사업화를 위해 전략적 파트너십을 체결했습니다. 양사가 LG의 초거대 AI인 엑사원을 기반으로 한 AI 상용 기술 구동을 위해 차세대 반도체 개발에 나선 겁니다. 퓨리오사AI가 개발하고 있는 2세대 AI 반도체 레니게이드를 양산하게 되는 것이죠.

정부도 NPU 등 국산 AI반도체 상용화를 위해 팔을 걷어붙였습니다. 과학기술정보통신부는 2022년 'AI반도체산업 성장 지원 대책' 발표를 통해 2026년까지 총 1조 200억 원을 투입해 NPU와 PIM 반도체 개발을 돕겠다고 했습니다. 세계 최고 수준의 NPU 기술력 확보를 위해 2024년까지 시제품을 완성시키고 2025년부터 후속 사업에 이들 응용 기술을 적용한다는 계획입니다. 2023년 6월부터는 산학연과 함께 'K-클라우드 프로젝트'를 추진하고 있습니다. AI반도체를 데이터센터에 적용함으로써 국내 클라우드 경쟁력을 강화하기 위한 정책입니다.

K반도체가 AI 시장 선점하려면… 쿠다 넘는 소프트웨어 필요

이혁재
대한전자공학회장
(서울대 전기·정보공학부 교수)

크리스 밀러(Chris Miller) 터프츠대 교수는 반도체 관련 저서 〈칩 워(Chip War)〉에서 엔비디아가 장기간 GPU 시장 독점 구도를 유지할 수 있게 된 원인을 소프트웨어 '쿠다(CUDA)'로 지목했습니다. 쿠다는 GPU에서 수행하는 병렬 처리 알고리즘을 산업 표준 언어를 사용해 만들 수 있도록 합니다. 대부분의 AI 서비스·솔루션이 쿠다를 기반으로 개발되고 있기도 합니다. 결국 현재로선 개발자들이 AI 개발을 하기 위해 엔비디아 GPU뿐 아니라 GPU 가속화 플랫폼인 쿠다도 써야 하며 엔비디아 생태계가 확장되고 있는 것인데요.

생성형 AI 열풍 속에 IT업계가 앞다퉈 쿠다를 사용 중이지만 이는 고비용·고전력 구조여서 지속가능하지 않을 것으로 국내외 업계는 보고 있습니다. 가장 중요한 것은 우리나라 팹리스들도 소프트웨어 개발에 집중해야 한다는 것입니다.

이혁재 대한전자공학회장(서울대 전기·정보공학부 교수)은 "국내 AI 하드웨어 분야는 계속해서 성장 중이며 NPU는 충분히 GPU의 대안이 될 수 있지만 소프트웨어가 아직 약하다"며 "엔비디아의 시장점유율을 추격하기 위해선 쿠다를 앞설 소프트웨어 생태계 조성이 시급하다"고 진단했습니다. 이어 "그간 우리나라 기업들은 패스트팔로어로서 하드웨어 성능 비교로 힘겨루기를 해온 반면 외국 기업들은 하드웨어 성능 개발은 물론 소프트웨어 선점을 통한 생태계 조성에 집중하고 있다"고도 지적했습니다.

토종 소프트웨어로 쿠다의 헤게모니를 무너뜨리겠다는 회사도 있습니다. 창업 3년 차 소프트웨어 기업인 '모레'입니다. 모레는 GPU 연산을 최적화시키는 소프트웨어를 만들고 있는데, 엔비디아 GPU와의 호환만 가능한 쿠다와 달리 다양한 제조사의 GPU와 연동할 수 있다는 점을 장점으로 내세우고 있습니다. 유럽 최대의 스타트업 행사인 비바테크의 창립자인 모리스 레비(Maurice Lévy) 전 퍼블리시스그룹 회장도 모레에 주목하고 있습니다. 모레가 개발하는 솔루션은 쿠다보다 저렴하고 빠른데, 개발자가 GPU를 수동으로 조직화해 연산을 배분하는 쿠다와 달리 모레는 연산의 배분·병렬화·효율화 등의 과정이 자동으로 이뤄진다는 점이 특징입니다.

이와 관련 최기창 서울대 시스템반도체산업진흥센터 교수는 "쿠다가 맞춤복이라면 모레 플랫폼은 기성복이라고 할 수 있다"며 "맞춤복은 아니더라도 딱 맞는 기성복을 지향함으로써 쿠다와는 또 다른 생태계를 창출할 수 있을 것"이라고 설명했습니다.

또 이혁재 교수는 우리나라 반도체 기업들이 기술개발을 이어간다면 우리나라가 향후 AI 시장에서 상당 부분을 점유할 수 있을 것으로 자신했습니다. 그는 "엔비디아의 GPU 시장점유율이 90%에 달해 사실상 독점을 하고 있지만 아직 발열 문제가 있고 전력 소모가 크다는 점이 단점으로 꼽힌다"며 "퓨리오사AI와 딥엑스, 모빌런트 등 우리나라 팹리스들의 기술 수준도 상당히 올라왔으며 계속해서 기술개발을 통한 제품 양산 단계에서 충분히 기회가 있다고 생각한다. 곧 전체 AI 시장의 30~40%를 점유할 것이라고 본다"고 강조했습니다.

14

FC-BGA

인공지능(AI)과 전장, 클라우드 등 앞으로 우리가 사용하는 첨단산업엔 지금과 달리 어마어마한 양의 반도체가 필요합니다. 단순히 스마트폰이 처리하던 정보량과 비교할 수 없는 수준입니다. 그러나 아무리 성능 좋은 반도체를 넣는다고 해도 '잘' 연결하지

LG이노텍의
FC-BGA.
(사진_LG이노텍)

못하면 무용지물입니다. 반도체와 메인보드를 연결해주는 기판이 바로 그런 '연결고리' 역할을 하는 것이죠. 인간의 신경망과 같은 역할을 하는 FC-BGA 시장이 성장할 가능성이 커지면서 국내 기판업체들도 진입장벽 높은 기판 시장에 뛰어들었습니다. 반도체 기판은 무엇인지, 플립칩-볼 그리드어레이(FC-BGA·Flip-chip Ball Grid Array)는 무엇인지, 왜 중요한지 알아보겠습니다.

'반도체 신경망' 기판… AI, 전기차 움직이는 FC-BGA

작디작은 반도체 칩은 매우 얇아 외부 타격에 취약하고 온도와 습도에도 매우 예민합니다. 반도체 기판은 메인 기판에 반도체 칩을 연결하고 반도체 칩이 손상되지 않도록 보호하는 역할을 합니다. 반도체와 메인 기판의 다리이자 동시에 외부 충격으로부

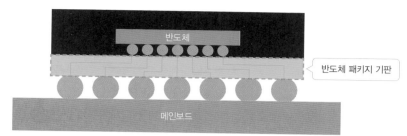

반도체

반도체 패키지 기판

메인보드

터 보호해주는 것이죠.

반도체 기판은 어떤 기술로 반도체를 메인보드에 연결하느냐에 따라 이름이 달라지는데 종류가 매우 다양합니다. 중앙처리장치(CPU), 그래픽처리장치(GPU) 등 전기 신호가 많은 비모메리 반도체에 주로 쓰이는 FC-BGA는 쉽게 FC와 BGA의 '합성어'라고 생각하면 편합니다.

우선 플립칩(FC) 방식은 말 그대로 칩을 뒤집어 기판에 부착하는 방식입니다. 전통적인 와이어 본딩(Wire Bonding) 방식은 기판과 칩을 구리선으로 연결해 속도가 느립니다. 반면 FC 방식은 뒤집은 칩에 공 모양의 부품인 범프(Bump)와 솔더볼(Solder

반도체 패키지 기판의 구조
출처_삼성전기

와이어본딩 VS FC-BGA
출처_삼성전기,
IBK투자증권

Ball)을 붙여 기판과 직접 연결하니 속도도 빠르고 저전력으로 정보를 처리합니다. 입출력(I/O) 단자가 많아지니 성능도 좋아져 PC, 서버, 자율주행, 클라우드, 데이터센터 등 어마어마한 처리량이 필요한 연산장치용 반도체에 쓸 수 있게 됩니다.

여기서 FC 방식은 또다시 FC-CSP(Chip Scale Package), FC-BGA로 나뉩니다. CSP는 반도체칩과 기판 크기가 비슷해 '1기판 1칩'만 가능합니다. 따라서 칩을 추가로 넣을 자리가 마땅치 않아 스마트폰이나 애플리케이션 프로세서(AP) 등 상대적으로 크기가 작은 완성품에 들어갑니다. 반면 BGA는 칩보다 기판이 훨씬 커

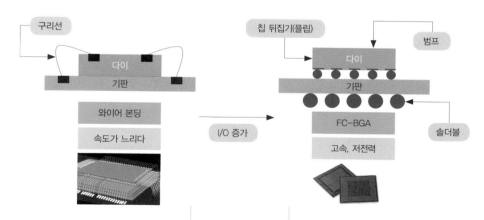

구리선

다이

기판

와이어 본딩

속도가 느리다

I/O 증가

칩 뒤집기(플립)

범프

다이

기판

FC-BGA

고속, 저전력

솔더볼

서 1개 기판에 반도체 칩을 여러 개 넣을 수 있다는 특징을 갖습니다. 남는 공간에 반도체를 추가로 넣을 수 있어서 기판 1개당 2개 이상의 반도체 칩이 들어갈 수 있으니 처리량도 CSP에 비해 많습니다. PC, 서버, 자동차, AI 등 크기가 큰 완성품에도 적합한 이유죠.

대표적으로 우리가 잘 알고 있는 애플의 프로세서인 M1, M2 칩에도 FC-BGA가 들어갑니다. 애플이 자체 개발한 반도체 M1 칩의 경우 FC-BGA를 이용해 애플 M1칩과 DDR4 메모리 반도체 2개를 한 번에 연결해 엄청난 성능을 자랑할 수 있었습니다. 위로 쌓아 올려 성능을 높이는 다른 기판과 달리 남는 공간에 여러 반

삼성전기 FC-BGA

출처_삼성전기, IFIXIT, 대신증권 리서치센터

애플 M1 프로세서

A) TSMC 5나노 공정 M1 CPU
B) DDR4 DRAM
출처_삼성전기, IFIXIT, 대신증권 리서치센터

삼성전기 FC-BGA 기판과 FC-BGA 기판이 사용된 애플 M1 프로세서

도체 칩을 함께 부착해 고성능을 구현한 것입니다.

진입장벽 높은 '고도화 기술'… 공급난 우려

FC-BGA의 구조를 쉽게 이해하기 어려운 만큼 이를 만들기 위해선 미세회로 구현, 대면적화, 층수 확대 등 고도의 기술력이 필요합니다. 다른 반도체 기판보다 상대적으로 고가의 소재를 사용해서 비용도 높은 편이고, 안정된 품질관리 역량도 필요해 쉽게 뛰어들 수 없는 시장이죠. 글로벌 빅테크 기업들이 너도나도 FC-BGA를 원하고 있지만 그만큼 공급할 물량이 없어 공급난이 발생하는 가장 큰 이유입니다.

현재 전 세계에서 FC-BGA를 제조하는 기업은 10여 개에 불과합니다. FC-BGA 시장의 강자인 일본 이비덴, 신코와 대만 유니마이크론을 비롯해 한국에선 삼성전기, LG이노텍, 대덕전자, 코리아써키트 등 4개 기업이 FC-BGA 시장에 뛰어들어 사업을 진행하고 있습니다. 자체 고성능 칩을 개발하고 있는 애플, 구글, 아마존을 비롯해 AI를 중점으로 한 엔비디아 등 글로벌 빅테크 기업들이 반도체 기판을 원하는 수요에 비해 턱없이 부족한 숫자입니다.

시장조사기관 후지키메라종합연구소

사진_LG이노텍

는 글로벌 FC-BGA 기판 시장규모가 2022년 80억 달러(약 9조 8,800억 원)에서 2030년에는 164억 달러(20조 2,540억 원)로 연평균 9%가량 성장할 것으로 분석했습니다. 반도체 후공정 분야 시장조사기관 프리스마크는 2021년부터 2026년까지 5년 동안 FC-BGA 시장의 연평균 성장률이 11%에 이를 것으로 내다봤습니다. 2022년까지 지속된 FC-BGA 공급난은 2023년 경기침체 영향으로 잠시 주춤했지만 2024년부터 AI 붐을 계기로 다시 수요와 공급 차가 벌어지면서 장기화할 전망입니다. 2022년 FC-BGA 기존 공급사들은 신규 설비 투자를 단행하긴 했지만 장비 수급의 지연 등으로 공급량이 실제로 증가하기까진 상당한 시간이 걸릴 예정이기 때문입니다. 게다가 서버용 FC-BGA는 챗(Chat)GPT와 같은 생성형 AI에 적합한 만큼 업계에서 2027년까지 FC-BGA 공급난이 이어질 것으로 예상하고 있습니다.

1위 '일본·대만' 제친다… LG·삼성도 뛰어들어

"반도체의 고사양과 고성능화 요구가 지속되면서 반도체 기판이 반도체 성능 차별화의 핵심이 되고 있습니다. 핵심 제조기술을 지속 발굴해 품질 경쟁력을 높여 글로벌 FC-BGA의 시장점유율을 확대해나가겠습니다." (김웅수 삼성전기 패키지솔루션사업부장 부사장)

반도체 기판, 즉 후공정(패키징)의 중요성이 커지면서 삼성전기와 LG이노텍, 대덕전자 등 국내 기업들이 후발 주자로 뛰어들어 시장 선점에 사활을 걸고 있습니다. 3나노, 2나노, 1나노까지 작아진 반도체 미세 공정이 한계에 다다르면서 여러 반도체 칩을 하나로 모아 연결하는 패키징 시장의 중요성을 인식했기 때문이죠.

글로벌 시장조사기관 QY리서치에 따르면 2022년 기준 세계 FC-BGA 시장에선 대만의 유니마이크론이 1위를 유지하고 있고, AT&S, 난야PCB, 신코 등이 뒤를 잇고 있습니다. 우리 기업 중에선 삼성전기와 대덕전자가 각각 세계 7위, 9위를 차지했습니다. FC-BGA 주요 생산 지역은 2022년 기준 대만이 42% 점유율을 보이며 최대 생산국 지위를 유지했고, 일본(27%), 중국(17%)이 뒤를 이었습니다. 한국의 점유율은 단 10%에 불과했습니다.

현재 FC-BGA 시장의 절대 강자인 일본과 대만 기업을 따라잡기 위해선 고객사를 확보해 '전략적 파트너'로 관계를 발전시키고, 공급과 저변확대가 필수적인 상황입니다. 국내 기업들은 본격적인 투자와 생산설비 증설 등 각자의 전략으로 고객사를 확보하고 있죠.

먼저 FC-BGA 시장에 진출한 삼성전기는 PC용 FC-BGA에 주력하다 2022년 말부터 서버용, PC용 FC-BGA를 양산하며 본격적으로 시장에 진출했습니다. 세계적으로 공급난이 발생하자 2021년부터 1조 9,000억 원 규모로 투자해 베트남, 부산, 세종 등에 생산 공장을 마련한 뒤 FC-BGA 기판에 대한 양산 능력을 키우고 있습니다. 생산능력 증설을 마치면 서버·네트워크·전장 등 다양한 분야에 사용되는 FC-BGA를 생산하는 데 박차를 가할 예정입니다.

삼성전기는 2023년 1분기 실적 컨퍼런스콜에서 "2022년 말 서버향 FC-BGA를 양산했고, 고객사로부터 인정받고 있다"며 "2023년 추가 공급 요청으로 당초 예상한 물량보다 확대될 것"이라고 자신감을 드러냈습니다. 이어 "서버 전용 라인 증설 투자도 계획대로 진행하고 있으며, 향후에도 유연하게 대응할 것"이라고 덧붙였습니다.

모바일용 FC-CSP를 주로 생산한 LG이노텍은 뒤늦게 FC-BGA 시장에 뛰어들어 2022년 2월 진출을 선언하고 4,100억 원을 투자했습니다. 이후 연면적 약 22만㎡ 규모의 구미 4공장에 FC-BGA 생산 라인을 구축한 LG이노텍은 2023년 4분기 중 본격적인 양산에 돌입합니다. 한발 늦은 시장 진입인 만큼 수율을 높이고 납기를 단축하는 등의 방식으로 고객사를 빠르게 포섭하겠단 전략입니다. 2020년 FC-BGA 사업에 선제적으로 투자한 대덕전자는 국내 경쟁사에 비해 긍정적인 평가를 받고 있습니다. 대덕전자는 2020년과 2021년 각각 900억 원, 700억 원을 투자해 생산설비를 늘렸고, 대면적(Large Body) FC-BGA 시장 수요에 대비해 증설을 진행 중이며 2024년까지 2,700억 원을 투자할 계획입니다. FC-BGA 매출 비중은 2021년 6%에서 2023년 26%, 2024년 34%, 2025년 43%로 늘어날 전망입니다.

매년 'KPCA 쇼서 신기술 뽐내… 시너지 효과

국내 주요 패키징 기판 기업들은 매년 국내 최대 기판 전시회 '국제 인쇄회로기판 및 반도체패키징산업전(KPCA Show)'에 참가해 신제품을

기업명	본사	생산국	분류*
Unimicron	대만	대만	Tier 1
AT&S	오스트리아	중국	Tier 1
Nan Ya PCB	대만	대만/중국	Tier 1
Shinko Electric Industries	일본	일본	Tier 1
Ibiden	일본	대만/필리핀	Tier 1
Kinsus Interconnect	대만	대만	Tier 1
삼성전기	한국	한국	Tier 1
Kyocera	일본	일본	Tier 2
대덕전자	한국	한국	Tier 2
Toppan	일본	일본	Tier 3

* 연매출액 기준. Tier 1: 2억 달러 이상, Tier 2: 1억~2억 달러, Tier 3: 1억 달러 미만.

FC-BGA 기판 생산 세계 상위 10위 기업(2022)

출처_QY리서치

대거 선보이고 있습니다. KPCA 쇼는 국내외 180여 개 업체가 한자리에 모여 신기술을 공개하고 시장 트렌드를 공유하는 상호 교류의 장입니다. 2023년 하이엔드급 제품인 고성능 FC-BGA를 집중 전시한 삼성전기는 대면적, 고다층, 초슬림 차세대 반도체 기판을 전시하며 기술력을 과시했습니다. 이번에 전시한 서버용 FC-BGA는 신호를 고속으로 처리하기 위해 제품 크기(면적)를 일반 FC-BGA의 4배, 내부 층수를 2배인 20층 이상으로 구현한 최고난도 제품입니다.

LG이노텍은 FC-BGA 기판 존(Zone)을 관람 첫 순서로 구성하고, 전시 부스의 하이라이트로 삼았습니다. LG이노텍의 FC-BGA는 미세 패터닝, 초소형 비아(Via·회로 연결 구멍) 가공 기술 등 독자적인 반도체용 기판 구현 기술을 적용해 높은 회로 집적도를 자랑했습니다. 아울러 기판 회로 물질의 성분비, 설계구조 등 최적의 조합을 AI 시뮬레이션으로 찾아내 기판의 면적 확대로 발생할 수 있는 '휨 현상(제조 과정에서 열과 압력 등으로 기판이 휘는 현상)'도 최소화한 기술을 공개했습니다.

KPCA 협회장을 맡고 있는 정철동 LG이노텍 사장은 개회사에서 "반도체용 기판의 중요도가 날로 확대되는 가운데 앞으로도 차별화된 고객 경험을 제공하는 고부가 기판 소재 신제품을 지속 출시해나갈 것"이라고 밝혔습니다.

9월 6일 인천 송도컨벤시아에서 열린 KPCA 쇼 2023을 찾은 관람객들이 삼성전기 전시 부스에서 반도체 패키지 기판을 살펴보고 있다. (사진_연합뉴스)

주저 말고 과감히 투자… 대기업이 패키징 리드해야

안영우
한국PCB&반도체패키징산업협회
사무국장

"우리나라가 FC–BGA산업에서 빠르게 시장을 선점하기 위해선 대기업의 공격적인 투자가 필요합니다. 일본과 대만은 수요와 공급의 불균형으로 인한 고객사의 혜택을 잘 이용해서 바로 투자를 단행해 장기적으로 전략적 파트너 관계를 맺고 있습니다. FC–BGA엔 조 단위의 투자가 필요하기 때문에 대기업이 먼저 이끌고, 중소기업이 이를 따라가는 구조가 만들어져야 합니다."

안영우 한국PCB&반도체패키징산업협회 사무국장은 향후 계속 팽창할 FC–BGA 시장 내 한국의 입지를 우려하며 '기업의 대규모 투자'를 강조했습니다. 이미 한발 앞서 고객사들과 단단한 신뢰 관계를 구축한 일본과 대만을 제치기 위해선 앞으로 헤쳐나갈 숙제들이 남아 있단 뜻입니다.

공급업체가 매우 한정적인 탓에 공급난이 발생한 FC–BGA 시장에서 반도체 업계 등 고객사들은 여러 혜택을 제공하며 기판 선점에 몰두하고 있습니다. 기판을 비싸게 팔아도 대규모로 구매하거나 직접투자를 통해 원하는 물량을 가져가는 등 눈길을 끄는 제안으로 FC–BGA 공급업체와 협력하고 있는 것이죠. 다만 이런 좋은 기회를 알아채고 영리하게 이용하는 기업 중엔 안타깝게도 한국 기업은 없습니다.

안 사무국장은 "수요와 공급이 완전히 깨진 상태라 인텔이나 엔비디아, AMD

등 고객사 쪽에서 '빅딜(대규모 거래)'로 돈을 준다든가 직접 투자하고, 이익을 굉장히 크게 보장할 뿐 아니라 원하는 만큼 가격을 올려주는 등 획기적인 제안을 많이 했다"며 "마트에서 '1+1' 세일을 한다고 보고 덥석 잡아서 바로 투자를 해야 하는데 우리나라는 전혀 못하고 있다"고 했습니다.

그러면서 "반대로 그걸 잘 활용해서 적극 투자한 기업은 일본 기업이나 대만 기업이다. 그래서 20년 전 시장 초창기에 선점해서 돈도 많이 벌고 캐파(CAPA·생산능력)도, 물량도 많은데도 지금 이익을 많이 보고 있는 것"이라며 "여기에 우리나라 기업이 없다는 게 굉장히 불행한 일"이라고 지적했습니다. 이에 삼성전기와 LG이노텍 등 대기업을 중심으로 의사결정자의 '대담한 결정'을 통해 투자를 단행하고 국내 중소기업들이 따라갈 수 있는 길을 닦아야 한다고 강조했습니다. FC-BGA 시장에 진입하기 위해선 1~2조 원 등 조 단위의 투자액이 필요한데 100조~200조 원을 반도체칩에 투자하는 대기업에겐 비교적 적은 투자액이지만 중소기업에겐 진입하기 어려운 금액이기 때문입니다.

안 사무국장은 "FC-BGA는 규모의 사업으로 돈이 많이 필요해서 중소·중견기업은 아예 생각도 못 하고 있다. 대기업이 이걸 끌고 가야 한다"며 "해외 기업처럼 과감히 투자해야 시장에서도 고객사가 관심 있게 보고 전략적 파트너가 될 수 있는데 그 정도로 신뢰할 만한 투자가 이뤄지지 않고 있다"고 했습니다. 이어 "투자를 고민하는 사이 시장에서 소외되고, 시장에서 요구하는 상호 신뢰도 잃게 되는 것"이라고 덧붙였습니다.

PART

3

초격차의 열쇠

15 차세대 메모리

인공지능(AI), 빅데이터, 자율주행 등 '4차 산업혁명'이 본격화하면서 메모리반도체의 판이 바뀌고 있습니다. 저장·처리해야 할 데이터의 양은 방대해지고, 이전보다 연산속도는 빨라야 하며, 쓰는 전력은 줄어들어야 하는 시대가 도래했습니다. 이에 따라 메모리반도체 성능을 끌어올리기 위한 '초격차' 기술 경쟁도 치열합니다. '꿈의 기술'을 현실로 구현하기 위해 뜨거운 경쟁을 벌이고 있는 기업들과 차세대 메모리반도체 기술에 대해 알아보겠습니다.

AI·빅데이터 뜨자 메모리도 진화… 판이 바뀐다

메모리반도체는 이름(Memory·기억)에서도 알 수 있듯이 정보를 기억하는 용도로 쓰이는 반도체입니다. 사람이 기억해둔 정보를 활용해 어떤 일을 처리하듯이 컴퓨터도 연산 과정에서 필요한 데이터를 메모리반도체에서 꺼내 사용해야 하죠. 이 과정에서 정보를 기억, 즉 저장하는 역할을

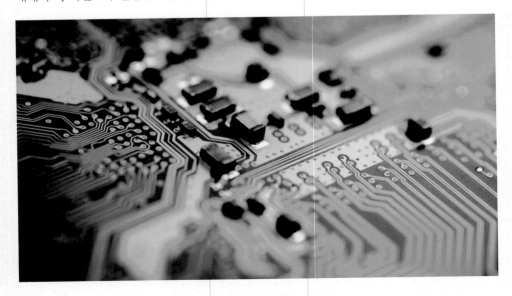

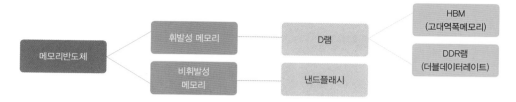

메모리반도체가 맡고 있는데요. 메모리반도체는 크게 두 가지로 나뉩니다. 휘발성 메모리와 비휘발성 메모리입니다. 저장한 데이터가 휘발하는 대표적 메모리는 램(RAM)이 있습니다. 이 중에서도 특히 주요한 제품이 바로 D램입니다. 전원을 끄면 저장한 정보나 데이터가 날아가지만 대신 용량이 크고 처리 속도가 매우 빠르다는 특성이 있어 모바일 기기나 컴퓨터에 주로 적용하는 제품이죠. 정보가 날아가지 않는 비휘발성 메모리로는 플래시메모리가 있습니다. 대표 제품은 역시 낸드플래시로, 짧게 '낸드'라고 부르기도 합니다.

기술 '전장' 된 D램… AI 주도로 판 뒤집혀

최근 치열한 기술 경쟁이 벌어지고 있는 곳은 차세대 D램 시장입니다. 그간 D램 시장은 한국 삼성전자, SK하이닉스와 미국 마이크론이 과점해왔습니다. 모바일, 컴퓨터, 서버 등 활용처가 많은 가운데 조금 더 높은 점유율을 확보하기 위해 치열한 기술 경쟁이 벌어지곤 했습니다.

메모리반도체의 종류

차세대 D램으로는 더블데이터레이트(DDR) D램이 있습니다. 5G 시대를 맞아 스마트폰이나 컴퓨터가 처리해야 할 용량이 점차 커지면서 용량은 늘고 전력 효율성은 높아진 D램이 필요해졌는데요. 이에 따라 DDR 제품이 등장한 거죠. 앞에 저전력(LP) 또는 그래픽(G)을 붙인 제품, 즉 LPDDR이나 GDDR 제품이 속속 등장했습니다.

생성형 AI '챗(Chat)GPT'가 등장하면서 고성능·고효율 차세대 D램을 찾는 곳이 많아지고 있기 때문입니다. 챗GPT 등장 이후 구글과 아마존이, 국내에서는 네이버, 카카오 등 빅테크 기업이 일제히 생성형 AI 시장을 확장하고 있는데요. AI가 똑똑해질수록 처리해야 하는 데이터의 총량은 늘어납니다. 대량의 데이터를 빠르게 불러와 처리하고 AI가 답을 내놓게 하려면 전보다 빠른 반도체가 필요하겠죠. 현재까지는 이를 구현하기 위해 그래픽처리장치(GPU)가 쓰이고 있습니다. 빅테크 기업의 데이터센터 등에 쓰이기 위해 엔비디아, AMD 등 GPU 제조 기업들은 연산속도는 높

SK하이닉스의
HBM3E 제품.
(사진_SK하이닉스)

고 있습니다.

HBM을 가장 먼저 개발한 곳은 SK 하이닉스입니다. SK하이닉스는 지난 2013년 HBM을 개발한 데 이어 최근 5세대 제품인 HBM3E 제품까지 개발해 2024년 상반기부터 양산할 예정입니다. 5세대 HBM의 경우 초당 최대 1.15테라바이트(TB) 이상 데이터를 처리할 수 있는데요, 5기가바이트(GB)짜리 고화질 영화 230편 이상을 1초 만에 처리한다고 보시면 됩니다. 이전 세대 제품 대비 발열도 10% 개선했고요.

삼성전자는 HBM3 제품을 중심으로 먹거리를 찾고 있습니다. 4세대 HBM3 제품을 주요 AI 시스템온칩(SoC) 기업에 공급 중이고, 클라우드 기업에도 납품하며 시장점유율을 늘려나가는 것이죠. 2023년 말부터는 4세대 후속 제품인 HBM3P 24GB 제품도 양산합니다. 이에 더해 D램을 촘촘히 겹칠 수 있는 기술과 캐파(CAPA·생산능력)까지 갖췄다는 자신감도 드러냈습니다.

이면서도 소비하는 전력량은 적은 D램을 찾고 있습니다. 하지만 DDR 제품으로는 다소 부족하다는 의견이 있던 것도 사실입니다.

'구원 투수' 역할을 맡은 차세대 D램이 바로 고대역폭메모리(HBM)입니다. HBM은 D램 여러 개를 수직으로 쌓아 만들었습니다. 데이터 처리 속도는 혁신적으로 빨라졌고 처리할 수 있는 용량도 많이 늘어났죠. 데이터를 효율적으로 전송할 수 있는 능력을 갖췄지만 쓰는 전력량은 기존 D램 대비 낮습니다. 따라서 AI용 GPU에는 HBM이 대거 탑재되고 있습니다. HBM은 사실상 국내 D램 제조기업 두 곳이 양분한 시장입니다. 바로 삼성전자와 SK하이닉스입니다. HBM 역시 성능에 따라 1세대(HBM)부터 2세대(HBM2), 3세대(HBM2E), 4세대(HBM3), 5세대(HBM3E)까지 나뉘는데, 현재 두 기업은 4~5세대 HBM에서 치열한 기술 다툼을 벌이

삼성전자 HBM-PIM.
(사진_삼성전자)

삼성전자가 내놓은 차별화 HBM 제품도 있습니다. AI 가속기를 HBM에 붙인 'HBM-PIM'입니다. D램에 AI 가속기를 더해 데이터 처리 시 병목 현상을 막고 전력 소모량은 절반 가까이 줄였습니다. AI용 메모리 시장을 저격한 제품인 셈이죠. 성능은 2배 늘었고요.

AI산업이 커질수록 HBM 시장도 더욱 성장할 전망입니다. 시장조사업체 트렌드포스가 추산한 2023년 HBM 수요는 2억 9,000만GB이나 2024년에는 30% 추가 성장할 가능성이 있습니다. 트렌드포스 측은 "2023년과 2024년은 AI 개발의 중추적인 해가 될 것"이라며 "이에 따라서 HBM 활용도가 높아질 것"이기에 2024년까지 HBM 공급량이 연간 105% 성장할 것으로 예측했습니다.

기술력을 바탕으로 한 양사의 선두 싸움이 더욱 치열해질 것이란 전망도 나옵니다. 2022년까지 HBM 시장의 선두는 SK하이닉스로 점유율 50%를 차지했습니다. 삼성전자가 40%, 마이크론이 10%를 각각 차지했고요. 하지만 최근 나온 전망에 따르면 2023년 삼성전자와 SK하이닉스는 각각 46~49%의 점유율을 놓고 다툴 것으로 보입니다. 첨단기술이 이끄는 미래 D램 시장의 승자는 누가 될까요?

반등 노리는 낸드, 차세대 기술로 미래 돌파

메모리반도체의 또 다른 핵심 축인 낸드플래시(낸드) 시장 역시 격변하고 있습니다. 평면에서 입체로 진화한 낸드는 10년 만에 눈부신 기술 향상을 이뤘습니다. 하지만 이를 찾는 수요는 많지 않습니다. 낸드 시장이 깊은 침체기에 빠져들었기 때문입니다. 그럼에도 기업들은 층수를 더욱 높이고 촘촘히 묶으며 진화한 차세대 낸드 제품을 시장에 선보이고 있습니다. '반등의 시간'을 기다리면서 말입니다.

낸드는 반도체 셀(저장 단위)을 직렬로 배열한 반도체입니다. 전자기기 전원을 꺼도 데이터가 계속 저장되도록 하는 반도체로, 크기가 작아 USB나 솔리드스테이트드라이브(SSD) 등 저장용 기기에 주로 활용합니다. 하지만 저장해야 할 데이터 용량이 점차 커지면서 낸드 자체의 한계가 오기 시작했습니다. 그렇다고 낸드 사이즈를 늘릴 수도 없습니다. 소형화가 핵심인 낸드가 커진다면 저장장치에 활용할 이유가 없으니까요. 이에 낸드 제조사는 반도체 제조공정을 미세화해 셀 크기를 줄여봤습니다. 최첨단 10나노미터(nm·1nm는 10억분의 1m)급 공정을 도입해 셀 크기를 줄이고, 이를 더 촘촘히 배열했습니다. 그러자 문제가 발생했습니다. 셀 크기가 작아질수록 전자가 누설되는 '간섭현상'이 심화한 것이죠.

위로, 더 위로⋯ 낸드 '쌓기' 경쟁에 기술 선두 '엎치락뒤치락'

지난 2013년 삼성전자는 이를 해결하기 위한 방식을 고안해냈습니다. 바로 낸드를 수직으로 쌓아 집적도를 높인 '적층 기술'을 적용한 것이죠. 이렇게 하면 셀을 같은 면적이어도 더 많이 심을 수 있어 저장 공간을 확보하기가 쉬워집니다. 적층 기술을 적용한 낸드는 '3차원(3D) 낸드'라고 불립니다. 평면(2D)이던 낸드를 촘촘히 쌓아 직육면체, 즉 3D 구조로 만들었기 때문입니다.

시장에 3D 낸드가 등장한 뒤로 낸드 시장은 완전히 바뀌게 되었습니다. 낸드 제조기업들이 일제히 낸드 적층에 돌입하게 된 거죠. 더 촘촘히, 더 높이 쌓기 경쟁에 불이 붙자 지난 2013년 24단이던 3D 낸드 플래시 단

SK하이닉스 321단
4D 낸드.
(사진_SK하이닉스)

삼성전자 3D 낸드.
(사진_삼성전자)

수는 10년 만에 200단을 넘어 300단까지 넘보고 있습니다. 낸드의 '단 수'가 곧 제품 경쟁력으로 이어지는 시대가 열린 것이죠.

지난 2022년을 돌아보겠습니다. 당시 업계에서는 '230단' 고지를 놓고 치열한 기술 경쟁이 벌어졌습니다. 미국 마이크론이 처음으로 '232단' 낸드를 양산한다고 밝힌 뒤 SK하이닉스가 당시 최고 단수인 238단 낸드를 양산하겠다고 맞불을 놓는 상황이 생긴 것이죠. 첫 3D 낸드 개발부터 100단까지 기술 '초격차'를 유지하던 삼성전자는 잠시 주춤했다 236단 낸드를 선보였습니다.

이제는 한층 더 높아진 300단대 경쟁이 시작됐습니다. 가장 먼저 300단대 낸드 개발을 공식화한 곳은 SK하이닉스입니다. SK하이닉스는 321단 낸드 개발 단계 샘플을 전시하고 오는 2025년부터 양산하겠다는 계획을

내놨습니다. SK하이닉스 321단 낸드의 정확한 이름은 '321단 1테라비트(Tb) 트리플레벨셀(TLC) 4D' 낸드입니다. 층수는 321단이고, 저장 단위인 셀 하나에는 총 3개의 정보를 담을 수 있다는 의미입니다. 3D가 아닌 4D인 이유는 기존 낸드 셀 주변에 붙은 회로를 셀 아래로 옮겨 칩 크기를 줄였기 때문입니다. 아래 숨은 면적까지 활용해 더 많이 옆으로 붙일 수 있도록 했다는 의미입니다.

삼성전자 역시 300단대 낸드를 2024년부터 양산할 예정입니다. 아직 국내 기업이 기술 선두권에 서 있는 상황인 만큼 첨단 낸드 시장 역시 국내 기업의 주요 먹을거리로 여전히 자리잡고 있는 건데요.

촘촘한 기술력과는 별개로 낸드 시장은 침체를 벗어나지 못하고 있습니다. 주로 스마트폰, PC 등에 쓰이는 낸드 특성 때문입니다. 최근 몇 년간 이어진 경기 둔화 영향으로 전자기기 수요가 뚝 떨어지면서 낸드 시장 역시 둔화해왔습니다. 시장조사업체 트렌드포스에 따르면 낸드 가격은 2022년부터 1년 내내 하락세를 기록했습니다.

낸드 시장에는 삼성전자, SK하이닉스와 마이크론뿐만 아니라 일본 키옥시아, 미국 웨스턴디지털(WDC) 등이 있습니다. 이들은 2022년부터 일

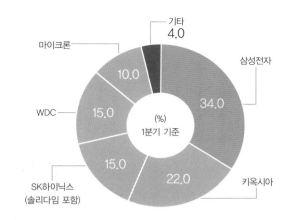

**낸드플래시
기업별
시장점유율**

출처_트렌드포스

제히 낸드 '감산(생산 감소)'에 돌입했습니다. 시장에 풀린 재고량을 줄이기 위한 특단의 조치였죠. 그러나 2023년 1분기에도 상황은 나아지지 않은 모양새입니다. 1분기 낸드 시장 매출은 전분기 대비 16.1% 줄어든 86억 2,610만 달러(약 11조 6,000억 원)로 점쳐집니다.

낸드 시장의 회복은 시간이 걸릴 것이란 예측이 대다수입니다. 그런 상황에서도 낸드 제조기업들은 층을 올리고, 더 촘촘히 묶으며 반등의 시간을 기다리고 있습니다. 한 반도체업계 관계자가 메모리산업을 '등산'에 비유했던 것처럼 각자의 전략과 박자에 맞게 기술을 개발하며 말입니다.

한국 메모리 기술력, 경쟁자 없어… 미래 '게임체인저'는 패키징

이규복
반도체공학회장
한국전자기술연구원 부원장

"한국 기업의 메모리 기술력은 이미 초미세공정으로 넘어오면서 경쟁자가 거의 없는 수준에 도달했습니다. 국내에서 개발해 내재화한 삼성전자와 SK하이닉스 기술력은 단시간에 따라잡힐 가능성이 희박하다고 봅니다. 이런 메모리 기술을 뒷받침하기 위해서는 앞으로 이에 걸맞는 '패키징' 기술이 필요합니다."

이규복 반도체공학회장(한국전자기술연구원(KETI) 부원장)은 한국 메모리반도체 기술력과 그 미래에 대해 이같이 말했습니다. 국내 기업이 직접 개발해 내재화한 D램과 낸드 경쟁력이 뛰어나다는 평가를 내린 것이죠.

이 회장은 "현재 국내 기업 외에 선단 연구개발이 되고 있는 기업은 미국 마이크론 정도"라며 "메모리반도체산업이 3개(삼성전자·SK하이닉스·마이크론)의 축으로 돌아가고 있다"고 했습니다.

최근 반도체 기업들은 하나의 웨이퍼(반도체 원재료가 되는 원판)에 더 많은 회로를 촘촘히 그려 넣기 위한 초미세공정에 집중하고 있습니다. 메모리반도체 역시 나노미터 수준으로 집약됐습니다.

이에 대해 이 회장은 "미세공정의 경우 최근 1~2nm까지 이야기가 되고 있는데 사실상 이는 끝까지 온 것"이라며 메모리반도체산업의 '게임체인저'가

패키징 기술력이 될 것으로 내다봤습니다. 패키징은 메모리반도체, 즉 집적회로(IC)를 기판 또는 전자기기에 장착하는 일종의 포장 작업을 말합니다.

이 회장은 AI용 반도체 시장이 커지면서 HBM 등 첨단 D램이 각광받는 것도 좋지만 이를 AI용으로 잘 구현할 수 있도록 장착하는 작업 역시 중요하다고 강조했습니다. 그는 "메모리반도체는 저장을 하는 용도"라며 "저장을 많이 하는 것도 중요하지만 이를 프로세싱(연산)하는 쪽으로 빠르게 전달하는 역할이 가장 중요하다"고 설명했습니다.

또한 "같은 면적이라도 패키징을 잘 하면 빨리 전달하는 것과 동시에 더 많이 저장할 수도 있다"며 "첨단 메모리 자체에 대한 기술개발과 패키징 기술개발이 동시에 이뤄지는 이유"라고 덧붙이기도 했습니다.

AI 시장이 빠른 성장세를 보이면서 데이터센터 역시 늘어날 전망입니다. 이 회장에 따르면 데이터센터에 필요한 메모리반도체는 두 가지입니다. 방대한 데이터의 빠른 연산을 돕거나 많은 양의 데이터를 저장할 수 있는 제품, 즉 차세대 D램과 낸드입니다. 또한 차량 전동화 시대를 맞아 차량 한 대에 들어가던 반도체 개수가 기존 대비 5~10배 이상 늘어날 가능성도 있습니다.

그런 만큼 메모리반도체산업의 업턴(상승 전환)도 기대해볼 만합니다. 이 회장은 "2023년 4분기 바닥을 찍고 2024년 상반기에는 메모리 업황이 반등하지 않을까 한다"며 "데이터센터 증가와 차량 전동화 두 가지 요인만 봐도 반도체 경기가 상승 국면을 탈 것"이라고 내다봤습니다.

나노기술

우리 눈에 보이지 않는 엄청 작은 세계가 있다면 어떨까요? 우주처럼 '거시 공간'만큼 중요한 세계가 나노와 같은 '미시 세계'입니다. 우리 눈으로는 볼 수 없지만, 2023년 과학 분야 노벨상을 받은 mRNA 백신, 아토초 과학, 양자점(퀀텀닷) 연구 모두 나노기술이 기반이 됐습니다. 영화 속 주인공보다 조연처럼 범용 기술로 의학, 생명, 재료 등 다양한 분야에서 쓰이고 있습니다.

2023년 노벨상 수상 기반이 된 나노기술
2023년 과학분야 노벨상을 받은 연구는 모두 나노기술과 관련이 있습니다. 노벨생리의학상을 받은 mRNA 백신에는 '나노전달체'인 신소재가 적용돼 인류가 코로나19라는 전 세계적 대유행병(팬데믹)을 이겨내는 데 기여했습니다. 노벨물리학상을 받은

2023년 노벨화학상을 받은 양자점 기술을 설명하는 그림.
(사진_ 스웨덴왕립과학원)

연구인 '아토초 과학'은 원자나 분자 수준에서 전자의 운동을 제어하는 초정밀 기술을 연구하는 분야입니다. 카메라 플래시처럼 100경분의 1초의 순간을 포착하기 위해 나노기술이 적용된 초정밀 분석 도구가 활용됐습니다.

노벨화학상을 받은 양자점 과학도 마찬가지입니다. 양자점은 수 나노미터(nm, 10억분의 1미터(m)) 크기의 초미세 반도체 입자입니다. 우리가 보는 TV속 색 변환기 장치에 쓰여 보다 선명하고 고화질의 TV 구현을 가능하게 만든 기반 기술로 쓰였습니다.

10억분의 1m 미세한 세계 다뤄

나노기술은 10억분의 1m의 아주 미세한 세계를 들여다보는 기술인데요, 나노 단위에서는 특별한 현상들이 나타납니다. 과학자들은 구조를 조작해 독특한 물리적·화학적·생물학적 특성을 지닌 새로운 물질도 만들고, 이후 펼쳐지는 미세한 현상들을 확인합니다. 나노미터 크기에서 미세한 가공을 통해 이전에 할 수 없었던 변화를 이뤄낼 수 있기 때문입니다.

인류는 더 작은 세상을 관찰하기 위해 현미경을 만들었고, 신물질을 개발해왔습니다. 이 같은 노력이 '나노기술'이라는 결실로 이뤄졌습니다.

나노는 난쟁이를 뜻하는 그리스어 '나노스(Nanos)'에서 기원한 말입니다. 실제 나노는 눈에 보이지 않는 수준의 기술을 가리킵니다. 1nm는 머리카락 굵기의 8만분의 1 크기에 해당합니다. 따라서 별도의 측정 장비가 없는 상태로는 절대로 이 세계를 볼 수 없습니다.

나노기술은 미국의 노벨물리학상 수상자인 '괴짜 물리학자' 리처드 파인만(Richard Feynman)이 캘리포니아공대에서 열린 한 강연에서 처음 이 기술의 가능성을 제시하면서 시작됐습니다.

엄청나게 작은 세계에 대해 말하고자 했던 그는 브리태니커 백과사전 속 모든 내용을 1.6mm의 핀에 기록하는 방법을 사례로 들면서 아주 작은 공간에 방대한 정보를 담겠다고 상상했습니다. 이러한 상상은 연구자들에게 영감을 줬고, 주사형 탐침 현미경과 같은 측정 장비와 풀러렌, 탄소나노튜브, 그래핀 등 신물질 개발까지 이어졌습니다.

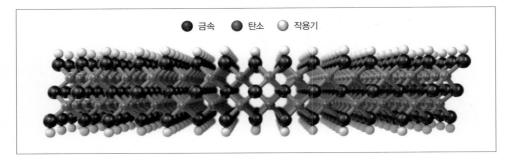

● 금속　● 탄소　○ 작용기

가령 '꿈의 신소재'라고 불리는 그래핀은 두께가 0.2 나노미터 수준으로 얇은데 전기·화학적 특성이 우수합니다. 이런 물질들을 활용해 다양한 복합 소재를 만들기 위한 연구가 이뤄지고 있습니다.

휴대폰 속 칩 등에도 쓰여

나노기술은 이제 우리 실생활에서 뗄 수 없는 존재가 됐습니다. 휴대폰 속 칩에서부터 발광다이오드(LED) 형광등, 공기청정기, 에어컨, 자외선 차단제, 세탁기, 노트북 등 우리가 흔히 쓰는 물건에서 접할 수 있습니다. 최근에는 전기·전자, 정보통신(IT), 인공지능(AI), 바이오, 로봇, 3D프린팅 등 다양한 산업에 적용되면서 변화를 이끌고 있습니다.

AI로 숨겨진 소재를 탐색하는 기술, 디스플레이 광원 소재로 활용하기 위한 그래핀 연구, 3D프린팅을 활용한 충전지 개발, 100% 생분해가 가능한 신소재 개발 등에도 나노기술이 융합돼 연구가 활발하게 이뤄지고 있습니

나노 소재인 맥신의 원자구조. 맥신은 두께 1nm 이하의 얇은 소재로 금속(검정색), 탄소(녹색)가 층층이 쌓인 구조이며 강한 산으로 MAX상을 녹여내는 과정에서 하얀색의 작용기가 표면에 달라 붙게 된다. (출처_ 한국과학기술연구원)

다. 특히 최근에는 탄소중립 실현을 위한 미세한 화학 공정 등에도 쓰여 주목을 받고 있습니다.

코로나19 극복 과정에도 활용

코로나19 팬데믹이 완화됐지만 여전히 확진자는 나오고 있습니다. 나노기술은 마스크 속 필터기술에 적용돼 감염균이 우리 입속으로 들어오는 것을 막거나 센서를 통한 체온 점검, 약물전달체로 활용을 통한 감염병 극복 등을 가능케 합니다.

코로나19와 같은 감염병뿐만 아니라 임신 테스트기에 적용돼 민감도 여부를 확인하는 데에도 활용할 수 있습니다. 가령 나노기술이 바이오센서에 접목되면 기존에 4~6시간 걸리던 진단을 더 빨리 끝낼 수 있습니다.

나노기술로 만든 센서는 가스센서나 공기청정기 속에도 들어가 이산화탄소, 포름알데히드와 같은 유해성 가스 농도를 측정하게 돕기도 합니다. 과거 공기청정기가 단순하게 미세먼지와 같은 큰 입자만 걸러줬다면 이

제는 세균, 바이러스의 농도를 탐지하고 걸러주는 장치로 발전하고 있습니다.

최근 폭우, 태풍 등 기후변화로 인한 피해가 자주 발생하는 가운데, 나노기술은 탄소중립을 이끌 기술로도 활용성을 넓히고 있습니다. 실제 저전력 나노이미지센서, 기능성 물질 나노전달체로 피부질환 치료를 위한 나노 소재 개발이 이뤄지고 있는데 전력을 아껴 이산화탄소 소모를 줄일 수도 있습니다.

미국과 중국의 기술 패권 경쟁, 러시아의 우크라이나 침공 등에 따라 국제 정세가 불안정한 상황입니다. 미국, 유럽, 중국 등 전 세계 주요국들은 이러한 흐름 속에서 기술주권을 확보하고, 자국 산업을 강화하기 위해 전략적인 투자를 강화하고 있습니다. 포스트 코로나 시대를 준비하는 한편 산업의 근간이 되는 나노기술을 육성해 기술 패권 경쟁에서 우위를 점하겠다는 심산입니다.

나노기술 전략 마련하고, 핵심기술로 선정

미국은 '국가나노전략(NNI)'을 마련해 나노기술의 연방정부 연구개발 확대와 상용화를 지원하고 있습니다. 국립연구재단(NSF) 내 기술혁신국을 새로 만들고 10대 전략기술 분야에 투자하고 있습니다. 유럽연합(EU)도 연구 혁신 기반 프로그램인 '호라이즌 유럽(Horizon Europe)'을 통해 유럽 국가들의 혁신성 강화로 산업 경쟁력을 강화하는 데 투자를 아끼지 않고 있습니다. 기술주권을 강화하기 위해 나노 전자, 첨단 나노 소재 등 7대 핵심기술도 선정했습니다.

이웃 나라들도 나노기술에 대한 관심이 늘고 있습니다. 일본은 나노기술이 바탕이 되는 생명공학 분야에서 미국과 공조 체계를 강화하고, 반도체 기술을 육성하기 위해 경제안전보장전략을 추진하고 있습니다. 중국은 국가핵심계획 '14차 5개년 계획'을 통해 2035년까지 핵심기술 자립을 추진하고 있습니다. 또 7대 과학기술 분야, 8대 첨단산업 분야에도 집중하고 있습니다.

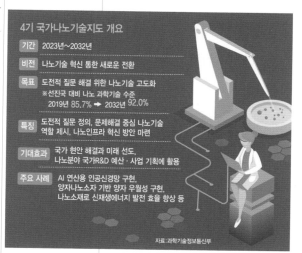

4기 국가나노기술지도 개요

기간	2023년~2032년
비전	나노기술 혁신 통한 새로운 전환
목표	도전적 질문 해결 위한 나노기술 고도화 ※선진국 대비 나노 과학기술 수준 2019년 85.7% → 2032년 92.0%
특징	도전적 질문 정의, 문제해결 중심 나노기술 역할 제시, 나노인프라 혁신 방안 마련
기대효과	국가 현안 해결과 미래 선도, 나노분야 국가R&D 예산·사업 기획에 활용
주요 사례	AI 연산용 인공신경망 구현, 양자나노소자 기반 양자 우월성 구현, 나노소재로 신재생에너지 발전 효율 향상 등

자료:과학기술정보통신부

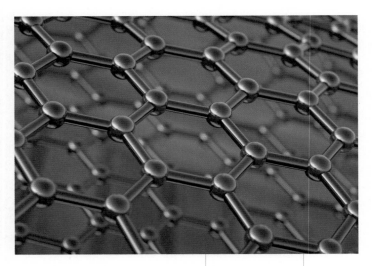

13개(1.5%)로 조사됐습니다. 분야별로는 나노소재(40.5%), 나노 장비·기기(34.1%), 나노 전자(16.9%), 나노 바이오·의료(8.5%)순으로 집계됐습니다.

과학기술정보통신부와 한국연구재단에 따르면 정부의 나노기술에 대한 연구개발(R&D) 투자도 매년 늘어난 것으로 나타났습니다. 2001년 1,052억 원부터 시작했던 예산은 2019년(6,994억 원), 2020년(9,027억 원), 2022년(1조 2,500억 원)으로 계속 늘었습니다.

정부 차원의 육성 정책도 더해지고 있습니다. 정부는 나노기술개발촉진법에 따라 5년마다 수립하는 나노기술 중장기 로드맵, '4기 국가나노기술지도'를 마련했습니다. 이번 나노기술지도에는 '스마트라이프 혁명을 위한 초거대 AI반도체가 가능한가?' '실시간 초현실 소통을 위한 메타버스가 가능한가' 등 9개의 도전적 질문(Big Questions)을 정의했습니다. 또 문제해결 중심 나노기술 역할을 제시하고, 나노 인프라 혁신 방안을 제시했습니다.

쉽게 말해 거대한 문제를 해결하기 위한 방안부터 먼저 고민하며 나노기

국가나노기술지도 마련… 나노기술 역할 제시

우리나라도 나노기술이 접목된 핵심 소재, 부품, 장비 개발을 추진하고 있습니다. 범부처 합동으로 마련한 '제5기 나노기술종합발전계획'에 따르면 정부는 2023년부터 2030년까지 12조 7,000억 원을 투자할 예정입니다. 연구개발비만 10조 3,279억 원에 이릅니다.

나노기술을 활용하는 기업들도 매년 늘고 있습니다. '2022 나노융합산업 조사' 결과에 따르면 2021년 국내 나노융합산업 기업 수는 880개, 매출액은 165.6조 원으로 전년 대비 모두 늘었습니다. 이는 코로나19 확산에 따른 감소분을 만회한 것으로 풀이됩니다.

업체별로는 중소기업이 89%를 차지했고, 중견기업 84개(9.5%), 대기업

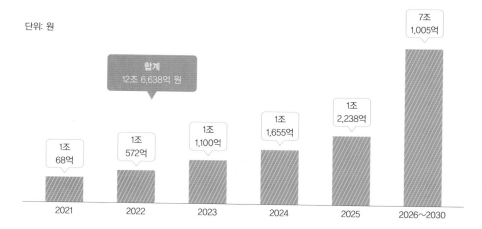

단위: 원

합계
12조 6,638억 원

1조 68억	1조 572억	1조 1,100억	1조 1,655억	1조 2,238억	7조 1,005억
2021	2022	2023	2024	2025	2026~2030

나노기술 관련 정부 투자 계획

출처_제5기 나노기술 종합발전계획

술을 발전시키겠다는 것입니다.

가령 AI반도체를 구현하기 위해 나노 극미세공정으로 반도체를 초고집적화, 초저전력화하도록 접근할 수 있습니다. 나노소재나 장비로 AI반도체 제조나 공정을 위한 원천기술을 확보하는 부분에 대한 연구개발도 해나간다면 AI반도체를 구현하기 위한 목표에 다가갈 수 있습니다.

정부는 앞으로 국가나노기술지도를 바탕으로 나노과학기술 혁신을 이끌고, 나노기술 주제를 나노 분야 국가 R&D 예산 및 사업 기획에 활용할 계획입니다. 궁극적으로는 2019년 기준 85.7% 수준이었던 기술을 2032년까지 92% 수준으로 높여나갈 계획입니다.

문희성 국가나노기술정책센터장은 "나노기술이 지난 20여 년간 발전을 거듭하면서 최근 미국과 같은 나노기술 강국은 나노기술전략의 재구조화 이야기도 나오고 있다"며 "우리 나노기술지도도 국가전략기술, 임무중심의 역할과 기능을 명확히 하면서 이번에 수립되었고, 이를 바탕으로 좀 더 전략적인 연구개발을 해나가야 한다"고 설명했습니다.

문 센터장은 "나노기술은 그간 기반기술이자 기초 원천기술로 역할을 하면서 우리나라 반도체, 디스플레이, 이차전지 등의 경쟁력 제고에 유무형의 기여를 해왔다. 탄소나노튜브는 30년 전부터 개발된 소재이나 이제 배터리산업에서 혁신을 이끌고 있다"며 "이처럼 나노기술은 미래기술의 기반 기술로 쓰일 수 있기 때문에 국가나노기술지도를 발판으로 미래 씨앗(씨드) 역할을 하는 나노기술을 지속적으로 개발해 국민 실생활에 도움을 주는 방향으로 나아갔으면 한다" 부연했습니다.

LK-99, 맥신으로 주목받은 나노 물질, 가능성은 무궁무진

김덕기
세종대 전자공학과 교수
(전 한국연구재단
나노·반도체단장)

"증권시장서 주목받은 LK-99나 맥신과 같은 물질은 모두 나노기술이 바탕입니다. 나노기술은 쓰이지 않는 분야가 없고, 앞으로 반도체, 디스플레이, 이차전지 등 12대 국가전략기술을 뒷받침하는 핵심기술로 역할을 할 것입니다."

김덕기 세종대 전자공학과 교수는 이같이 나노기술의 중요성에 대해 강조했습니다. 김덕기 교수는 IBM 반도체연구소 자문엔지니어, 삼성전자 반도체연구소 수석, 한국연구재단 나노·반도체단장을 역임한 전문가입니다.

김 교수는 "퀀텀에너지연구소 등 국내 연구진이 개발했다고 주장하는 상온상압 초전도체(LK-99)에 대해 논란이 있지만 초전도 특성을 검증하기 위한 연구, 미세구조를 확인하는 작업 모두 나노기술이라고 할 수 있다"며 "한국과학기술연구원 연구진이 맥신 소재를 대량으로 생산할 길을 열었다는 소식에 증권시장이 들썩이기도 했는데 그만큼 국민들의 관심이 높다는 것을 뜻한다"고 설명했습니다.

즉 우리가 보는 물질과 달리 물질 속 미세한 구조나 특성을 확인하게 되면서 반도체, 디스플레이 분야 등에서 혁신 기술 발전을 이끄는 기반 기술로 쓰이고 있는 셈입니다.

실제 반도체 공정에서는 극자외선(EUV) 노광장비를 활용하는데, 이미 업계에서는 당연히 나노기술 도구로 인식하고 있고, 더 미세한 공정을 개발하기 위한 작업들이 이뤄지고 있습니다. 최근에는 ESG(환경, 사회, 지배구조)가 중요해지면서 반도체 성능을 높이기보다 유해물질 배출을 최소화하는 친환경 공정 개발들이 주로 이뤄지고 있습니다.

나노기술은 다른 분야가 잘 되도록 하는 지원자로서의 역할도 톡톡히 하고 있습니다. 사람의 뇌를 닮은 반도체라고 불리는 '뉴로모픽 칩(Neuromorphic Chip)'은 삼성, 인텔, 애플 등 글로벌기업들이 관심을 갖고 있는 연구 주제입니다. 양자컴퓨터를 구현하려면 더 미세한 구조를 봐야 하기 때문에 양자기술과 나노기술의 관련성도 큽니다. 기존 기술들이 한계를 돌파하는 데 기술이 역할을 하고 있습니다.

지난 5년여 동안은 일본 수출규제에 따라 소재, 부품, 장비 투자 필요성이 대두되면서 나노 인프라에 대한 투자도 늘었습니다. 2023년에만 '반도체 설계 검증 인프라 활성화' 사업에 120억 원을 투자하는 등 관련 투자가 활성화됐습니다. 지난 2020년부터 시작해 나노종합기술원에 구축된 삼성전자 300nm 노광장비가 대표적인 사례입니다.

김 교수는 "정부에서도 나노지도를 마련했고, 나노 인프라를 비롯해 국가 전략기술 지원을 위한 나노기술 지원을 강화해왔다"며 "나노기술은 세상에 없던 것을 구현하는 데 기여할 수 있는 만큼 관련 투자가 계속 이뤄져 인류 삶의 질의 높이는 기술로 쓰였으면 한다"고 했습니다.

17 양자기술

단기간에 비약적인 혁신이나 도약을 이뤄냈을 때 쓰는 '퀀텀점프(Quantum jump)'라는 양자과학기술 용어를 한 번쯤 들어본 적이 있을 것입니다. 이는 원자에 에너지를 가하면 전자가 높은 궤도로 도약하면서 계단을 오르는 것처럼 에너지 준위가 증가하는 현상을 뜻합니다. 양자 세계에서 다음 단계로의 빠른 변화를 이끄는 것처럼 인류 궁극의 기술로 통하는 양자기술도 발전을 거듭하고 있습니다. '얽힘'과 '중첩'을 활용한 이 기술은 경제·사회 전반의 혁신 패러다임 전환을 이끌 '게임체인저(Game Changer)'로 주목받습니다. 미국을 비롯해 중국, 일본 등이 국가 전략적으로 양자산업을 육성하고 있습니다. 구글·IBM·등 글로벌기업들도 양자기술 개발에 박차를 가하고 있습니다. 양자기술 패권을 노린 소리 없는 전쟁이 세상을 어떻게 바꿀지 주목됩니다.

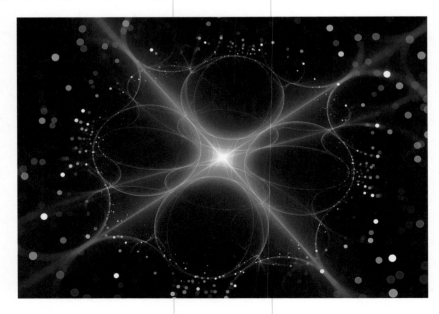

마블 시리즈 속 숨은 기술…
"슈퍼컴보다 빠르고 철통 보안"

양자기술은 우리에게 친숙한 마블 시리즈에서도 볼 수 있는 기술입니다. 영화 〈어벤져스: 인피니티 워〉에서는 우주 인구의 절반을 몰살시키겠다는 최강 빌런(악당) 타노스를 이길 방법이 보이지 않자 닥터 스트레인지가 불과 몇 초 만에 1,400만 605개의 미래를 봅니다. 그는 아이언맨에게 우리가 이길 수 있는 경우의 수는 단 하나뿐이라고 말합니다. '앤트맨'처럼 작아져 다른 세계로 이동하거나 〈스파이더맨〉에서 다중우주가 펼쳐지는 장면 모두 양자역학과 관련이 있습니다.

양자는 나노미터(nm) 10분의 1 수준의 아주 미세한 크기로 빠르게 움직입니다. 원자라는 미시 세계를 파고드는 양자기술은 휴대폰부터 TV, 노트북, 원격통신, 나노 소재까지 다양한 기술의 근간입니다.

나노보다 작은 양자의 특성을 이용하면 기존 슈퍼컴퓨터를 도와 그동안 하지 못했던 빠른 정보 처리를 할 수 있습니다. 닥터 스트레인지가 순식간에 1,400만 개가 넘는 미래 경우의 수를 따져본 것과 비슷합니다. 양자컴퓨터는 닥터 스트레인지처럼 슈퍼컴퓨터보다 빠른 연산을 하는 차세대 미래 컴퓨터인 셈입니다.

마법사 닥터 스트레인지는 영화 〈어벤져스: 인피니티 워〉에서 불과 몇 초 만에 1,400만 605개의 미래를 보고, 아이언맨인 토니 스타크에게 우리가 이길 수 있는 경우의 수는 단 하나뿐이라고 말했다. (사진_마블스튜디오)

영화가 미래에 현실로

얼마나 빠른 연산이 가능할까요. 양자컴퓨터는 현재 일반적인 컴퓨터보다 30조 배 이상 빠른 연산이 가능한 것으로 알려졌습니다. 양자 특성을 이용하면 슈퍼컴퓨터로 100만 년 이상 걸리는 게 양자컴퓨터로는 평균 10시간, 빠르면 1초에 처리할 수 있습니다. 사용되는 전력 소모량을 현재 30MW에서 0.05MW로 600분의 1 수준으로 파격적으로 줄일 수 있다고 합니다.

양자기술은 보안성까지 우수합니다. 누군가 도청을 시도해 정보를 가로채려고 하면 비누 거품 터지듯이 신호체계가 붕괴되기 때문에 도청을 할 수 없습니다. 특정한 패턴 없이 무작위로 암호화할 수 있기 때문에 해커가 침입하면 곧바로 탐지합니다. 그리고 해커가 뚫지 못하게 '철통 보안'을 유지한다고 합니다. 이때문에 통신망과 연결되는 양자기술은 5G·6G(세대) 이후 해킹 위험을 차단

할 핵심기술로 주목받고 있습니다.

슈퍼컴퓨터보다 빠른 처리, 해커도 못 뚫는 보안 기능을 가지게 된 것은 양자 고유의 특성 때문입니다. 현재 컴퓨터는 0과 1의 이진법에 따라 '비트(bit)'로 처리 능력이 표현됩니다. 반면 양자컴퓨터는 중첩·얽힘 등 고유의 특성에 따라 이진법을 벗어난 연산을 할 수 있습니다.

양자기술은 앞으로 미래 산업 생태계를 바꿀 것이란 기대가 큽니다. 100만 년 이상 걸리는 것을 빠르면 1초 만에 처리하는 양자컴퓨터가 나오면 전 지구적인 문제를 해결할 수 있기 때문입니다. 수명이 오래가는 전기차 배터리, 불치병을 치료하는 신약 개발, AI 고도화, 급변하는 시장에 대비한 금융 신상품도 개발할 수 있습니다.

전 세계 각국은 전략적으로 양자기술을 접근하고 있습니다. 중국은 국가전략구현 6대 프로젝트에 '양자 굴기(崛起)'를 명시하고, 세계 최대 규모의 양자정보과학 국립연구소도 세웠습니다. 미국은 2018년에 국가양자과학법을 제정해 양자기술을 미국의 안보를 위한 전략기술로 지정했습니다. 현재 1조 원 넘게 양자기술 개발에 투자 중입니다. 일본은 양자기술, AI, 바이오를 3대 국가전략기술로 지정했습니다.

韓 양자과학기술 전략 발표… 2035년 양자경제 중심 국가로

우리나라도 본격적인 '추격전'에 나섰습니다. 과학기술정보통신부는 2023년 6월 '대한민국 양자과학기술 전략'을 발표했습니다. 앞서 윤석열 대통령이 스위스 취리히연방공대에서 양자 석학과의 대화 내용을 반영해 양자과학기술에 대한 중장기 비전과 종합 발전 전략을 담은 첫 국가전략이라는 점에서 의미가 있습니다.

전략안에서 우리나라는 2035년까지 글로벌 양자경제 중심국가로 발전하기 위해 우리 기술로 만든 양자컴퓨터를 개발하고, 양자 인터넷 강국 도약, 세계 최고 수준 양자센서로 세계시장 선점이라는 청사진을 제시했습니다. 우리나라의 현재 양자과학기술 수준은 미국 등 최선도국 대비 62.5% 수준입니다. 우리나라에서 한국과학기술원(KAIST), 한국전자통신연구원(ETRI) 등에서 성과가 나오면서 양자기술이 주목받았지만 이후 주춤했습니다. 하지만 전문가들은 우리나라도 국가적인 투자와 지원 강화에 나섰기 때문에 2035년께는 85% 수준까지 격차를 줄일 수 있으리라 보고 있습니다.

양자컴퓨터 분야에서는 한국표준과학연구원(KRISS)을 주축으로 국내 연구기관, 대학, 기업 등이 뭉쳐 초전

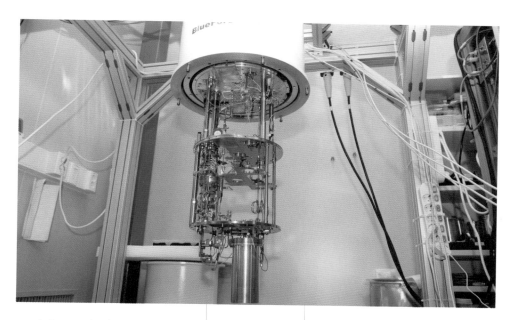

도 기반 50큐비트(qubit) 양자컴퓨터를 개발하고 있습니다.

가장 부족한 부분인 핵심 인력 양성도 속도를 낼 것으로 보입니다. 현재 양자 연구 인력은 384명에 불과한데 이를 2,500명까지 양성하고, 양자 분야 종사 인력도 현재 1,000명에서 1만 명까지 확대할 계획입니다. 무엇보다 양자 시장 점유율을 10%까지 확대하고, 양자과학기술 공급·활용 기업도 1,200개까지 육성하는 등 산업도 본격적으로 육성할 예정입니다. 윤석열 대통령이 강조한 만큼 글로벌 협력에서는 빠른 진전이 기대됩니다. 지난 3년간(2019년~2022년) 130억 원을 국제 협력에 투자했다면 앞으로 10년 동안에는 2,100억 원을 투자할 계획입니다.

한국표준과학연구원 등 국내 연구진이 개발 중인 50큐비트 양자컴퓨터. (사진_ 한국표준과학연구원)

실제 양자컴퓨터, 양자통신, 양자센싱 등 3대 양자기술 분야에서 국제 협력 성과도 속속 나오고 있습니다. 우리나라는 미국, 영국, 스위스, 룩셈부르크 등과 공동 포럼을 개최하거나 인력 교류, 공동연구 등을 추진하고 있습니다.

다만 양자기술이 전면적으로 상용화되기까지는 불확실한 부분이 많다고 합니다. 슈퍼컴퓨터를 뛰어넘는 양자컴퓨터가 나오기까지 완벽한 재료 및 시스템 개발 등 넘어야 할 난관이 많습니다. 아직 인류가 구현한 양자컴퓨터는 어른보다 아이에 가깝습니다. 오류도 많고, 구현 방식에도 전문가 의견이 달라 실제 인류가 꿈꾸는 모습까지 발전할지는 지켜봐야 합니다. 양자통신이나 양자센서 분야는 상대적으로 발전이 빠르게 이뤄지고 있지만 인공지능(AI) 등 관련 기술과 얼마나 융합을 할 수 있을지도 봐야 합니다.

그럼에도 양자기술 개발을 소홀히 해서는 안 된다는 게 전문가들 지적입니다. 양자기술이 현실에서 실현됐을 경우 기존 산업 생태계를 송두리째 뒤흔들 수 있기 때문입니다. 우리나라만 넋 놓고 있다면 양자기술 분야의 지적재산권(IP)과 특허를 모두 뺏길 수도 있습니다. 해외에서 국제표

준을 모두 선점하면 이미 때가 늦기 때문입니다.

글로벌기업 경쟁 속 국내 기업, 대학도 개발 나서

글로벌 IT 기업들은 양자기술 연구·상용화에 본격적으로 나서고 있습니다. 해외에서는 스타트업까지 뛰어들 정도로 슈퍼컴퓨터보다 빠른 양자컴퓨터를 만드는 경쟁이 뜨겁습니다. 우리나라는 삼성전자, 현대자동차그룹(현대차) 등 대기업과 통신 3사가 추격전에 나섰습니다.

양자컴퓨터 분야에서 세계적으로 가장 앞선 기업은 구글입니다. 구글은 2019년에 양자컴퓨터 '시커모어(Sycamore)'를 공개했습니다. 시커모어는 슈퍼컴퓨터가 1만 년 이상 해야 했던 계산을 불과 200초도 안 돼 처리해 세계를 놀라게 했습니다. 구글은 양자컴퓨터 관련 초전도 큐비트 기술개발을 위해 영하 200℃ 극저온 환경을 구축했습니다. 장기적인 투자로 2030년 내에 본격적인 상용화에 나설 계획입니다.

IBM은 2022년 '오스프리(Osprey)'라는 433큐비트급 양자컴퓨터 프로세서를 내놓았고, 2023년 안으로 1121 큐비트급 양자컴퓨터 공개를 목표로 하고 있습니다. 또 10년 뒤까지 오류를 완전히 수정한 10만 큐비트급 양

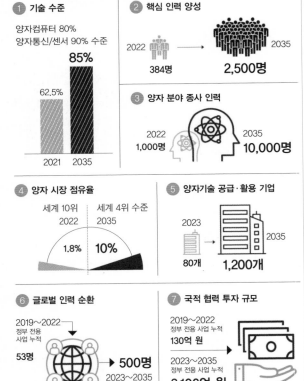

대한민국 양자과학기술 비전과 정책 목표
출처_ 과학기술정보통신부

① 기술 수준
양자컴퓨터 80%
양자통신/센서 90% 수준
85%
62.5%
2021   2035

② 핵심 인력 양성
2022   384명 → 2035   2,500명

③ 양자 분야 종사 인력
2022   1,000명   2035   10,000명

④ 양자 시장 점유율
세계 10위   세계 4위 수준
2022   2035
1.8%   10%

⑤ 양자기술 공급·활용 기업
2023   80개 → 2035   1,200개

⑥ 글로벌 인력 순환
2019~2022 정부 전용 사업 누적
53명 → 500명
2023~2035 정부 전용 사업 누적

⑦ 국적 협력 투자 규모
2019~2022 정부 전용 사업 누적
130억 원
2023~2035 정부 전용 사업 누적
2,100억 원

자컴퓨터를 만들 계획입니다.

마이크로소프트(MS)는 양자컴퓨터 개발 로드맵을 공식 발표하고 "10년 이내에 신뢰할 수 있고 실용적인 양자슈퍼컴퓨터를 개발할 수 있을 것"이라고 밝혔습니다. 2022년 '위상 큐비트(Topological Qubits)'의 개발에 성공해 차세대 컴퓨팅 기능 개발을 위한 첫 번째 관문을 넘어섰다는 설명입니다.

스타트업도 잇따르고 있습니다. 대표적인 곳은 아이온큐(IONQ)입니다. 김정상 듀크대 교수와 크리스 먼로(Chris Monroe) 메릴랜드대 교수가 협력해 2015년에 설립한 스타트업입니다. 삼성전자, 구글, 아마존의 투자를 받았고 2022년 나스닥에 상장했습니다. 양자반도체 설계·제조에 나선 캐나다의 스타트업 자나두(Xanadu), 삼성전자가 투자한 양자컴퓨터 소프트웨어 분야 이스라엘 스타트업인 클래지큐도 두각을 보이고 있습니다.

우리나라는 양자기술 투자에 시동을 걸고 추격전에 나선 상황입니다. 삼성전자는 알리오 테크놀로지스(2019년 9월), 아이온큐(2019년 10월), 퀀텀머신(2021년 9월) 등 양자컴퓨터 개발 기업에 잇따라 투자를 하고 있습니다. 현대차는 전기차 배터리 성능과 자율주행 기술 향상을 위해 아

이온큐와 협력하고 있습니다.

통신 3사는 빠르고 보안성이 높은 양자기술 분야에 공을 쏟고 있습니다. 통신 사업에만 의존해서는 미래가 없다는 판단에서입니다. 2011년 양자기술연구소를 설립한 이래 양자기술을 미래 먹거리로 보고 투자해온 SK텔레콤은 2018년에 양자보안 기업 IDQ를 인수했습니다. 2022년 9월에는 보령 LNG 터미널에서 가스 유출을 탐지할 수 있는 양자센서 시스템을 실증했고, '모바일 월드 콩그레스(MWC) 2023'에서는 국내 보안 기업 케이씨에스와 함께 양자난수 생성 기능과 암호통신 기능을 통합해 제공하는 '양자암호원칩'을 선보였습니다.

2017년부터 양자기술 연구를 시작한 KT는 100% 국내 기술로 양자암호화 장비를 개발했습니다. 특히 독자 개발한 무선 QKD(양자 키 분배 장치)를 이용해 2022년 5월 1km 구간에서 무선 양자암호를 전송했고, 같은 해 12월에는 제주국제대에 무선 양자암호통신망도 구축했습니다.

LG유플러스는 2020년 6월에 세계 최초로 양자내성암호 기술을 탑재한 광전송 장비 개발에 성공했습니다. 2022년에는 해킹이 불가능한 보안 환경을 제공하는 기업 전용 네트워크 상품인 양자내성암호전용회선을 출시한 뒤 상품을 확대하고 있습니다.

국민 기대보다 느릴 수 있지만 양자기술은 우리 삶 근간 이루는 기술

이순칠
한국연구재단 양자기술단장

"국민 기대와 달리 양자 관련 산업이 본격화하려면 최소 10년 이상은 필요할 것으로 보입니다. 그렇지만 아주 작은 세계를 다루는 나노기술이 발전하면서 양자시대도 곧 다가올 것입니다."

이순칠 한국연구재단 양자기술단장은 "양자기술이 산업적으로는 아직 갈 길이 멀고, 양자 기업들도 재무구조가 변한 게 없어 (국민 기대보다는) 변화가 더디다"라면서도 "양자기술은 국가전략기술로 계속 투자하고 지원해야 한다"고 강조했습니다.

이순칠 단장은 우리나라 양자기술 선구자이자 권위자로 통합니다. 지난 1987년부터 한국과학기술원(KAIST) 물리학과 교수를 역임하며 국내에서 처음 3큐비트 양자컴퓨터를 개발했고, 후학들을 양성해왔습니다.

그런 그가 양자기술의 중요성을 강조한 이유는 양자기술이 우리 삶을 이미 파고들고 있기 때문입니다. 게다가 전 세계 패권국가들은 미래 먹거리, 안보 등 측면에서 국가 생존을 좌우할 핵심기술로 보고 양자산업을 국가적으로 육성하고 있습니다. 우리나라도 이에 맞서 '대한민국 양자과학기술 전략'을 발표하고, 2035년 글로벌 양자경제 중심 국가 도약을 목표로 양자 핵심 인력 2,500명 육성, 1000큐비트 양자컴퓨터 개발, 민관 합동 3조 원 투자 등의 내용을 담았습니다.

전략안에서 특히 주목할 부분은 미국, 스위스 등 양자 선도 국가와의 국가 차원의 기술 동맹을 강화하고 있다는 것입니다. 양자 선도국 대비 85% 수준의 기술 확보를 목표로 국가 차원의 기술 동맹을 추진하고 있습니다. 앞으로 공동연구, 인력 교류, 공급망 확보에서 다양한 협력이 기대됩니다. 이 단장은 "우리나라는 선도국 대비 후발 주자이지만 국가전략으로 양자기술을 선정하고, 국제 협력으로 최대한 배우면서 격차를 줄여야 한다"며 "미국, 영국, 스위스 등에서 우리나라와 협력할 의사가 있고, 협력을 시작한 사업들도 나오고 있다"고 설명했습니다.

이 단장은 현대차가 아이온큐와 양자컴퓨팅 파트너십을 확대해 양자컴퓨터 머신비전 알고리즘을 공동개발하는 부분을 좋은 협력 사례로 꼽았습니다. 앞으로 번호판 탐지부터 배터리 개발까지 다양한 분야에서 양자기술이 쓰일 수 있을 것으로 보이기 때문입니다.

특히 시간이 걸리더라도 중첩, 얽힘 현상과 관련이 있는 양자기술 특성상 새로운 현상을 발견해 신약 개발부터 신물질 개발, 슈퍼컴퓨터 보완 등에서 획기적인 기술개발이 가능하리라고 내다봤습니다.

이순칠 단장은 "양자컴퓨터가 슈퍼컴퓨터를 보완해 계산하기 어려운 부분을 도와주고, 배터리 효율을 높여줄 신물질 개발을 위해 시험도 하는 등 활용 범위를 넓혀가고 있다"며 "양자컴퓨터는 아직 잠재력을 검증하는 단계이고, 양자센서는 의료·국방 분야에 적용되면서 스텔스 탐지까지 영역을 확장하고 있다"고 설명했습니다.

이 단장은 "양자 시뮬레이션은 기본적으로 최적화 문제를 해결하는 데 주안점을 두고 생산공정 최적화, 물류 최적화 등을 통한 탄소 저감에 활용하고 있다"며 "양자기술이 현실화되기까지 시간이 걸리겠지만 경제·산업의 '게임체인저'로서 활용 범위를 확장할 것"이라고 덧붙였습니다.

PART

4

내일의 헬스케어

18 mRNA

행)입니다. 역설적이게도 인류의 비극은 신약 개발 기술을 비약적으로 발전시켰습니다. 통상 신약 개발에 드는 시간은 10년. 하지만 글로벌제약사들은 단 11개월 만에 코로나19백신을 개발하며 과학기술과 백신의 역사를 새로 썼습니다.

mRNA, 코로나19를 넘어 질병 방어 '구원 투수'로

가장 주목받는 것은 메신저리보핵산(mRNA) 백신입니다. mRNA 백신은 세계에서 처음으로 발명됐음에도 예방 효능 90% 이상을 자랑하며 팬데믹을 잠재우는 데 큰 공을 세웠습니다. mRNA 백신을 개발한 모더나와 바이오엔테크가 단숨에 세계적인 바이오회사로 발돋움한 데도 mRNA 백신의 힘이 컸습니다. 코로나19 변

"고난은 발전의 밑거름이다." 미국의 사상가 겸 시인 랄프 왈도 에머슨(Ralph Waldo Emerson)은 이렇게 말했습니다. 이를 여실히 보여주는 것이 2020년 '코로나19 팬데믹'(대유

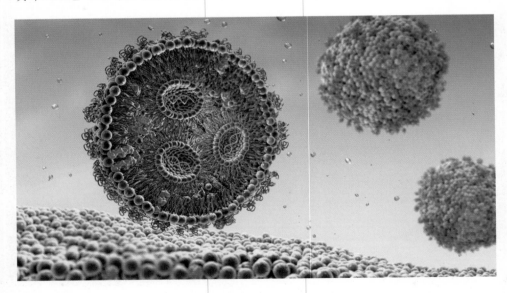

이 바이러스가 끝없이 나오는 상황에서 거의 유일하게 대안으로 떠오르는 백신은 mRNA밖에 없습니다. 우리나라도 mRNA 기술을 하루빨리 확보해야 하는 이유입니다.

코로나19 사태의 돌파구를 만들었던 mRNA 백신이 또 다른 인류 난제 해결을 위해 무대를 이동하고 있습니다. 암, 심혈관·자가면역질환 등 인류가 완전히 극복하지 못한 질병들의 해결사를 자처하는 분위기입니다. 선봉장으로는 코로나19 mRNA 백신을 처음으로 개발한 미국의 생명공학기업 모더나가 나섰습니다.

모더나는 모든 질병에 대한 맞춤형 mRNA 백신을 2030년까지 내놓을 계획입니다. 모더나의 창업자 로버트 랭거(Robert S. Langer) 미국 매사추세츠공대(MIT) 석좌교수는 2023년 4월 제주 국제컨벤션센터(ICC)에서 열린 한국생물공학회 춘계 학술발표대회 및 국제 심포지엄 온라인 기조강연에서 "mRNA 기술로 암 환자를 위한 맞춤형 백신도 만들 수 있다"고 직접 밝히기도 했습니다. 그는 20년 이상 나노과학을 연구한 관련 분야 세계 일인자입니다.

이미 성과도 나오고 있습니다. 일례로 모더나가 최근 공개한 흑색종 mRNA 백신 임상에 따르면, mRNA 암백신과 미국 머크의 면역항암제 키트루다를 병용한 환자군은 단독 사용한 환자군보다 피부암 재발이나 사망이 44%나 낮았습니다. 당시 랭거 교수는 "코로나19백신을 개발할 때도 유전체 정보가 나오고, 한 달 만에 테스트 백신이 개발됐다"며 "개발 속도가 빠른 mRNA 백신은 감염병과 환자 맞춤형 치료제 개발에 상당히 유용할 것"이라고 전했습니다.

모더나의 자신감은 코로나19를 통한 성공 경험에서 비롯됩니다. mRNA 코로나19백신은 변방의 바이오 벤처 모더나를 단숨에 글로벌기업으로 탈바꿈시켰습니다. 실적이 말해주고 있습니다. 모더나는 코로나19백신 접종이 시작된 2020년 8억 달러(약 1조 원)를 시작으로 2021년 185억 달러(약 24조 원), 2022년 193억 달러(약 25조 원)의 매출액을 각각 올렸습니다.

이재용 삼성전자 부회장(왼쪽)이 2021년 11월 16일(현지 시각) 미국 매사추세츠주 케임브리지에서 누바 아페얀(Noubar Afeyan) 모더나 공동 설립자 겸 이사회 의장을 만나 기념 촬영하고 있다. (사진_삼성전자)

코로나19 해결 주역 mRNA 백신…
'기적' 아닌 '필연'

이를 기적과 같은 일이라고 평가하는 사람도 있습니다. 하지만 mRNA 역사와 특장점을 이해한다면 오히려 '왜 더 빨리 mRNA 백신이 상용화되지 못했을까'라는 반문을 하게 될 것입니다. 답을 찾기 위해서는 백신의 역사를 언급하지 않을 수 없습니다.

과거에는 백신에 진짜 바이러스를 사용했습니다. 바이러스를 가열하거나 화학물질을 처리해서 병원성을 잃게 만든 다음 몸에 집어넣어 항체를 형성하는 방식이었습니다. 수두, 장염, 홍역, 장티푸스백신이 대표적입니다. 이 같은 백신은 예방 효능이 좋지만, 균 자체를 주입하기 때문에 바이러스의 병원성이 살아 있을 수 있습니다. 제조 기간이 길며 장기간 보관도 쉽지 않습니다.

mRNA 백신은 바이러스 유전정보를 담은 백신입니다. 덕분에 기존 백신

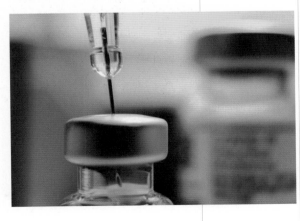

과 같은 단점이 없습니다. 코로나19 mRNA 백신을 예로 들어보겠습니다. 코로나19 mRNA 백신은 코로나19의 유전정보만을 이용해 체내에서 이와 유사한 단백질을 만들도록 합니다. 병원성에 감염될 우려도 없고 게놈 DNA 삽입에 의한 돌연변이가 유발 위험도 적습니다. 정상적인 세포 대사 과정을 통해 분해되기 때문에 체내 반감기(효능이 줄어드는 기간)를 조절할 수도 있습니다. 재료인 뉴클레오사이드를 조금만 변형하면 안정성과 단백질 합성 과정의 효율을 증가시킬 수도 있습니다.

LNP로 mRNA 백신 단점 보완… 유통 문제 등 과제도

1961년 최초로 발견된 mRNA가 이 같은 장점에도 불구하고 2020년에 이르러서야 비로소 백신으로 역할을 했습니다. 일부 문제점도 있었기 때문입니다. 우리 몸이 mRNA를 침입자로 인식해 공격하고, 그 과정에서 과도한 면역반응 부작용이 발생했습니다. 체내 효소로부터 잘 분해되는 특성 때문에 세포 안으로 주입해 효능을 발휘하게 하는 것도 어려운 일이었습니다. 동물실험 결과 mRNA 분자 1만 개당 1개 정도(0.01%)만 전달되는 데 그쳤습니다.

첫 번째 과제는 1970년대부터

mRNA를 지속해 연구해왔던 카탈린 카리코(Katalin Karikó) 펜실베이니아대 교수가 해결했습니다. 2005년 mRNA 염기서열 중 하나인 유리딘을 메틸수도유리딘으로 바꿔 면역반응을 일으키지 않는 mRNA를 합성할 수 있음을 밝힌 겁니다. 2014년에는 mRNA 염기서열 엔지니어링을 통해 단백질 합성 과정의 효율을 크게 증가시킬 수 있는 기술도 개발했습니다.

두 번째 과제는 랭거 교수가 해답을 내놨습니다. 그는 인지질(이온화 인지질·Ionizable Lipid), 콜레스테롤, 폴리에틸렌글리콜(PEG)로 만든 지질나노입자(LNP·Lipid NanoParticle)가 mRNA를 세포 안까지 안전하게 전달할 수 있다는 점을 발견했습니다. mRNA 백신이 코로나19 사태에서 큰 역할을 할 수 있게 된 요인입니다.

그럼에도 활용도가 더 높아지려면 극복해야 할 점이 존재합니다. 상용화된 mRNA 백신은 모두 LNP를 약물 전달체로 사용합니다. LNP를 더 안정된 상태로 만들기 위해 들어가는 PEG 때문에 심각한 전신 알레르기 증상인 '아나필락시스' 부작용이 있습니다. 또 LNP는 구조가 불안정해 초저온에서 보관해야만 합니다. 화이자·바이오엔테크 mRNA 백신의 경우 영하 70℃ 상태에서 유통해야 하고, 모더나 백신 역시 영하 20℃에 보관해야 합니다. 접종 과정에서는 드물지만 심근염·심낭염 발생이 보고되고 있습니다.

mRNA 백신 성공 의구심 사라져… 2027년 시장규모 170조 원

하지만 mRNA 백신의 성공 가능성에 대한 의구심은 확실히 걷혔습니다. 가파른 시장 성장이 이를 방증합니다. 시장조사업체 글로벌인더스트리아날리스트(GIA)는 mRNA 백신 시장규모는 2021년 649억 달러(약 85조 원)에서 연평균 11.9% 성장해 오는 2027년에는 1,273억 달러(약 167조 원)에 이를 것으로 내다봤습니다.

시장 선점을 위해 아군과 적군의 경계도 사라졌습니다. 미국과 중국의 갈등 고조에도 모더나는 중국 상하이시와 약 10억 달러(약 1조 3,000억 원) 규모의 현지 투자 계약을 체결하기로 했습니다. 앞서 모더나는 2023년 5월 상하이에 '모더나(중국)바이오테크유한회사' 법인을 등록하면서 중국시장 진출을 위한 예비 단계라고 설명하기도 했죠. 이는 모더나가 중국 본토에 설립한 첫 법인입니다. 2022년엔 홍콩에 사무실을 열었습니다. 당시 모더나 대변인은 로이터통신에 "모더나의 mRNA 플랫폼이 가진 힘을 중국인들에게 가져다 줄 기회를 모색하고 있다"고 전했습니다.

세계적인 기업가들도 mRNA 백신의 새로운 도전을 응원하고 있습니다. 2023년 6월 중국을 방문한 빌 게이츠 마이크로소프트(MS) 공동창업자는 현지 mRNA 연구 선도 기관인 베이징 소재 글로벌의약품연구개발센터(GHDDI)에서 연설한 뒤 5년간 5,000만 달러(약 654억 원)를 GHDDI에 기부하겠다고 약속했습니다. 그는 mRNA 기술이 코로나19 이외에도 결핵과 말라리아 같은 질병에도 유용하다면서 중국 GHDDI의 분발을 촉구했습니다.

mRNA 백신 개발업체 아이진 유원일 대표는 "이미 mRNA 백신에 대한 연구는 암뿐만 아니라 인플루엔자, 지카바이러스, 말라리아 등 다양한 부문에서 이뤄지고 있다"며 "이제 막 시장이 열린 만큼 기업이 적극 나서고 정부도 지원한다면 우리의 역할도 찾을 수 있을 것"이라고 강조했습니다.

mRNA 원천기술 확보… 전달체부터 백신까지 차별화·속도전

170조 원 규모로 커지는 mRNA 백신 시장 선점 경쟁에 국내 기업들도 적극 나서고 있습니다. mRNA 백신 원천기술뿐만 아니라 생산, 전달체 부문까지 차별화된 경쟁력으로 시장에서 선도적 역할을 한다는 계획입니다.

국내 바이오산업을 이끄는 삼성바이오로직스와 SK바이오사이언스는 각자 역할에 주력하며, 생태계 성장에 기여하고 있습니다. 삼성바이오로직스는 이미 미국의 생명공학 기업 모더나의 mRNA 코로나19백신 등을 긴급 위탁생산하며 실력을 세계에 알렸습니다. 향후 mRNA 백신 수요 증가에도 대비하고 있습니다. 현재 완제부터 원료의약품 생산 라인까지 갖춘 상태이며, 5공장에도 관련 시설을 확장한다는 방침입니다.

그룹 수장인 이재용 삼성전자 회장이 직접 나선 만큼 더욱 빠른 성장이 기대됩니다. 실제 이 회장은 2023년 5

국내 기업 mRNA 백신 관련 기술개발 현황

방향	기업	현황
생태계 성장 주도	삼성바이오로직스	원재료부터 완제품까지 생산설비 확보
	SK바이오사이언스	코로나19 mRNA 플랫폼 전임상연구
차별화된 기술 도전	LG화학/삼양홀딩스	mRNA 항암 신약 개발
	GC녹십자	mRNA 결핵백신 개발
성장 동력 선택 바이오 벤처	아이진/큐라티스 외	mRNA 코로나19백신 개발 지속
	무진메디/에스엠엘바이오팜 외	독자적인 LNP 기술로 mRNA 백신 개발 기업 지원

월 미국 출장에서 삼성바이오로직스 북미 법인 임직원들과 만나 "과감하고 끈기 있는 도전이 승패를 가른다"라며 "반도체 성공 DNA를 바이오 신화로 이어가자"고 임직원들을 격려했습니다.

SK바이오사이언스는 국내 첫 코로나19백신 '스카이코비원'을 개발했지만, mRNA 원천기술 확보에도 소홀히 하지 않고 있습니다. 스카이코비원 개발에 역량을 집중하며 경쟁업체보다는 다소 늦었지만 든든한 지원군이 있습니다. 전염병혁신연합(CEPI)과 빌앤드멀린다게이츠재단의 지원을 토대로 코로나19 mRNA 플랫폼의 전임상 연구를 진행하고 있습니다.

LG화학, 삼양홀딩스, GC녹십자 등은 차별화된 기술에 도전하며, 국내 제약·바이오사 허리 역할을 톡톡히 하고 있습니다. LG화학과 삼양홀딩스는 2023년 4월 mRNA 항암 신약 개발을 위해 맞손을 잡았습니다. 삼양홀딩스는 자체 개발한 mRNA 전달체 '나노레디'의 기술과 관련 조성물을 제공하고, LG화학은 이를 접목해 mRNA 항암 신약을 발굴할 예정입니다.

GC녹십자는 mRNA 독감백신 개발에 나섰습니다. 2022년 4월 캐나다 소재의 아퀴타스와 체결한 LNP 관련 개발 및 옵션 계약을 통해 mRNA 독감백신 개발에 대한 가능성을 확인했습니다. 2024년 임상1상에 진입한다는 목표입니다.

LNP는 나노입자를 체내 세포로 안전하게 운반해 mRNA가 작동할 수 있도록 하는 전달 시스템입니다. mRNA 기반 약물 개발에 있어 핵심적인 기술입니다. 아퀴타스의 LNP는 미국 화이자의 코로나19백신 '코미나티'에 적용된 바 있습니다.

바이오 벤처도 지속가능한 성장을 위해 mRNA 기술 확보에 속도를 내고 있습니다. 아이진은 최근 mRNA 코로나19 부스터샷(추가 접종) 호주 임상2a상을 시작했습니다. 큐라티스는 mRNA 코로나19백신을 2025년 상업화를 목표로 개발하고 있습니다. 이 밖에도 무진메디, 에스엠엘바이오팜 등은 독자적인 LNP 기술을 바탕으로 mRNA 백신 개발 기업을 지원하고 있습니다.

오기환 한국바이오협회 산업정책본부장은 "코로나19 변이주에 신속하게 대응하고, 또 다른 팬데믹에 대비하기 위해서라도 mRNA 백신 개발은 정부와 기업의 우선순위에 놓여야 한다"며 "하나라도 성공해야 그 개발 과정에서의 경험을 통해 더 나은 백신을 신속하게 개발할 수 있다"고 강조했습니다.

미·일 mRNA 백신 선제 개발 배경… '전폭 지원'

아이진
유원일 대표

"미국 생명공학 기업 모더나는 코로나19 사태로 mRNA 백신에 기반해 단숨에 글로벌기업으로 성장했습니다. 2030년까지 mRNA 기술을 모든 영역에서 적용한다는 방침입니다. 우리도 뒤처지지 않으려면 기업뿐만 아니라 정부도 함께 노력해야 합니다."

유원일 대표는 "미국과 일본 등 mRNA 백신 개발에 성공한 나라의 공통점은 정부의 아낌없는 지원이었다"며 이같이 밝혔습니다.

실제 모더나는 코로나19 mRNA 백신을 개발하는 데 미국 정부로부터 약 100억 달러(약 13조 원)를 지원받았습니다. 일본 정부는 2021년 6월 국가 백신 개발 및 생산 전략을 채택하고, 코로나19백신 개발을 위해 1,700억 엔(1조 6,000억 원)을 투자해왔습니다. 최근 일본 제약·바이오사 다이이찌산쿄는 일본 정부로부터 코로나19 mRNA 백신 '다이치로나'를 승인받았습니다.

유 대표는 "mRNA 기반 기술 확립은 미래 경쟁력 확보뿐만 아니라 또 다른 위기 대응을 준비하기 위해서도 필수적"이라며 "이는 새로운 변이나 신종 감염증에도 신속하게 대응할 수 있는 인프라를 구축하게 해줄 것"이라고 역설했습니다.

1988년 제일제당종합기술원 수석연구원으로 사회생활을 시작한 그는 국내

1세대 제약·바이오 전문가입니다. 연구원 시절 국내 최초·세계 세 번째 반코마이신 항생제 개발, 스트렙토키나제(혈전용해제) 단백질 주사제 개발, 테이코플라닌 항생제 개발 등으로 국내 제약·바이오산업에 기여했습니다. 국내 제약·바이오산업의 성장과 국민의 안전에 대한 유 대표의 고민이 남다른 이유입니다.

그는 "물론 기업으로서 정부 지원만 기다리고 있을 수는 없다"며 "SK바이오사이언스 등 주요 기업들이 선제적으로 나섰고 우리와 같은 제약·바이오벤처도 차별화된 기술을 확보하기 위해 노력하고 있다"고 설명했습니다.

실제 아이진은 2020년 코로나19 이전 백지 상태에 가까웠던 mRNA 기술의 빠른 진전을 이뤄냈습니다. 당시 아이진은 미국 바이오 업체 트라이링크로부터 mRNA 기술을 이전받아, 자체 '양이온성리포솜' 전달체 기술을 적용해 차별화된 경쟁력을 확보했습니다. 이를 기반해 최근 mRNA 코로나19 부스터샷(추가 접종) 호주 임상2a상을 시작했습니다. 게다가 코로나19 예방 mRNA 백신 개발 국책과제도 진행하고 있습니다.

유 대표는 "양이온성리포솜을 전달체로 사용하는 mRNA 백신은 LNP에 기반한 mRNA 백신에 비해 안전성이 높다"며 "LNP를 활용한 mRNA 계열의 화이자와 모더나 코로나19백신에서 나타났던 아나필락시스 등의 부작용이 없고, 일반의약품처럼 냉장 보관(2~8℃)도 가능하다"고 강조했습니다.

아이진은 mRNA에 바탕한 코로나19백신뿐만 아니라 결핵백신 등 다양한 파이프라인을 확보해 이 분야의 선도에 선다는 방침입니다.

유 대표는 "국책과제로 mRNA를 이용한 부스팅용 결핵백신을 개발하고 있다"며 "이 같은 기업들의 노력이 축적되면, 정부가 주도하는 제약·바이오 강국의 건설도 빠르게 현실화할 수 있을 것"이라고 말했습니다.

19

세포치료제

세포치료제는 1세대 재조합단백질, 2세대 항체치료제를 이은 3세대 바이오의약품으로 일찍부터 주목받았습니다. 기존 재조합단백질의약품은

체내에서 약효가 짧고, 항체의약품은 다양한 질환에서 활용되기 어렵다는 점이 한계로 지적받았습니다. 반면 세포치료제는 질환의 근본적인 치료가 가능하다는 점에서 기존 치료제들과 구분됩니다.

난치병 해결사로 등장한 '세포치료제'

면역세포치료제 전문 기업 바이젠셀의 김태규 대표는 "화학물 치료가 한계에 부딪히면서 바이오의약품 치료제가 개발되기 시작했다"면서 "항체치료제가 좋은 효과를 내자 현재는 글로벌 블록버스터 약물로 자리 잡았다. 또 세포치료제는 새로운 형태의 난치병 치료법으로 부상했다"고 진단했습니다. 그는 "세포치료제는 수혈, 조혈모세포 이식 등을 통해 이미

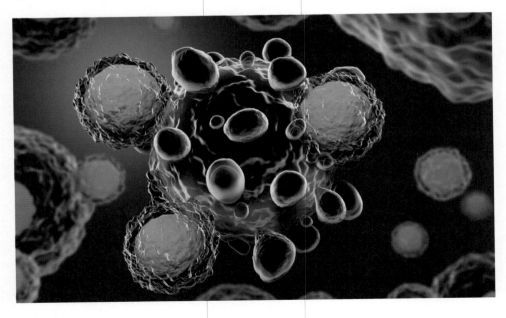

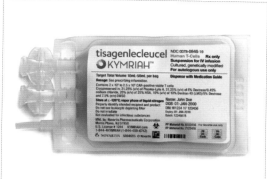

노바티스의 '킴리아'
(왼쪽)와 카이트의
'예스카타'.
(사진_노바티스·카이트)

많은 생명을 살린 이력이 있다"면서 "세포치료제는 시작 단계이지만 난치병 치료에 새로운 영역을 구축할 것"이라고 내다봤습니다.

세포치료제는 살아 있는 세포를 치료에 이용합니다. 세포치료제에 쓰이는 세포의 종류는 줄기세포, 면역세포, 피부·연골세포로 나눌 수 있습니다. 줄기세포는 배아줄기세포·역분화줄기세포·성체줄기세포 등이 있고, 파킨슨병(Parkinson's Disease)·알츠하이머병(Alzheimer's Disease)·척수 손상·뇌졸중·화상·심장병·당뇨병·류머티즘성관절염 등의 질환을 치료할 수 있습니다.

면역세포는 T세포·자연살해(NK)세포 등이 있고, 백혈병·림프종·간암·폐암·전립샘암·자가면역질환 등을 치료합니다.

체세포는 피부세포와 연골세포가 있고, 피부 화상·흉터·퇴행성관절염 등을 치료할 수 있습니다.

비용 저렴하고 치료 용이

오늘날 기증된 장기와 조직을 이식함으로써 여러 질병을 치료하고 있으나 이식 장기는 항상 부족한 실정입니다. 이를 보완할 방법으로 줄기세포를 특수한 형태의 세포로 분화시켜 질병 치료에 사용하는 방법이 개발되고 있습니다.

정희진 홍익대 바이오화학공학과 교수는 '유전자·세포치료제 개발 현황 및 동향'을 통해 "세포치료는 장기이식과 비교했을 때 5~10% 비용만으로 치료가 가능하고, 복수의 환자에게 이식이 가능하다"면서 "비침습적이기 때문에 간편한 방법으로 세포 이식이 가능하고 수술이 용이하다"고 설명했습니다. 정 교수는 이 외에도 세포치료제가 유전자 도입이 가능하고, 사망률을 낮추며(무병 생존 기간을 늘리고), 환자 본인의 세포를 자가세포치료제로 개발 가능하다는 이점이 있다고 소개했습니다.

높은 완치율로 치료제 혁명

특히 'CAR-T(키메라항원수용체 T세포)세포치료제'는 혈액암에서 암세포를 완전히 소멸시키며 완치 판정 가능성을 높이고 있습니다.

노바티스의 세계 최초 CAR-T세포 치료제 '킴리아(Kymriah)'는 소아청소년 재발·난치성B세포급성림프구성백혈병(ALL18) 대상 임상시험에서 3개월 내 83%의 완전관해율을 보였습니다. 완전관해율(Complete Response)은 완치 비율을 말합니다. 독일 카이트(Kite)사의 CAR-T 세포 치료제 '예스카타(Yescarta)'는 2회 이상의 항암 치료에 실패한 재발·난치성림프종 환자의 경우 기존 치료법으로 치료 시 6개월 후 완전관해율이 7%에 불과하지만, 예스카타 투여 시 51%의 완전관해율을 보였습니다. 바이젠셀의 NK·T세포 림프종 치료제 'VT-EBV-N'은 임상에서 5년 무재발 생존율이 90%로 나타났습니다. 종전 치료제의 생존율은 26%에 불과했습니다.

엔케이맥스의 NK세포치료제는 킴리아·예스카다 등의 CAR-T치료제를 뛰어넘을 만한 잠재력을 가졌다는 평가를 받고 있습니다. 엔케이맥스의 NK세포치료제 'SNK'와 키트루다 병용투여로 완전관해 판정을 받은 미국인 32세 육종암 환자는 43개월째 암

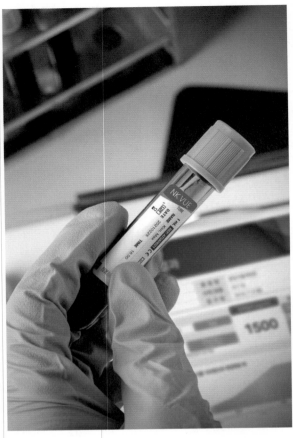

엔케이맥스의 NK세포 활성도 검사키트인 NK뷰키트. 수치에 따라 암 혹은 잠재적인 암 발생 여부를 판단하는 데 도움을 준다. (사진_엔케이맥스)

이 재발하지 않고 있습니다. 이 기간 해당 환자는 총 47차례 'SNK+키트루다'를 투약했습니다. 이 환자는 지난 2017년 전이성육종암 진단을 받았습니다. 암세포는 복부·골반 림프절 및 간에 광범위하게 전이돼 있었고, SNK+키트루다 처방 전 5차례에 걸쳐 다른 약물을 투약했으나 모두 실패했습니다.

엔케이맥스 관계자는 "이 환자는 더는 쓸 약이 없던 상황"이라면서 "환자 몸 전체 퍼진 암세포가 'SNK+키

트루다' 16차례 투약 후 말끔히 사라졌다"고 말했습니다. 이어 "이후 주기적으로 투약을 이어가고 있고 현재까지 완전관해를 유지하고 있다"고 덧붙였습니다.

NK세포치료제, 면역거부반응 없고 반복 투여 가능

세포치료제가 난치병 해결사로 주목받고 있지만, 대중 치료제로 자리 잡기 위해선 먼저 안전성 문제를 해결해야 합니다. 줄기세포치료제는 체내에 오랫동안 남아 증식하면서 암세포로 변형되거나 타 세포들에 암성 변화를 촉진시킬 위험이 있습니다. 또 치료제가 의도치 않은 신체 부위로 이동해 원하지 않는 세포로 분화될 수도 있습니다.

CAR-T치료제의 경우 '사이토카인 폭풍'과 신경독성 등 생명을 위협하는 부작용을 일으킬 수 있습니다. 사이토카인 폭풍은 외부에서 침입한 바이러스에 대항하기 위해 인체 내에서 면역작용이 과다하게 이뤄지면서 정상세포까지 공격하는 현상을 말합니다. 이 때문에 CAR-T는 투여 전 면역거부반응을 없애기 위해 3일간 입원해서 림프구 제거술을 받아야 합니다. 문제는 몸에서 면역세포들을 완전히 제거하면 환자의 면역력이 급격히 떨어집니다. 당연히 질병 감염 위

유럽종양학회(ESMO) 2022 포스터에 공개된 엔케이맥스 NK세포치료제 SNK와 머크 키트루다 병용투여에서 34개월(당시 기준. 현재는 47회 투여받고 43개월 무진행 생존) 동안 완전관해를 유지하고 있는 환자 보고서. (출처_ESMO)

험도 높아집니다. CAR-T는 면역거부반응 문제로 암이 재발했을 때 반복 투여가 어렵다는 문제점을 지니고 있습니다.

최근엔 중간엽줄기세포가 여타 줄기세포보다 안전성이 높은 것으로 판단돼 연구가 집중되고 있습니다. 또 유전자조작 줄기세포치료제 개발 시도도 활발하게 이뤄지고 있습니다. CAR-T는 사이토카인 폭풍에 대응해 항체나 스테로이드 등을 투여하는 방식으로 발전하고 있습니다.

T세포 대신 NK세포치료제로 면역거부반응(사이토카인 폭풍)을 회피하는 연구도 부쩍 늘고 있습니다. NK세포는 면역거부반응이 없어 림프구 제거술이 필요치 않아 비용 절감은 물론 환자 편의성도 높다는 평가입니다. 아울러 사이토카인 폭풍이나 신경독성이 일어날 환자군을 미리 찾아내는 바이오마커 연구도 활발하게 진행 중

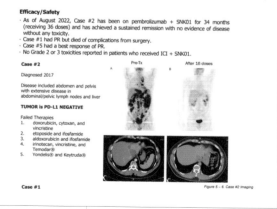

GMP 시설에서
NK세포를 배양하는
모습. (사진_엔케이맥스)

처리가 되지 않는다면 일반 국민이 감당하기엔 너무 부담되는 액수입니다.

환자의 T세포를 채취해 냉동 보관한 뒤 연구소로 보내 유전자조작을 통해 CAR-T로 만듭니다. 이를 다시 대량 배양한 뒤 동결시킵니다. 이 CAR-T를 병원에 보내 해동시킨 뒤 환자에게 주입합니다. 줄기세포 치료제도 자가 세포를 추출한 뒤 48시간 이내에 다시 주입해야 합니다. 세포를 배양해서 만들어낸 치료제는 본인 혼자만 쓸 수 있으므로 비쌀 수밖에 없습니다. 맞춤형 양복·구두가 기성복보다 비쌀 수밖에 없는 것과 같은 이치입니다. 특히

입니다. 실제 엔케이맥스는 32세 미국인 육종암 환자에게 43개월간 47차례 자사 NK세포치료제를 반복 투여했지만 면역거부반응이 나타나지 않았습니다.

동종 치료제 임상 활발… 치료제 대중화 성큼

세포치료제의 또 다른 문제는 너무 비싼 데 있습니다. 노바티스의 '킴리아' 가격은 47만 5,000달러(약 5억 5,551만 원)입니다. 입원료와 부작용 방지 처치료까지 더하면 100만 달러(약 11억 원)를 훌쩍 넘습니다. 보험

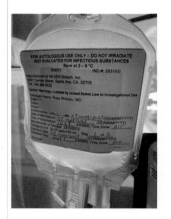
자가NK세포치료제
SNK01.
(사진_엔케이맥스)

미국 식품의약국(FDA)과 유럽 의약품청(EMA), 우리나라 식품의약품안전처(식약처)의 GMP(의약품 제조·품질관리 기준)를 통과한 생산시설이 필요하고, 전문 의약품 콜드체인을 통해 생산된 세포치료제가 운반돼야 합니다. 또 숙련된 전문의 시술이 수반됩니다. 세포치료제 생산·운송 등 단계별로 고도화된 기술과 역량도 필요합니다.

세포치료제가 보다 대중화되기 위해선 자가세포가 아닌 동종세포를 이용한 치료제 개발이 이뤄져야 합니다. 동종세포는 타인의 세포를 환자가 이용할 수 있기 때문에 대량생산이 가능해 가격도 저렴합니다. 최근 유전자가위(CRISPR-cas9) 유전자 편집 기술을 이용해 동종 유래 세포의 면역반응을 해결하려는 연구가 활발하게 이뤄지고 있습니다. 동종세포 사용 제약이 사라진다면 세포치료제는 보다 대중화될 수 있습니다.

국내에선 엔케이맥스가 동종 유래 NK세포치료제 임상을 진행 중입니다. 엔케이맥스의 자회사 엔케이젠바이오텍(NKGen Biotech)은 2022년 10월 FDA로부터 고형암 환자 대상 동종NK세포치료제(SNK02) 임상1상 임상시험계획서(IND)를 승인받았습니다. 또 같은 해 12월엔 식약처로부터 위암 환자 대상 SNK02의 1/2a상 IND를 승인받았습니다.

엔케이맥스가 동종 유래 NK세포치료제 임상에 성공한다면 치료제 가격은 크게 낮아질 전망입니다. 동결 제형 형태로, 치료제 대량 공급이 가능해지기 때문입니다. 엔케이맥스는 이미 1번 배양으로 최소 8만 도즈에서 최대 40만 도즈 분량의 NK세포치료제를 생산할 수 있는 기술을 보유했습니다. NK세포 1회 배양에 걸리는 시간은 45~46일에 불과합니다.

차별화된 기술로 글로벌 원톱 도약

박상우
엔케이맥스 대표

"NK세포치료제가 기존의 1세대 화학항암제, 2세대 항암제인 표적항암제와 가장 다른 점은 인위적으로 만드는 치료제가 아닌 체내에 존재하는 면역세포인 NK세포를 이용한다는 점입니다. NK세포는 우리 몸의 1차 방어선을 구축하는 면역세포입니다. 다양한 기전의 면역조절 기능으로 암에서부터 알츠하이머를 포함한 뇌질환에도 효과를 보일 수 있습니다."

박상우 엔케이맥스 대표에게 NK세포치료제 장점을 묻자, 이같이 답했습니다. 그는 "현재 면역세포인 T세포 또는 NK세포를 이용한 세포치료제 연구개발이 활발하게 이루어지고 있다"면서 "하지만 고순도 NK세포 배양을 통해 활성도를 높이는 기술과 냉동 보존 기술 확보에 어려움이 있는 것이 현실"이라고 진단했습니다. 이어 "현재 CAR-T세포치료제가 상용화돼 있지만 환자 본인의 세포(자가)를 이용할 수밖에 없다"며 "당연히 치료제 가격이 비쌀 수밖에 없다. 아울러 CAR-T는 혈액암에만 효능이 국한되어 있는 점 등의 한계가 있다"고 꼬집었습니다.

암은 크게 고형암과 혈액암 두 종으로 나뉘는데, 고형암 비율이 95%, 혈액암은 5%에 그칩니다. 한국보건산업진흥원의 '글로벌 세포·유전자치료제 시장 전망' 보고서에 따르면 글로벌 세포·유전자치료제(CGT·Cell Gene Therapy)

시장규모는 2022년 106억 700만 달러(약 14조 원)였으며, 2023년 163억 3,000만 달러(약 21조 원) 돌파가 전망되는 등 급성장 중입니다. 세포·유전자 치료제 시장은 오는 2026년 555억 900만 달러(약 73조 원)에 달할 것이란 전망이 나오는 것도 이 같은 시장 성장세를 반영한 결과입니다.

아울러 세포치료제는 합성신약과 달리 복제약 개발이 불가능하기 때문에 특허 만료 이후에도 독점적으로 사업을 이어갈 수 있는 장점이 있습니다. 최근 글로벌 빅파마가 세포·유전자치료제 개발에 열을 올리고 있는 이유이기도 합니다.

박 대표는 "NK세포치료제는 환자 본인의 혈액에서 추출한 자가NK세포뿐만 아니라 건강한 타인의 동종NK세포까지 배양할 수 있는 기술력이 매우 중요하다"고 강조했습니다. 이어 "엔케이맥스는 NK세포치료제 글로벌 선두 기업으로 독보적인 배양 기술을 보유하고 있다"고 덧붙였습니다.

엔케이맥스는 지난 2019년부터 NK세포치료제인 SNK를 이용해 다양한 글로벌 임상을 진행하고 있습니다. 현재 치료제의 불모지인 고형암과 뇌질환을 표적해 자가NK세포치료제(SNK01), 동종NK세포치료제(SNK02)를 연구개발 중입니다.

업계에선 NK세포치료제가 부작용 없이 다양한 적응증에 적용이 가능하다는 점에서 상업화 성공 가능성이 높다는 평가를 내리고 있습니다.

박 대표는 "미국에서 알츠하이머, 파킨슨 등 뇌질환 치료에 대한 주목을 크게 받고 있다"면서 "2023년 내 미국에서 알츠하이머 1b상 또는 2상 진행을 계획하고 있다"고 말했습니다. 이어 "특히, NK세포치료제 알츠하이머 치료 임상에서 엔케이맥스가 가장 앞서고 있어 관련 업계가 주목하고 있다"고 덧붙였습니다.

그는 "이미 고형암에서의 자가NK세포치료제(SNK01)에 대한 효능은 입증됐다"며 "동종NK세포치료제(SNK02) 임상을 2023년에 본격 시작해, 고형암부터 뇌질환까지 치료가 가능한 세포치료제 선두 기업으로 나아갈 것"이라고 밝혔습니다. 이어 "향후 중국과 미국 등의 시장을 공략해 세포치료제 분야의 글로벌 입지를 확고히 할 것"이라는 포부도 내놨습니다.

20 마이크로바이옴

마이크로바이옴은 최근 식품, 화장품 등 다양한 제품에서 쉽게 찾아볼 수 있는 성분 중 하나입니다. 마이크로바이오타(Microbiota)와 유전체를 뜻하는 게놈(Genome)의 합성어로 장내 미생물군을 말합니다. 특히 마이크로바이옴이 다양한 질병을 치료할 수 있다는 가능성이 제기돼 치료제 개발 열풍이 이어지면서 관련 시장이 급속도로 확대되고 있습니다.

가능성을 현실로… 인류 건강 책임질 마이크로바이옴

장내 미생물총은 비타민과 아미노산 합성 및 소화기 건강에 관여하며, 유해한 병원체로부터 몸을 보호하고 면역을 구축하는 것으로 알려져 있습니다. 이와 관련 마이크로바이옴은 인체 내 존재해 사람에게 발생하는 질병 90% 이상에서 밀접한 관련이 있다는 연구결과가 발표됐고, 이는 인류 건강 측면에서 상당한 의미가 있다는 분석입니다.

실제로 최근 마이크로바이옴은 혁신

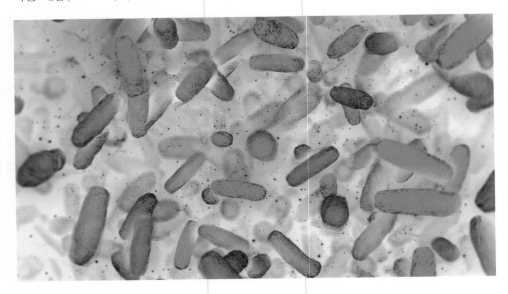

기술로 인식되고 있습니다. 따라서 연구개발(R&D) 및 제품화를 위한 기반 기술로 다른 산업 분야에서 혁신적인 치료 솔루션과 응용 프로그램을 개발하기 위한 중요 연구 영역으로 자리 잡았습니다. 특히 프로스트앤드설리번은 최근 주목받는 디지털 기술과 배양 기술 발전은 마이크로바이옴 연구에 대한 범위와 가능성을 확장했다고 분석했습니다. 또한 합성생물학은 치료 및 진단 분야에서 응용성을 높이고 있습니다.

미래에셋증권 리서치센터에 따르면 마이크로바이옴치료제 시장규모는 2021년 5억 3,500만 달러(약 7,000억 원)에서 연평균 24.9% 성장해 2029년 31억 달러(약 4조 1,000억 원)까지 확대될 것으로 전망됩니다. 미국 국립의학도서관 산하 논문 검색 엔진인 퍼브메드(PubMed)에서 마이크로바이옴 검색률이 무려 611% 증가해 마이크로바이옴과 치료제에 대한 높은 관심을 방증하고 있습니다.

그동안 마이크로바이옴에 대한 기대는 치료제 개발로 더욱 높아져왔지만, 일각에서는 가능성만큼이나 불확실성에 의문을 던지기도 했습니다. 국내외 다양한 기업들이 마이크로바이옴치료제 개발에 뛰어들었지만 미지의 영역이었던 만큼 치료제에 대한 회의적인 시각이 존재했습니다. 하지만 2022년 마이크로바이옴치료제가 성공적인 개발을 끝내고 미국 식품의약국(FDA) 허가를 획득함으로써 이런 의문은 해소됐다는 평가입니다. 가능성을 현실로 만든 획기적인 역사를 쓰게 됐습니다.

2022년 11월 스위스 제약사 페링제약은 세계 최초로 마이크로바이옴치료제 '리바이오타(Rebyota)'를 FDA로부터 승인받았습니다. 또한 2023년 4월에는 세레스테라퓨틱스가 세계 최초 경구용 마이크로바이옴치료제 '보우스트(Vowst)' 허가 획득에 성공했습니다. 두 치료제는 18세 이상 성인에서 재발성클로스트리움디피실감염(CDI)에 대한 항균 치료 후 재발예방 적응증으로 허가받았습니다.

배지수 지놈앤컴퍼니 대표는 "마이크로바이옴을 활용한 치료는 기존 치료와 달리 가장 자연스러운 치료다. 케미칼과 바이오로직스 등의 치료는 새로운 개입을 하는 치료 방법이지만 부작용을 일으킨다"며 "반면 마이크로바이옴 치료는 인간에게 가장 자연스러운 회복을 가능하게 하는 치료법이다. 지금까지 해결하지 못한 질환을 해결할 수 있는 새로운 모달리티가 될 수 있다"고 설명했습니다.

마이크로바이옴치료제 탄생은 국내 기업에도 기회로 다가오고 있습니다. 앞서 허가를 받았던 두 제약사는 마이크로바이옴치료제 개발 분야에서 속도가 가장 빠른 그룹입니다. 그 뒤를 이어 국내 기업이 빠른 개발 속도와 더불어 기존 기업들이 시도하지 않았던 항암 분야에서 세계 최초로 가능성을 입증했기 때문입니다.

현재 마이크로바이옴치료제를 개발하는 대부분 기업은 감염증을 타깃하고 있습니다. 신체 내 마이크로바이옴 70~95%가 위, 장 등 소화기관에 집중돼 있어 관련 질환 연구가 가장 활발하게 진행되고 있습니다. 하지만 인류 최대 숙제인 암 정복을 위해 뛰어드는 기업들이 늘어나고 있고, 그 중심에 지놈앤컴퍼니가 있습니다.

미래에셋증권 리서치센터에 따르면 마이크로바이옴 항암치료제는 대부분 면역항암제와 병용 임상을 진행하고 있습니다. 대표적인 기업이 영국 4D파마, 베단타바이오사이언스, 엔테롬, 지놈앤컴퍼니 등입니다. 이 중 지놈앤컴퍼니는 위암과 담도암을 적응증으로 하는 GEN-001을 개발 중입니다. 개발 속도가 가장 빠른 것은 물론 세계 최초로 마이크로바이옴 항암 효과를 입증했습니다.

감염병에서 항암제로, 한국이 선두에 나서다

2022년과 2023년에 걸쳐 마이크로바이옴 신약이 승인되면서 새로운 전기가 마련되고 있습니다. 승인된 신약은 물론 대부분의 국내외 마이크로바이옴치료제 개발 기업들은 감염병

인체 내 마이크로바이옴의 역할

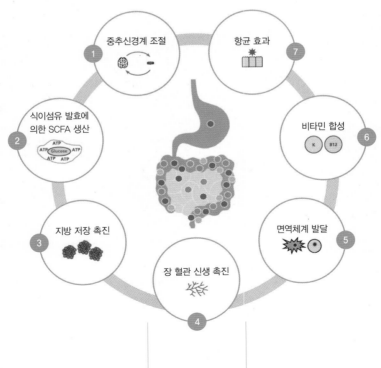

1 중추신경계 조절
2 식이섬유 발효에 의한 SCFA 생산
ATP Glucose ATP ATP ATP ATP
3 지방 저장 촉진
4 장 혈관 신생 촉진
5 면역체계 발달
6 비타민 합성 K B12
7 항균 효과

치료제 개발에 나서고 있습니다. 하지만 최근에는 마이크로바이옴 항암제 개발에 높은 투자가 이어지면서 새로운 시장에 관심이 집중되고 있습니다.

한국바이오협회 '마이크로바이옴 투자 및 산업 동향' 리포트에 따르면 마이크로바이옴 투자는 2021년부터 강한 상승세를 보였습니다. 2022년에도 비슷한 양상을 보이며 한 해 동안 18억 유로(약 2조 4,500억 원)가 투자됐습니다. 이 중 흥미로운 것은 마이크로바이옴치료제 투자 분야의 미묘한 변화입니다.

2021년 감염병을 적응증으로 한 치료제 분야에 약 4억 4,000만 유로(약 6,257억 원)가 투자돼 가장 높은 규모를 형성했습니다. 하지만 2022년에는 감염병에 대한 투자가 크게 감소한 반면, 항암 분야 투자가 약 5억 유로(약 7,110억 원)로 늘어나면서 가장 높은 투자 규모를 나타냈습니다.

실제로 일부 마이크로바이옴치료제 기업들은 감염병 외 항암제 분야로 눈을 돌려 개발에 나서고 있습니다. 프랑스 제약사 엔테롬바이오사이언스는 브리스톨마이어스스퀴브(BMS)와 면역항암제 공동개발에 나서고 있고, 니볼루맙 병용 임상1/2상에서 긍정적인 임상 결과를 확인했습니다. 영국 4D파마는 고형암 치료제 임상1상을 진행 중이고, 미국 신로직 역시 고형암 1상을 진행 중입니다. 또 미국 베단타바이오사이언스도 고형암 1상을, 미국 세컨드지놈은 고형암 전임상 연구개발을 진행 중입니다.

국내의 경우 지놈앤컴퍼니, CJ바이오사이언스, 쎌바이오텍, MD헬스케

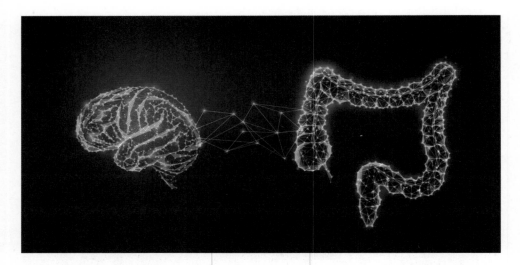

어가 마이크로바이옴 항암제 개발에 착수한 상태입니다. 눈여겨봐야 할 점은 마이크로바이옴 항암제 개발 분야에서 한국 기업의 활약입니다. 현재 마이크로바이옴 면역항암제 개발에 있어 글로벌 선두 그룹은 4D파마, 베단타, 신로직과 함께 지놈앤컴퍼니가 꼽힙니다. 지놈앤컴퍼니는 위암과 담도암 치료제를 개발 중인데, 모두 임상2상 중으로 개발 속도가 가장 빠릅니다.

특히 지놈앤컴퍼니는 마이크로바이옴치료제 기업 최초로 임상2상에서 유효성을 입증했습니다. 지난 2023년 5월 면역항암 마이크로바이옴치료제 GEN-001과 바벤시오(성분명 아벨루맙) 위암 병용요법 임상2상 중간 분석 목표를 성공적으로 달성했습니다. GEN-001과 바벤시오 위암 병용 임상2상 중간 분석 결과 기존 경쟁 치료제 대비 우수한 객관적 반응률(ORR)을 입증했습니다.

지놈앤컴퍼니의 임상2상 중간 분석 목표는 ORR 5% 이상인데, 이를 상회하는 수준으로 확인됐습니다. 이에 따라 미국 독립적데이터모니터위원회(IDMC)가 GEN-001의 위암 대상 임상2상을 기존 계획대로 계속 진행하라고 의견을 냈습니다. 윤영광 지놈앤컴퍼니 연구개발그룹장은 "이번 결과는 면역항암 분야 세계 최초로 임상2상에서 유효성과 안전성을 입증할 수 있는 결과를 도출했다는 의미가 있다"라며 "면역항암 마이크로바이옴치료제 개발 가능성을 입증한 것이다"라고 강조했습니다.

GEN-001은 건강한 사람의 장에서 분리 동정한 락토코쿠스락티스(Lactococcus Lactis)균을 활용해 체내 선천 면역 및 적응 면역 활성화 작

프로젝트	적응증	병용투여	국가	사이트 수	환자 수	현황	협업
STUDY 201	위암	바벤시오	한국	5	42	임상2상 기존 계획대로 진행	독일 머크
STUDY 202	담도암	키트루다	한국	8	120	임상2상 첫 환자 투여 완료	미국 머크

용 기전을 갖고 있습니다. 이를 통해 PD-(L)1 억제제 내성 및 불응성 고형암 치료 효능을 나타냅니다. 경구용 제제로 우수한 면역항암 효능은 물론 타 면역항암제 병용 약물 대비 부작용이 적다는 것도 큰 장점으로 꼽히고 있습니다.

지놈앤컴퍼니의 이런 성과는 스위스 페링제약이 세계 최초 마이크로바이옴치료제 개발에 성공한 것만큼 큰 의미가 있다는 게 업계 분석입니다. 마이크로바이옴 항암제 가능성을 지놈앤컴퍼니가 세계 최초로 입증했기 때문입니다. 최종적으로 임상2상 완료 후 유효성 데이터를 도출하게 되면 마이크로바이옴 항암 신약의 새로운 역사를 한국 기업이 쓰게 될 가능성이 매우 높은 상황입니다.

이미 글로벌제약사 독일 머크-화이자와 MSD는 지놈앤컴퍼니의 면역항암제 개발 가능성에 공동개발에 나선 상황입니다. 지놈앤컴퍼니 측은 GEN-001 위암 대상 임상2상 데이터를 확보하고 기술이전에 나선다는 계획입니다.

또한 지놈앤컴퍼니는 최근 GEN-

지놈앤컴퍼니의 마이크로바이옴 면역항암제 개발 현황

001 담도암 대상 임상2상에서 첫 환자 투여를 완료했습니다. GEN-001 담도암 대상 임상2상은 MSD 면역항암제 키트루다(성분명 펨브롤리주맙)와 병용투여로 진행됩니다. 이전 치료에서 효과를 보지 못한 담도암 환자를 대상으로 국내 8개 병원에서 이뤄집니다. 해당 임상을 통해 병용투여에 대한 안전성 및 유효성을 입증할 계획입니다.

지속가능한
성장 위한
전략 펼칠 것

배지수
지놈앤컴퍼니 대표

"2022년 11월 페링제약의 리바이오타가 마이크로바이옴 기반 신약으로는 최초로 FDA 승인을 받았으며, 이어 2023년 4월 세레스테라퓨틱스의 보우스트도 FDA 승인을 받았습니다. 두 신약 모두 '클로스트리디움디피실감염(CDI)' 치료제입니다. 이러한 사례를 통해 마이크로바이옴치료제가 작용기전(MOA, Mode of Action) 및 생산 등의 이슈로 FDA로부터 신약 승인을 받기 어려울 것이라는 의문점은 해결되었습니다. 지놈앤컴퍼니는 질환 확장성 측면에서 마이크로바이옴치료제가 장질환뿐만 아니라 항암과 뇌질환에서도 효능이 있다는 것을 규명하고자 합니다."

배지수 지놈앤컴퍼니 대표는 핵심 파이프라인인 GEN-001, SB-121을 통해 항암과 뇌질환에서 마이크로바이옴치료제의 효능을 밝히겠다는 강한 의지를 내비쳤습니다. 면역항암 마이크로바이옴치료제 GEN-001은 독일 머크의 바벤시오와 위암 대상 임상2상을 진행 중입니다. 또한 미국 머크(MSD) 키트루다와 담도암 대상 임상2상 병용요법도 개발 중입니다. 특히 마이크로바이옴을 활용한 뇌질환 치료제 개발에도 나서고 있습니다. 뇌질환 마이크로바이옴치료제 SB-121은 자회사 사이오토바이오사이언스(이하 사이오토)를 통해 임상2상을 준비 중입니다. 배 대표는 GEN-001과 관련해 암 환자의 언멧니즈(Unmet Needs)를 해결하기 위해 낮은 반응률의 한계점을 가진 면역항암제와 마이크로바이옴치료제 병용투여를 통해 기존 면역항암제의 효능을 높이겠다는 전략 아래 개발을 진행하고 있다고 설명했습니다.

뇌질환 마이크로바이옴치료제 SB-121은 사이오토 인수를 통해 확보한 파이프라인입니다. 사이오토는 2022년 임상1상을 성공적으로 마쳤으며, 현재 임상2상을 준비 중입니다. SB-121의 임상1상 결과 중대한 이상 반응이 없었으며, 4주 복용 후 사회성 지표가 개선됐음을 확인했습니다. 배 대표는 "SB-121의 주요 결과는 2023년 4월 〈네이처〉 자매지인 국제학술지 〈사이언티픽 리포트〉에 게재된 바 있다"라며 "자폐증은 아직 승인받은 약물이 없어 개발 성공 시 블록버스터 약물로 성장할 가능성이 클 것으로 생각한다"고 전했습니다.

지놈앤컴퍼니는 여타 마이크로바이옴 기업과는 다르게 선제적으로 생산 시설도 구축했습니다. 이를 통해 마이크로바이옴치료제 개발부터 생산까지 전 주기 시스템을 확보한 몇 안 되는 기업이기도 합니다.

마이크로바이옴치료제 개발과 안정적인 임상 진행을 위해서는 생산 시설을 자체적으로 갖추는 것이 매우 중요하다는 게 전문가들의 분석입니다. 따라서 지놈앤컴퍼니는 미국 마이크로바이옴 위탁개발생산(CDMO) 기업 '리스트랩스'를 인수해 안정된 생산 시설을 확보했습니다. 현재 리스트랩스는 700리터(L) 규모 공장에서 전임상 및 임상1상 시료 물질을 생산하고 있습니다. 또한 최대 8,000L까지 캐파(CAPA·생산능력) 증설을 위해 '리스트바이오'를 설립했고 2026년부터 확장된 규모에서 생산이 가능할 것으로 보고 있습니다.

배 대표는 "미래 경쟁력 있는 치료제로 주목받고 있는 마이크로바이옴 기반 치료제 개발에 뛰어든 기업들이 많아지고 있다"라면서 "개발사가 많아진다는 것은 마이크로바이옴 글로벌 수요가 증가하는 것을 뜻하고, 생산을 위한 CDMO 역시 또 하나의 주요 사업으로 자리 잡을 것"이라고 설명했습니다.

지놈앤컴퍼니는 마이크로바이옴을 활용해 항암과 뇌질환에 집중하겠다는 연구개발(R&D) 전략을 천명했습니다. 마이크로바이옴을 활용한 고부가가치 B2C(기업-소비자) 사업, CDMO 사업을 통한 안정적인 현금흐름 창출을 사업화 전략으로 삼고 지속가능한 바이오텍으로 성장해나간다는 계획입니다.

21 인공지능 의료기기

인공지능(AI)이 의사의 영상 진단을 돕고, 미처 알아차리지 못한 긴급 상황을 먼저 발견해 경고하기도 합니다. IT 강국인 한국은 AI를 통해 미국과 유럽이 장악하던 제약·바이오산업에서 전세 역전을 꾀합니다. 그중에서도 '인공지능 의료기기(의료AI)'는 2023년 초부터 얼어붙었던 증시를 가장 뜨겁게 달구며 시장의 주목을 받은 분야입니다.

제약·바이오산업 안에서도 전통적인 의약품 개발 산업에서는 후발 주자인 한국이지만 의료AI 분야에서는 선발 주자로 앞서가고 있습니다. AI 전문가들과 신기술에 관심 많은 의료진들이 진단 영역에 AI를 적극적으로 적용한 덕입니다.

미국 정부의 암 정복 프로젝트 '캔서문샷(Cancer Moonshot)' 추진을 위한 공공-민간 협력체 '캔서엑스(Cancer X)' 창립멤버 중 한국 기업으로는 루닛이 유일하게 자리를 차지

한 것도, 글로벌 시장에서 한국 의료 AI 기업의 입지를 방증합니다.

한국 기업, 의료AI서 두각 드러내는 이유는

의료AI는 AI 기술을 통해 진단과 처방, 처치 등 임상 현장에서 의료진의 의료 행위를 돕는 소프트웨어를 칭합니다. 지금까지 개발된 의료AI 소프트웨어는 크게 의료 빅데이터를 기반으로 엑스레이부터 컴퓨터단층촬영(CT), 자기공명영상(MRI)·자기공명혈관조영술(MRA), 내시경 등 다양한 의료 영상을 분석해 의료진의 진단을 돕는 소프트웨어와 생체 신호 데이터 분석을 통해 위급 상황을 미리 경고하는 소프트웨어로 나뉩니다. 많은 업계 관계자들은 이 분야에서 우리 기업이 선두로 치고 나갈 수 있는 비결로 '잘 정리된 의료데이터'를 꼽습니다. AI가 학습을 하려면 대량의 의료 영상과 의무기록 데이터가 필요한데, 한국은 이 같은 데이터가 시간순으로 잘 정리돼 있다는 겁니다. 정부가 건강보험사업의 일환으로 하나의 주민등록번호 체계에 기반을 둔 의료데이터를 쌓아왔기 때문입니다. 양질의 빅데이터가 있으니 의료 솔루션에 AI를 적용하기도 한결 쉽습니다. 특히 시계열 데이터는 진단과 예측에 무엇보다 큰 도움을 줄 수 있습니다.

2024년 상장을 목표로 하는 내시경 영상 진단 보조 소프트웨어 개발사 웨이센의 김경남 대표는 이렇게 설명합니다. "일본은 직장보험체계라 데이터의 지속 축적이 어렵고 건강보험사업을 하는 싱가포르(인구 600만 명)와 대만(2,400만 명)은 인구가 한국보다 훨씬 적습니다. 반면 한국의 5,000만 인구로 만들어진 의료데이터는 글로벌 플레이어들 사이에서 선두 기업으로 가는 데 핵심적인 역할을 할 거라고 봤습니다."

'예방' 중요한 미래 의료산업… 의료AI 미래도 밝다

의료AI는 막다른 골목에 놓인 우리의 현 상황을 타개할 수 있다는 점에서 앞으로 의료서비스에 핵심 역할을 할 것으로 예상됩니다. 저출산, 고령화로 더 많은 의료진이 필요하지만 정작 절대적인 의사의 수는 줄어들고 있는 현 상황 말이죠.

실제로 보건의료빅데이터개방시스템에 따르면 국내 연간 영상 촬영 건수는 엑스레이, CT, MRI, MRA를 모두 포함해 2억 1,900만 건에 달합니다. 같은 해 국내 영상전문의 수가 3,910명이었음을 감안하면 영상전문의 1명당 하루 평균 224건(연 근무일수 250일 기준)을 판독해야 한다는 이야기가 되는 셈입니다. 인구가 많은 수도권 지역의 영상전문의라면 하루에 400건 안팎의 영상 촬영을 판독해야 합니다.

최우식 딥노이드 대표는 "의료산업이 '치료'에서 '예방'으로 바뀌고 사회는 고령화돼 의료 영상 데이터가 급증하는데 영상전문의 수는 4,000명에서 제자리걸음 중"이라며 "AI 영상 진단 보조 소프트웨어의 도움을 받아 업무 효율성을 높이려는 영상전문의와 기본적인 부분은 직접 보고 환자들에게 알려주려는 비영상전문의들의 수요가 꾸준할 것"이라고 예상했습니다.

보험수가 적용돼야 한국 기업 지배력 높아질 것
그래서인지 의료AI의 시장규모 전망은 아주 밝습니다. 글로벌 시장조사 업체 마켓앤드마켓은 2018년 보고서에서 글로벌 의료AI 시장규모가

2018년엔 21억 달러(약 2조 4,000억원)에 불과했지만 2025년에는 362억 달러(약 40조 원)까지 성장할 것으로 추정했습니다. 연평균 성장률은 무려 50.2%에 달합니다.

하지만 한국 기업이 지속해서 글로벌 시장에서 두각을 드러내기 위한 관건은 보험수가 적용이라고 업계 관계자들은 입을 모읍니다. 보험수가가 적용돼야 임상 현장에서 지금보다 활발하게 쓰일 수 있고, 그래야 실사용 데이터가 쌓이면서 해외 진출을 위한 레퍼런스를 쌓는 데도 도움이 되기 때문입니다.

특히 소프트웨어 시장은 대표적인 규모의 경제 시장이라 선도 업체의 시장지배력이 강합니다. 상품 전환비용도 높아 한 번 시장의 선두를 차지하면 안정적으로 점유율을 유지할 수 있습니다. 의료AI 역시 이 같은 소프트웨어 시장의 속성을 그대로 따를

의료AI 글로벌 시장규모 전망
출처_마켓앤드마켓, 2018

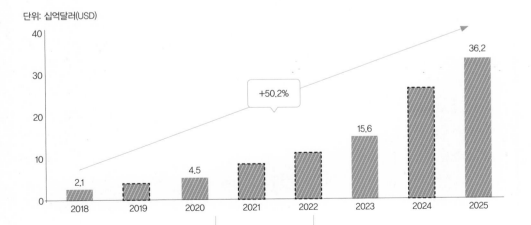

단위: 십억달러(USD)

+50.2%

2018	2019	2020	2021	2022	2023	2024	2025
2.1		4.5			15.6		36.2

업체명	제품명	제품 개요	지정 연월일
뷰노	뷰노메드 펀더스 AI	안과 영상 분석 검출·진단 보조	2020년 7월 22일
루닛	루닛인사이트 CXR	흉부 엑스레이 영상 분석 검출·진단 보조	2020년 9월 18일
뷰노	뷰노메드 딥카스	생체 신호 분석으로 심정지 예측	2020년 9월 22일
코어라인소프트	에이뷰 뉴로 CAD	뇌 CT 영상 분석 뇌출혈 검출·진단 보조	2020년 11월 17일
루닛	루닛인사이트 MMG	유방 촬영술 영상 분석 유방암 검출·진단 보조	2021년 9월 2일
뷰노	뷰노메드 딥 ECG	심전도 검사 결과 분석 심부전증·심근경색증 검출	2021년 10월 25일
JLK	JBS-01K	뇌 MR 영상 및 임상 정보 분석, 뇌경색 병변 검출·진단 보조	2022년 4월 26일
뷰노	뷰노메드 렁 CT AI	폐 CT 영상 분석 폐결절 검출·진단 보조	2022년 12월 1일
에이아이트릭스	AI트릭스-VC	입원 환자 EMR 모니터링으로 패혈증 위험도·심정지 등 위험도 예측	2022년 12월 22일
딥노이드	딥:뉴로 DN-CA-01	뇌 혈관 MRA 영상 분석 검출·진단 보조	2023년 3월 27일
웨이센	웨이메드 엔도 ST CS	위내시경 영상 분석 검출·진단 보조	2023년 7월 19일
뉴냅스	스트로크 온셋 타임 AI	뇌 MRI 영상 분석 검출·진단 보조	2023년 7월 21일

것으로 예상됩니다. 하루 속히 해외 진출을 통한 인지도 확보가 중요한 이유입니다.

현재 국내에서 의료AI 소프트웨어는 혁신의료기술로 지정돼 3~5년간 비급여나 선별급여로 임상 시장에서 활용될 수 있습니다. 2023년 9월 말 기준 혁신의료기술로 지정된 의료AI 소프트웨어는 총 16개입니다. 3~5년의 기간이 종료되면 이제까지 비급여 처방 내역을 바탕으로 신의료기술 재평가를 통해 급여 지정 여부가 결정됩니다. 약 수십조 원 규모로 성장할 의료AI 시장을 5년 뒤, 10년 뒤에도 한국 기업이 선두에서 이끌어갈 수 있을지 그 추이가 주목됩니다.

의료AI 혁신의료기기 지정 현황

엑스레이·CT·MRI·내시경… 의료 영상 SW로 분석 효율화

"제약·바이오산업은 이미 미국, 유럽 위주로 판이 짜여 한국 같은 신흥국이 역량을 발휘하기엔 장벽이 높습니다. 하지만 의료 AI 분야는 이제 막 규칙이 만들어지고 있는 시장이라 정보기술(IT)에 강한 한국에 오히려 유리하다고 봤습니다."

딥노이드의 최우식 대표는 의료AI 산업에 관심을 갖게 된 이유를 이렇게 설명합니다.

실제로 미국의 의료AI 개발사들과 우리 기업들의 기술 수준은 어깨를 나란히 합니다. 우리 기업들은 글로벌 의료AI 시장의 30% 이상을 차지하는 미국으로의 진출도 준비하고 있는데요, 글로벌 시장으로의 본격적인 도약을 통해 2024년부터는 여러 기업들의 흑자전환도 기대해볼만 합니다.

아직 의료AI의 주된 활동 무대는 영상 진단 보조 분야입니다. 코스닥 상장사인 제이엘케이(2019년 12월 상장), 뷰노(2021년 2월 상장), 딥노이드(2021년 8월 상장), 루닛(2022년 7월 상장), 코어라인소프트(2023년 9월 상장) 모두 엑스레이나 CT, MRI·MRA 촬영 이후 의사의 영상 진단을 돕는 소프트웨어를 주력으로 합니다.

루닛은 흉부 엑스레이와 유방 촬영술 영상 분석 보조 프로그램이 주력 제품이고, 제이엘케이는 뇌 MR 영상 분석을 통해 뇌경색 병변 검출을 용이하게 하는 소프트웨어를 보유하고 있으며, 뷰노는 흉부 엑스레이 및 폐 CT 분석 프로그램 등을 가지고 있습니다. 딥노이드는 뇌혈관 MRA 영상 분석 보조 프로그램이 혁신의료기기에 지정된 바 있습니다. CT 영상 분석에 강점을 지닌 코어라인소프트는 뇌 CT 영상 분석을 통해 의료진이 뇌출혈을 검출하고 진단하는 것을 돕는 소프트웨어를 갖고 있습니다.

장외시장에는 내시경 영상을 주로 분석하는 웨이센이 있습니다. 글로벌기업인 올림푸스, 메드트로닉도 내시경 영상 분석 소프트웨어를 만들고 있지만 두 회사 모두 대장내시경 영상 분석 사업만 하는 반면, 웨이센은 위와 대장으로 대표되는 소화기내시경 영상 분석을 모두 아우르고 있어 경쟁력이 있습니다.

패혈증·심전도 분석해 위급 상황 예측… "시장 더 크다"

최근에는 생체 신호 분석 분야도 빠르게 성장하고 있습니다. 이 분야의 대표 기업은 뷰노와 에이아이트릭스입니다. 일각에서는 영상 진단 보조 시장보다 생체 신호 분석 시장의 성장성이 더 밝다는 주장도 나옵니다. 김광준 에이아이트릭스 대표는 "글로벌 의료AI 소프트웨어 시장에서 생체 신호를 활용한 소프트웨어가 차지하는 비중이 80%를 차지할 정도로 시장성이 좋다"고 강조했습니다.

실제로 이 분야에서 가장 먼저 식품의약품안전처(식약처)의 혁신의료기기로 등록된 뷰노의 '뷰노메드 딥카스'는 2023년 상반기에만 31억 원의 매출을 내며 영상 진단 보조 소프트웨어인 '뷰노메드 체스트 엑스레이' '뷰노메드 딥브레인' 등의 매출(7억 원)을 넘어섰습니다.

국내에서 임상 경험을 쌓은 우리 기업들은 2023년을 기점으로 2024년

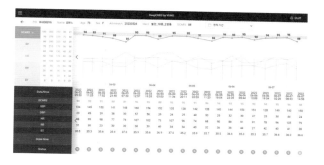

부터는 해외에서 매출을 낼 계획입니다. 국내 의료AI 대장주 루닛은 이미 40개국 2,000여 의료기관에 폐질환 및 유방암 진단 AI 솔루션을 제공 중입니다.

뷰노는 연내 뇌 분석 솔루션 뷰노메드 딥브레인의 미국 식품의약국(FDA) 인허가 후 2024년 말에는 폐 결절 탐지 솔루션인 '뷰노메드 렁 CT'까지 인허가를 마치겠다는 포부입니다. 렁 CT는 이미 일본에서 병원향 제품이 납품되고 있습니다. 딥노이드도 흉부 엑스레이에서 이상 부위를 검출하는 진단 보조 소프트웨어인 '딥체스트'의 FDA 허가 절차를 밟고 있어 2024년 하반기 중 관련 성과가 나올 것으로 기대됩니다.

웨이센은 동남아시아와 중동 종합병원에 위내시경 영상 분석 소프트웨어인 '웨이메드 엔도'를 시범 설치하고 2027년까지 전체 매출에서 수출 비중이 절반 이상을 차지하는 수출기업이 되겠다는 포부입니다.

에이아이트릭스도 2024년 상반기 중

생체 신호 분석 소프트웨어가 영상 진단 보조 시장보다 시장성이 더 밝다는 주장도 나오고 있다. 뷰노의 뷰노메드 딥카스의 운영 화면(왼쪽)과 에이아이트릭스의 바이탈케어.

'바이탈케어'의 FDA 승인을 기대하고 있습니다.

레드오션된 의료AI 시장… 환자 위한 기술이라면 살아남을 것

김광준
에이아이트릭스 대표

"의료AI 시장에서 경쟁이 치열해지고 있는데, 정말 환자에게 유의미하게 도움이 되는 방향으로 발전하려면 의사가 못하는 것을 의료AI가 해내야 한다고 생각합니다."

최대 11가지의 생체 신호 데이터를 분석해 환자의 사망, 패혈증, 심정지 발생 위험도를 예측하는 '바이탈케어'를 개발한 에이아이트릭스의 김광준 대표는 "처음부터 창업으로 하고 싶은 것이 명확했다"며 이같이 밝혔습니다.

현직 연세대 의대 세브란스병원 노년내과 부교수이자 연세의료원 중장기사업본부 해외사업단장인 김 대표는 대한의료인공지능학회 이사 및 한국보건정보통계학회 이사도 역임하고 있습니다. 특히 국내 의료AI 상장사의 창업주들이 엔지니어 출신인 와중에 의사 출신 창업주라는 점에서 에이아이트릭스는 차별점을 지닙니다. 그는 의사 출신이라는 것이 "의사와 병원, 환자들의 수요를 빠르게 파악한다는 데서 강점이 있다"고 설명합니다.

김 대표는 휴먼 에러를 줄임으로써 의료서비스를 상향평준화하고, 특정인의 부재로 진료 공백이 벌어지지 않도록 항상 일정 수준 이상의 의료서비스를 제공하며, 인간 의사보다 AI가 잘 할 수 있는 통계분석, 빅데이터 분석을 진료에 적용하는 것을 창업을 통해 실현하길 원했다고 했습니다.

그가 바이탈케어로 패혈증을 예측하겠다고 마음먹은 것도 이 때문입니다. 한자어를 직역하면 '피가 썩은 상태'를 일컫는 패혈증(敗血症)은 박테리아가 혈액 속에서 번식하며 발생하는 염증성 질환입니다. 빠른 조치가 이뤄지지 않으면 환자가 짧은 시간 내 사망할 수 있어 위험한데요, 2021년 통계청의 사망원인 통계에서는 국내 사망원인 9위를 차지했습니다. 수술 후 감염성 합병증의 일환으로 나타나기도 하고, 항암 치료를 받으며 면역억제제를 투여받아 면역력이 저하된 환자들에게서 발생하기도 합니다. 미국에서는 가장 비용이 많이 드는 질환으로 전체 병원 비용의 13%를 차지한다는 조사 결과도 있습니다.

바이탈케어가 참고하는 자료는 생체 신호 6가지(수축기혈압, 이완기혈압, 맥박수, 호흡수, 체온, 산소포화도)와 혈액검사 결과 11가지(젖산, 산성도, 나트륨, 크레아티닌, 적혈구 용적률, 백혈구 수 등)입니다.

이들 데이터를 표준화하는 데서 큰 어려움을 겪기도 했습니다. 김 대표는 "다양한 생체 신호 데이터를 표준화해 패턴을 만드는 것은 의료 지식이 없다면 굉장히 어려운 일"이라며 "이런 지점에서 바이탈케어를 개발할 때 의사라는 점이 도움이 됐다"고 말했습니다.

현재 바이탈케어는 국내 생체 신호 데이터 분석 의료AI 소프트웨어 중 유일하게 중환자실에서도 사용 가능한 제품입니다. 앞으로는 응급실 환자에게도 적용할 수 있도록 범위를 확대하고 적응증도 폐색전 등으로 확장한다는 계획입니다.

'버추얼닥터'에 대한 꿈도 내려놓지 않았습니다. 에이아이트릭스는 창업 초기부터 버추얼닥터 개발을 최종 목표로 했지만 얼마 전 의료AI에 집중하기로 하고 조직을 개편했습니다. 하지만 장기적으로는 버추얼닥터를 통해 AI가 의료진의 업무를 대체하는 것도 가능해야 하고, 인력 부족으로 인한 진료 공백을 막아야 한다는 것이 그의 생각입니다.

"흔히 말하는 '명의'는 적은 데이터만으로 짧은 시간 내 환자의 미래를 보는 사람입니다. 그렇게 되려면 오랜 기간의 경험과 공부를 통한 지식습득이 밑바탕이 돼야 하죠. 이걸 의대생들에게 전파하는 게 교육인데, 이 교육을 인간에게만 해야 할까요?" 'AI 명의'를 개발해 의료서비스의 패러다임 전환을 가져오겠다는 김 대표의 말입니다.

PART

5

넷제로 솔루션

22

바이오연료

이론상 대부분의 석유제품을 대체할 수 있을 것으로 기대되고 있습니다. 바이오연료가 정확히 무엇인지, 세계 각국은 바이오연료 도입을 위해 어떤 노력을 하는지, 또 현재 기술 수준과 상황은 어떤지 한번 짚어보겠습니다.

탈탄소 시대, 바이오연료가 뜬다

지구 평균온도가 산업혁명 이후 가파르게 오르기 시작한 사실을 아시나요. 각종 보고서에 따르면 산업화 이전인 1850~1900년과 비교했을 때 2011~2020년 지표 온도는 약 1℃ 정도 상승한 것으로 나타납니다. '뭐 1℃ 갖고 그러냐'고 대수롭지 않게 생각할 수도 있지만 실상은 결코 그렇지가 않습니다. 지구 평균온도가 1℃ 오를 때마다 지구상에 발생하는 현상은 재앙과도 같습니다. 육상 생물 중 10%가 멸종위기에 처하고요. 기후변

지구온난화로 탄소중립 달성이 전 세계의 공통 과제로 떠오른 이후 바이오연료가 현실적 대안으로 각광받고 있습니다. 살아 있는 생명체로부터 에너지를 만들어내는 바이오연료는 가솔린, 디젤, 가스, 항공유, 중유 등

화로 인해 사망하는 사람이 30만 명에 달합니다. 2100년까지 평균온도가 만약 2℃ 오르면 사실상 '파멸'을 피할 수 없다는 게 중론입니다. 유엔(UN) 산하 기후변화에 관한 정부 간 협의체(IPCC)가 기를 쓰고 평균온도 상승을 1.5℃로 묶어놓으려는 것도 바로 이러한 이유에서입니다.

세계 각국은 지구온난화의 주범으로 꼽히는 탄소 배출을 줄이기 위해 친환경 에너지로 전환을 서두르고 있는데요. 식용작물 등으로부터 원료를 추출해 만든 바이오연료가 이 과정에서 큰 주목을 받고 있습니다. 전기나 수소처럼 100% 친환경 에너지로 당장 전환하면 좋겠지만 현재로서는 불가능하니 우선 친환경적인 석유대체품을 적극 활용하자는 취지에서 바이오연료 연구 및 활용이 활발히 진행되고 있는 것이죠.

동·식물로부터 석유를 뽑아낸다

바이오연료는 식물이나 미생물과 같은 바이오매스를 원료로 만들어집니다. 바이오매스는 태양에너지를 받는 식물과 미생물의 광합성에 의해 생성되는 식물체, 균체, 그리고 이를 먹고 살아가는 동물체를 포함하는 생물유기체를 총칭하는데요. 동식물 유기체를 원료로 활용해 기존 석유제품보다 탄소 발생량이 현저히 적은 것이 장점입니다.

구체적으로 바이오연료는 바이오에탄올(휘발유), 바이오디젤(경유), 바이오가스(천연가스), 바이오항공유(항공유) 등으로 나뉩니다. 여기에 선박에 활용되는 바이오선박유, 발전에 활용되는 바이오중유 등도 있습니다. 한마디로 기존 산업 현장과 일상에 활용되는 대부분의 석유제품을 대체하는 것을 의미합니다.

**바이오연료
생성 과정**
출처_
자연에너지기술공사

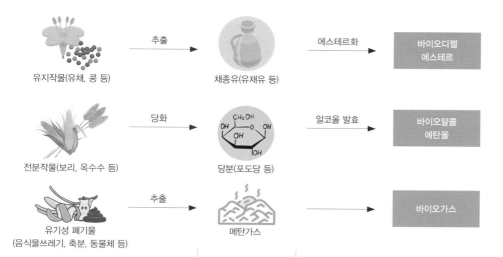

유지작물(유채, 콩 등) → 추출 → 채종유(유채유 등) → 에스테르화 → 바이오디젤 에스테르

전분작물(보리, 옥수수 등) → 당화 → 당분(포도당 등) CH_2OH OH OH OH OH → 알코올 발효 → 바이오알콜 에탄올

유기성 폐기물
(음식물쓰레기, 축분, 동물체 등) → 추출 → 메탄가스 → 바이오가스

원료도 그 종류에 따라 1세대부터 3세대까지 존재합니다. 옥수수, 팜유, 대두유 등의 식량작물은 1세대, 목질, 폐식용유, 동물유지 등 식량원료는 2세대, 미세조류, 포집 탄소, 수소 등 비식량원료는 3세대로 나뉩니다. 3세대로 갈수록 탄소저감 효과는 뚜렷하지만 원료 확보가 어렵거나 기술 난도가 높다는 특징이 있습니다.

이처럼 바이오연료의 활용성과 잠재력이 높은 평가를 받으며 그 시장도 대폭 커질 것으로 예상되고 있습니다. 글로벌 산업정보 분석 제공 업체 IHS마킷에 따르면 전 세계 바이오연료 시장은 2020년 2,150만BD(Barrel per Day·하루당 배럴 사용량)에서 2050년 4,590만BD로 증가할 것으로 예상되고 있습니다. 특히 항공과 해운 분야의 친환경 연료 수요는 3~4.5배로 대폭 증가할 것으로 전망됩니다.

탄소중립 교두보 바이오연료… 세계 각국 의무화 확대

선진국들은 바이오연료의 활용성과 잠재력에 주목해 일찌감치 활발한 투자와 보급 활동을 벌이고 있습니다. 미국은 이미 2005년부터 모든 수송용 화석연료 공급자를 대상으로 '바이오연료의무혼합제도'를 운영하고 있습니다. 가솔린 차량에 바이오에탄올 등 바이오연료를 최소 10% 이상 혼용해야 하는 제도입니다. 이러한 제도적 뒷받침 덕분에 미국은 바이오에탄올 사용량과 생산량 모두 세계 1위를 차지하고 있습니다.

유럽도 재생에너지 지침(REDII)에 따라 2030년까지 수송용 바이오연료 사용 비율을 14%까지 달성한다는 목표를 설정했고요. 일본도 2010년부터 바이오에탄올 혼합 의무를 석유정제업자에게 부여했습니다.

국내 바이오연료 시장 역시 성장 추세에 있지만 아직 영향력은 미미합니다. 전 세계 시장에서 차지하는 생산량 비중이 얼마 안 되기 때문입니다. 2020년 기준 국내 바이오연료 생산량은 150만TOE(Ton of Oil Equivalent·석유환산톤)으로 전 세계 1억 3,680만TOE에 비하면 1% 수준에 불과합니다. 기술경쟁력 확보도 시급합니다. 녹색기술센터에 따르면 국내 바이오연료 생산기술은 최고 기술 보유국인 미국과 4.5년 정도의 기술격차가 나는 상황입니다.

물론 국내서도 바이오연료 사용 확대를 위한 다양한 움직임들이 있습니다. 2012년부터 바이오디젤을 경유에 의무 혼합하도록 하는 제도를 도입했습니다. 의무 혼합 비율은 2018년까지 3% 수준이었으나 3년마다 0.5%씩 상향해 2030년 이후에는 8%

로 비율을 확대한다는 계획입니다. 탄소 배출량이 많은 항공유를 바이오항공유(SAF·Sustainable Aviation Fuels)로 대체하는 사업도 준비 중입니다. 우리나라 정부는 정유업체와 항공업체가 함께 참여하는 실증 사업을 거쳐 2026년 SAF 국내 도입을 목표로 하고 있습니다. 바이오항공유는 기존 항공유보다 탄소 배출량은 80% 적지만 가격은 오히려 4배나 높아 이 간극을 기술적으로 좁히는 것이 관건으로 여겨지고 있습니다.

국내 바이오연료 도입 확대를 위해서는 세액공제 등 혜택 제공이 필수라는 의견도 있습니다. 결국 민간기업들의 자발적인 참여를 독려하기 위해서는 유인책이 필요하다는 것이죠. 정부는 바이오연료 개발 및 생산을 위한 기업의 신규 투자에 대해 세액공제를 확대하고 항공사의 SAF 사용에 따른 인센티브 제공도 검토 중이라고 합니다.

항공업계 '핫이슈' SAF

탄소중립 시대로 넘어가기 위한 교두보 역할로 바이오연료가 세계적으로 많은 주목을 받고 있습니다. 그중에서도 SAF에 대한 관심이 최근 특히 뜨거운데요. 항공산업의 탄소 배출량은 글로벌 배출량의 2~3%를 차지할 정도로 그 비중이 높지만 SAF 말고

는 탄소 배출량을 줄일 방법이 딱히 없기 때문입니다.

항공산업에서 탄소 배출을 줄이기 어려운 데는 몇 가지 이유가 있습니다. 하나는 안전이 최우선인 항공기에 새로운 기술을 도입하기가 쉽지 않고요. 또 다른 하나는 항공산업 자체가 이익률이 낮아 항공사들이 탄소 배출 저감에 투자할 여력이 많지 않기 때문입니다. 이러한 이유에서인지 국제적으로도 항공산업에 대한 탄소 배출 규제와 움직임은 다른 산업에 비해 속도가 느린 편입니다. 항공산업은 2015년 파리협정에서 제외됐고 유럽연합(EU)의 배출권 거래 제도에서도 부분적으로 제외된 바 있습니다.

그러나 이대로 손 놓고 있다면 탄소중립을 실현할 수 없겠죠. 국제항공운송협회(IATA)에 따르면 2021년 20억 5,200만 명 수준의 세계 항공기 승객 수는 2050년이면 100억 3,800만 명으로 약 5배 증가할 것으로 예상되고 있습니다. 늦게나마 글

로벌 항공업계도 탄소 배출 저감을 위해 머리를 맞댄 이유입니다.

규제와 함께 확 뜬 SAF

SAF에 대한 관심은 규제 강화와 함께 전 세계적으로 확 커졌습니다. EU 집행위는 2023년 4월 EU 회원국들 및 유럽의회와 합의한 결과 2025년부터는 전체 항공유 가운데 SAF를 2% 이상 사용하기로 했습니다. EU 집행위는 이러한 의무 비중을 2050년에는 70%로 확대한다는 계획을 세웠습니다.

SAF는 바이오연료와 합성연료 외에도 옥수수 등 농산물이나 폐자원 등을 재활용해 만드는 연료를 통칭합니다. 항공기 엔진의 개조 없이도 기존 항공유를 대체할 수 있고요. 기존 석유제품과 혼합해 사용할 수도 있습니다. 무엇보다 기존 석유제품 대비 탄소 배출량을 80~90%까지 줄일 수가 있습니다.

SAF는 탄소 배출 중립을 달성하기 위한 핵심 요소로 꼽힙니다. IATA는 SAF가 2050년 탄소중립 달성에 65%의 비중을 차지할 것으로 내다봤습니다. 두 번째로 높은 비중을 차지한 항목이 탄소 포집 및 저장으로 19%였고요. 전기 및 수소 등 신기술이 13%, 인프라 및 운영 효율성 개선을 3%로 추정했습니다. 사실상 SAF

없이는 항공업계 탄소중립 달성은 불가능하다는 뜻이나 마찬가지죠.

SAF의 역사는 그리 길지 않습니다. 민간항공기에 처음으로 대체 연료가 사용된 것은 2008년에서였습니다. 버진애틀랜틱항공이 바이오제트유 항공기로 비행한 것이 처음입니다. 이후 2011년 공식적으로 SAF의 사용이 승인됐고요. 2015년부터 SAF가 공항에 정기 공급되기 시작했습니다. 물론 짧은 역사에도 불구하고 그 중요성 때문에 확산 속도는 빠릅니다. 2022년 기준 SAF 연료를 사용한 항공기의 비행 건수는 45만 건에 달하는 것으로 나타났고 연간 SAF 사용량도 2016년 800만L(리터)에서 2022년 1,500만L로 약 2배 가까이 증가했습니다. 탄소중립 달성을 위해 필요한 SAF 공급량도 기하급수적으로 늘어날 것으로 예상됩니다. 2025년 80억L에서 2050년 4,490억L로 무려 50배 넘게 늘어날 거란 전망이

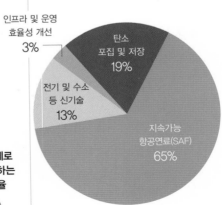

2050년 넷제로 달성에 기여하는 항목별 비율
출처_IATA

인프라 및 운영 효율성 개선 3%

탄소 포집 및 저장 19%

전기 및 수소 등 신기술 13%

지속가능 항공연료(SAF) 65%

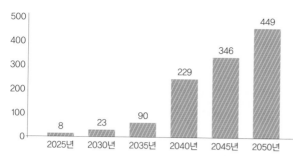

단위: 십억L

500
400
300
200
100
0

| 2025년 | 2030년 | 2035년 | 2040년 | 2045년 | 2050년 |
| 8 | 23 | 90 | 229 | 346 | 449 |

항공산업의 2050 넷제로 달성을 위해 필요한 SAF 공급량 전망
출처_IATA, 딜로이트

나옵니다.

우리나라 항공업계도 SAF 도입에 속도를 내고 있습니다. 대한항공은 GS칼텍스와 함께 2023년 6월 29일 국내 최초 바이오항공유 실증연구를 위한 업무협약(MOU)를 체결한 바 있습니다.

대한항공은 인천발 로스앤젤레스행 화물기로 9월 5일부터 11월까지 3개월간 총 6회의 실증 운항을 실시할 계획입니다. 이를 토대로 안전성 및 에너지 소비효율 등 성능을 테스트하고 정부는 이 결과를 바탕으로 바이오항공유 품질 등 관련 기준을 마련할 예정입니다.

대한항공은 2022년 2월 국내 최초로 파리~인천 구간 정기편 노선에 SAF를 도입하며 본격적으로 탄소 감축에 나섰습니다. 같은 해 9월에는 글로벌 에너지 기업 쉘과도 MOU를 맺고 2026년부터 5년간 아시아·태평양 및 중동 지역 공항에서 바이오항공유를 우선 공급받기로 했습니다.

SAF 도입 과제와 확대 방안은

다만 SAF 도입 확대를 위해 해결해야 할 과제들이 몇 가지 있습니다. 가장 큰 난제는 바로 가격입니다. 원유가 움직임에 따라 다르겠지만 SAF는 일반 항공유 가격에 비해 적게는 2.5배에서 많게는 8배나 비싼 가격을 형성하고 있습니다. 일반 항공사 매출 원가에서 항공유가 차지하는 비중은 20~30%에 달하는데요. 항공사 입장에서는 SAF를 조금만 섞어서 쓴다고 하더라도 그 부담이 클 수밖에 없는 구조입니다.

이 때문에 정책적 지원이 뒤따라야 한다는 지적이 나옵니다. SAF를 사용하거나 SAF 설비에 투자하면 세금을 줄여주는 방식이 대표적입니다. 실제로 미국은 인플레이션감축법(IRA)를 통해 2023년부터 2024년까지 자국 내에서 사용·판매되는 SAF에 갤런(약 3.78L)당 1.25~1.75달러의 세액공제를 제공하는 인센티브 정책을 펼치고 있습니다.

물론 SAF 역시 최종 해결책은 될 수 없다는 의견도 있습니다. 그러나 전기 항공기는 배터리 용량, 위험성, 충전 기술 등 해결해야 할 과제들이 더욱 많습니다. 언제 대중화할지 가늠할 수도 없는 수준이죠. 이 때문에 SAF산업 육성이 현실적인 대안으로 주목받고 있습니다.

바이오연료, 2050 탄소중립 '다리'… 우리나라는 보급 지원책 필요

유영숙
한국바이오연료포럼 회장

"바이오연료는 2050년 탄소중립 시대로 넘어가는 시점에서 브리지(다리) 에너지원으로서 제 역할을 할 수 있다고 봅니다. 그러나 국내에서는 식량 경합성 문제와 해외 수입 의존 등의 이슈로 현재까지 상용화되지 못하고 있습니다. 세제 혜택 등을 통한 초기 보급 활성화 지원책이 필요합니다."

전 세계가 2050년을 기점으로 삼고 탈탄소 전략을 펼치고 있습니다. 유영숙 한국바이오연료포럼 회장(전 환경부 장관)은 국내 산업계가 이 같은 목표를 달성하기 위해 바이오연료를 전환기 핵심 연료원으로 삼는 전략이 필요하다고 강조했습니다.

바이오연료는 기존 화석연료 인프라를 그대로 활용할 수 있어 별도 설비가 필요하지 않습니다. 무엇보다 동식물 유기체를 연료로 삼아 친환경적이죠. 태양광, 풍력 등 재생에너지와 함께 탄소중립 핵심 에너지로 떠오른 이유입니다.

유 회장은 "해외 주요 선진국은 자국 온실가스 목표량을 달성하기 위해 도로, 해운, 항공 등 수송 분야뿐만 아니라 산업에서도 적극 사용하고 있다"고 말했습니다. 다만 우리나라 기술 수준이 국제 수준에 못 미치는 점은 아쉬운 대목으로 꼽았습니다.

유 회장은 "바이오디젤은 유럽이, 바이오에탄올은 미국과 브라질이, 바이오가스는 독일과 스웨덴이 기술적 우위를 점하고 있다"며 "전반적으로 국내 바이오연료 기술 수준은 세계 최고 수준인 미국 대비 84% 정도로 평가받고 있다"고 했습니다.

특히 모빌리티 분야의 아쉬움이 큽니다. 바이오디젤의 경우 자동차용 경유에 3.5%까지 혼합해 사용하는 수준에 그치고 있습니다. 이미 해외에서는 활발히 쓰이고 있는 수송용 바이오에탄올 역시 상용화되지 못했습니다.

국내에서 바이오에탄올이 아직 널리 사용되지 못하는 이유에 대해서는 "바이오에탄올을 생산하는 원료가 옥수수나 사탕수수 등 식량자원을 기반으로 해 식량 경합성 문제와 해외 수입 의존 등의 이슈가 있다"며 제도적 지원이 필요하다고 강조했습니다.

그는 "해외 선진국에서 바이오에탄올 도입 초기에 추진한 사례를 참조하는 것이 도움이 될 것"이라며 "연료 공급자에게는 인프라 구축 등을 위한 세액 감면을 해주고, 사용자인 소비자에게는 일부 유류세 인하를 통한 초기 보급 활성화 지원책이 필요하다"고 말했습니다.

최근 국내 산업계와 정부가 바이오연료의 중요성을 깨달으면서 개발 속도가 빨라지는 점은 긍정적인 요인입니다. 기업과 학계는 바이오연료 기술개발에 몰두하고 있고, 정부는 다양한 실증연구·시범 보급 사업과 예비타당성(예타) 추진 등을 통해 바이오연료 도입을 늘리기 위한 작업에 나선 것이죠.

유 회장은 "바이오에탄올의 경우 2022년 정부가 2024년 민간 중심으로 시범 보급 사업 추진을 검토한다고 하면서 이해당사자 간 정책 수용성을 높여 추진할 것"으로 내다봤습니다. 또 "바이오선박유와 SAF는 업계의 강한 요구에 따라 2023년 실증연구를 추진해 2025~2026년께 상용화할 것으로 전망한다"고 덧붙였습니다.

23 전고체배터리

흔히 전고체배터리를 두고 향후 전기차 배터리 시장의 판도를 뒤집을 '게임체인저'라는 이야기를 합니다.

전고체배터리의 가장 큰 특징은 전통적인 리튬이온배터리와 다르게 전해질이 고체라는 점인데요. 고체 전해질은 액체 전해질에 비해 안정적이며 화재나 폭발 위험이 적습니다. 그러다 보니 배터리 전압과 용량 등 에너지밀도도 크게 높일 수 있습니다. 1회 충전에 따른 주행거리는 물론, 수명도 늘어나게 되는 겁니다.

업계에서는 전고체배터리가 아직 상용화 초기 단계이지만 향후 리튬이온배터리를 대체할 차세대 배터리로 자리매김할 것으로 예상하고 있습니다. 전고체배터리 시장을 선점하는 기업이 앞으로 전기차 배터리 시장을 주도할 것이라는 표현이 지나치지 않을 정도입니다. 국내외 배터리 업체들

이 앞다퉈 '꿈의 배터리' 전고체배터리 기술개발에 모든 역량을 쏟아 붓고 있는 것도 이 때문입니다.

액체 전해질, 충·방전 속도 빠르지만 위험성 높아

전고체(全固體)배터리는 말 그대로 모든 것이 고체화된 배터리를 말합니다. 전고체배터리를 얘기하기에 앞서 먼저 현재 전기차 시장의 주류로 자리잡은 리튬이온배터리를 살펴보겠습니다. 리튬이온배터리는 리튬이온이 양극과 음극 사이를 이동하는 화학적 반응을 통해 전기를 만들어내는 배터리입니다. 리튬이온배터리는 크게 양극, 음극, 전해질, 분리막으로 구성됩니다. 우선 양극재는 리튬이온을 저장하고 방출하는 역할을 합니다. 리튬이온배터리에는 다양한 양극 소재가 사용될 수 있는데 대표적인 소재로는 리튬·코발트 산화물($LiCoO_2$), 리튬·니켈·코발트·알루미늄 산화물($LiNiCoAlO_2$), 리튬·망간 산화물($LiMn_2O_4$), 리튬·철·인산염($LiFePO_4$) 등이 있습니다. 음극재는 리튬이온을 받아들이는 역할을 합니다. 음극 소재로는 흑연이 가장 많이 사용되며 최근에는 실리콘, 그래핀 등 새로운 소재도 연구되고 있습니다. 전해질은 리튬이온의 이동을 돕는 역할을 하며, 분리막은 양극과 음극이 직접적인 접촉을 막아 단락(합선)을 방지하는 역할을 합니다. 전해질에는 리튬염을 넣은 액체 유기용매, 분리막은 일반적으로 폴리프로필렌(PP)이나 폴리에틸렌(PE)으로 만들어집니다.

여기서 우리가 살펴볼 것이 전해질입니다. 전해질은 리튬이온의 '통로' 역할을 합니다. 배터리 충전 중에는 양극에서 음극으로 리튬이온들이 전달돼 화학반응에 참여하고, 방전 중에는 반대로 음극에서 양극으로 리튬이온들이 이동하면서 전기에너지를 생성하죠. 현재 우리가 흔히 사용하는 전해질은 액체 형태입니다. 액체 전해질의 가장 큰 장점은 높은 이온전도성과 상대적으로 저렴한 제조 비용입니다. 액체 전해질을 통해 이온들이 빠르게 이동할 수 있어서 빠른 충·방전 속도와 높은 출력 전력을 제공할 수 있습니다. 하지만 액체 전해질은 급격한 온도 변화나 강한 내·외부 충격, 또는 과충전이나 과방전 등으로 화재나 폭발이 발생할 수 있다는 단점이 있습니다. 이는 배터리 용량을 늘리는 데 한계점으로 지적됩니다. 또 온도가 낮아지면 액체로 이뤄진 전해질을 이동하는 리튬이온의 이동속도가 느려지면서 배터리 성능이 떨어집니다. 겨울철에는 주행거리가 크게 줄어드는 이유이죠.

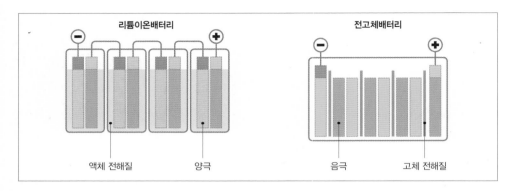

리튬이온배터리   전고체배터리

액체 전해질   양극   음극   고체 전해질

고체 전해질, 에너지밀도 높이고 안정성도 확보

이 같은 문제점을 해결하기 위해 액체 형태의 전해질을 고체로 바꾼 것이 전고체배터리입니다. 전해질이 고체로 바뀌면 우선 안전성을 확보할 수 있습니다. 고체 전해질은 온도변화에 따른 증발이나 외부 충격에 따른 누액이 없고, 부피 팽창 우려도 없어 화재나 폭발 위험성이 줄어듭니다. 그래서 에너지밀도를 높여 배터리 용량을 확대할 수 있습니다.

흔히 리튬이온배터리에서는 4대 소재가 절반, 패키지가 절반이라는 이야기를 합니다. 배터리를 구성하는 4대 핵심 소재로 이뤄진 기본 단위를 '셀(Cell)'이라고 하는데요. 일반적으로 전기차에 들어가는 배터리는 여러 개의 셀을 외부 충격이나 열, 진동 등에서 보호하기 위해서 프레임에 넣고 '모듈(Module)'을 만듭니다. 또 여러 개의 모듈을 묶어 발화·폭발 위험성을 낮추기 위해 냉각(Cooling)

리튬이온배터리와 전고체배터리의 내부 구조
출처_삼성SDI

시스템, 배터리관리시스템(Battery Management System, BMS)등을 더해 '팩(Pack)'으로 만듭니다.

하지만 전해질이 고체가 되면 우선 4대 핵심 소재(양극재·음극재·분리막·전해질)가 아닌 3대 핵심 소재(양극재·음극재·고체 전해질)로 줄어듭니다. 고체이기 때문에 양극과 음극 사이를 물리적으로 가로막고 있던 분리막은 더 이상 필요하지 않습니다. 패키징도 단순화됩니다. 안전성을 높이기 위해 더해지는 각종 패키징을 덜어내면 부피도 줄고 무게도 현저히 줄어드는 효과가 있습니다. 같은 크기의 배터리 팩이라면 더 많은 셀을 채워넣을 수 있는 거죠.

간단하게 말하면 배터리 용량이 늘어나는 겁니다. 현재 리튬이온배터리의 경우 1회 충전 시 500~600km 주행할 수 있다고 하는데, 전고체배터리는 주행거리가 1,000km까지 늘어날 것으로 전망하고 있습니다. 또 불필요하게 발생하는 비용도 줄일 수 있습니다. 현재 리튬이온배터리 소재·부품들의 원가 비중을 살펴보면, 실제 배터리 성능을 좌지우지 하는 4가지 핵심 소재에 투입되는 원가 비중은 약 36%에 이릅니다. 나머지 부분이 64%로, 말 그대로 배보다 배꼽이 더 큰 상황이죠.

혁신적 배터리 핵심은 고체 전해질

물론 액체 전해질이 고체로 바뀌었다 해서 에너지밀도가 획기적으로 높아지는 것은 아닙니다. 전고체배터리가 '차세대 배터리'라고 불리는 또다른 이유는 고체 전해질을 기반으로 혁신적인 새로운 배터리를 구현할 수 있다는 점입니다. 대표적인 것이 리튬메탈배터리와 리튬황배터리입니다.

리튬메탈배터리는 음극에 흑연과 실리콘 대신 리튬메탈을 적용해 에너지밀도를 향상시키는 구조입니다. 음극재는 배터리에서 에너지를 저장했다가 방출하는 역할을 하는데, 양극재에서 아무리 많은 에너지를 만들어내더라도 음극재에서 이를 받아들이지 못하면 의미가 없습니다. 리튬메탈은 현재까지 파악된 음극 물질 중 가장 높은 에너지밀도를 갖고 있습니다. 또 리튬은 지구에서 가장 가벼운 금속 중 하나입니다. 동일한 무게라면 흑연 대비 50% 이상 많은 리튬이온을 저장할 수 있는 만큼 배터리가 차지하는 공간을 줄일 수 있습니다.

다만 리튬메탈배터리는 충·방전을 거듭하면서 이온이 불균일하게 리튬 금속과 접촉해 음극 표면에 적체되며 뿌리처럼 자라나는 덴드라이트 현상 때문에 분리막이 훼손될 수 있습니다. 결정체가 분리막을 뚫고 양극에 닿으면 내부 단락이 발생, 화재로 이어질 수 있습니다. 업계에서는 상대적으로 이온의 움직임을 통제하기 쉬운 고체 전해질에서 이 같은 문제점을 해결할 수 있다고 보고 있습니다.

리튬황배터리의 경우 현재 리튬이온배터리에서 양극재로 주로 쓰이고 있는 값비싼 코발트 대신 황을 사용하는 배터리인데요. 황은 높은 에너지밀도와 저렴한 가격, 가벼운 무게가 큰 장점입니다. 여기에 코발트, 니켈 등의 희귀 금속재료를 사용하지 않아 리튬황배터리는 친환경 배터리로 조명받고 있습니다.

하지만 리튬황배터리 역시 충·방전 과정에서 황과 리튬이 반응해 발생하는 황화리튬(리튬폴리설파이드)이 쉽게 전해질에 용해되면서 음극과 직접 반응해 새로운 표면층을 생성합니다. 이는 리튬이온의 이동을 방해하고, 계속 축적되면 결국 분리막을 손상시키기도 합니다. 이 또한 고체 전해질이 문제 해결을 위한 중요한 열쇠를 쥐고 있습니다.

전고체배터리가 상용화되기 위해선 아직 풀어야 할 숙제가 많습니다. 우선 고체 전해질의 소재, 활물질과 전해질 사이의 높은 표면저항(계면저항), 새로운 제조공정 등을 고민해야 하는데요. 아무래도 리튬이온이 흐르는 것이 아니라 고체 격자 사이를 이동하기 때문에 액체에 비해 고체 전해질은 이온이동성이 떨어질 수밖에 없습니다. 따라서 이온전도도를 높이기 위해서는 전해질과 양극판의 접촉을 최대화하고 접촉면에서의 저항을 최소화해야 합니다.

현재 고체 전해질 소재의 경우 황화물계, 산화물계, 고분자계 등을 중심으로 연구가 활발하게 진행 중입니다. 이 중 가장 빨리 상용화가 이뤄질 것으로 예상되는 것은 이온전도도가 가장 뛰어난 황화물계입니다.

고분자계의 경우 생산은 쉽지만 이온 전도도가 낮고 저온 환경에서 성능이 저하되는 단점이 있습니다. 산화물계는 안정성이 우수하고 비교적 높은 이온전도도를 보이지만 고온 열처리 공정이 요구돼 생산 용이성이 떨어진다는 단점을 갖고

있습니다. 황화물계도 수분에 취약하다는 단점은 있습니다. 수분에 노출되면 유독가스인 황화수소가스가 발생합니다. 이에 대한 관리 및 공정 시스템을 갖춰야지만 비로소 상업 생산이 가능해질 전망입니다.

배터리 3사, 기술개발 박차

국내 배터리 업체들도 전고체배터리 기술개발이 한창인데요. 삼성SDI는 국내 최초로 전고체배터리 파일럿 라인 'S라인'을 구축했습니다. 2022년 3월 경기도 수원 연구소에 전고체배터리 파일럿 라인을 착공, 2023년 상반기 공사를 마무리하고 하반기부터 황화물계 시제품을 생산하고 있습니다. 6,500㎡ 규모로 구축된 S라인은 전고체배터리 전용 극판부터 고체 전해질 공정 설비, 배터리 내부 이온이 원활하게 전달되도록 하는 배터리 셀 조립 설비 등 신규 공법과 인프라가 적용됐으며, 이를 통해 에너지밀도를 1리터(L)당 800~900와트시(Wh)로 끌어올린다는 목표입니다. 삼성SDI는 전기자동차 실제 장착 테스트를 거쳐 2027

고체 전해질의 종류

출처_LG에너지솔루션

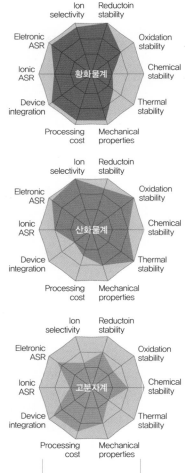

년 상용화를 목표로 하고 있습니다.

LG에너지솔루션은 고분자계와 황화물계를 동시에 개발하고 있습니다. 상대적으로 기술 난이도가 낮은 고분자계 배터리를 2026년에 양산하고 2030년 이후 황화물계 전고체배터리를 상용화한다는 계획입니다.

이를 위해서 전 세계의 유수 대학과 손잡고 차세대 배터리를 연구 중에 있습니다. 해외에서는 미국 샌디에이고 캘리포니아대학(UCSD) 및 독일 뮌스터대학 내 배터리 연구센터인 MEET(Munster Electrochemical Energy Technology), 국가연구기관 헬름홀츠연구소 뮌스터지부(Helmholtz-Institute Munster)와 FRL(Frontier Research Lab)을 설립했습니다. 미국 'UCSD FRL'에서는 상온에서도 빠른 속도로 충전이 가능한 장수명 전고체배터리 기술을 개발해 연구 성과를 인정받았습니다. 국내에서는 한국과학기술원(KAIST), 포항공대, 서울대 등과 차세대 배터리를 연구하고 있습니다. KAIST에서는 전고체배터리 및 건식 전극 공정, 리튬금속 및 리튬황배터리 관련 기술을 각각 연구 중으로 2023년 1월 기존 대비 에너지밀도와 수명 안정성을 확보한 리튬황배터리를 개발하는 성과를 이뤘습니다.

SK온은 고분자-산화물계 복합계와 황화물계 등 두 종류의 전고체배터리를 개발하고 있습니다. 두 종류 모두 2026년 초기 단계의 시제품을 생산하고 2028년 상용화하는 것을 목표로 하고 있습니다. 현재 대전 배터리연구원에 건설 중인 차세대 배터리 파일럿 플랜트는 2024년 완공 예정입니다.

최근 SK온은 세계 최고 수준의 리튬이온전도도를 갖는 산화물계 신(新)고체 전해질 공동개발에 성공하기도 했습니다. 리튬이온전도도를 기존대비 70% 개선해 세계 최고 수준으로 높이는 한편, 수분과 이산화탄소에 취약한 단점을 보완했습니다.

현재 전 세계 기준 전고체배터리 연구에서 가장 앞서 있는 기업은 일본 토요타입니다. 토요타는 지난 2020년 일본 전자업체 파나소닉과 합작법인을 설립하고 전고체배터리를 공동개발 중입니다. 최근 토요타는 전고체배터리를 탑재해 10분 충전으로 1,200km를 달릴 수 있는 전기차를 2027년에 출시한다고 밝혔습니다.

1990년대부터 전고체배터리 개발에 뛰어든 토요타가 보유한 관련 특허는 1,000개가 넘습니다. 세계에서 가장 많은 전고체배터리 특허를 보유하고 있죠. 지난 2020년에는 세계 최초로 전고체배터리를 탑재한 차량의 시험 운행을 공개하기도 했습니다.

전고체, 전체 공정에 새로운 개념 도입이 필요한 시점

유지상
한국전자기술연구원
차세대전지연구센터장

"현재 소재 위주의 획일적인 국내 전고체배터리 연구에서 벗어나 새로운 전고체
배터리의 전극 제조공정부터 적층 공정, 가압 공정, 화성 공정에 이르기까지 전체
공정에서 새로운 개념 도입이 필요한 시점이라 생각됩니다"

유지상 한국전자기술연구원(KETI) 차세대전지연구센터장은 국내외에서 매우 활
발한 연구개발이 진행 중인 전고체배터리와 관련해 "전고체배터리의 경우 기존
리튬이온배터리와 같은 방식의 제조공정 적용이 힘들어 새로운 전고체배터리 제
조공정의 도입이 매우 필요하다"고 말했습니다.

그는 "아직까지 국내 주요 기업들에서 검토중인 전고체배터리의 생산공정은 현
재의 리튬이온배터리 대비 생산 속도가 매우 낮은 문제가 있다"면서 "국내 이차
전지 관련 많은 제조 장비 기업들의 전고체배터리 관련 장비 개발 노력 및 제조
공법의 혁신이 더욱 절실한 때"라고 강조했습니다.

전고체배터리의 경우 기존 리튬이온배터리 대비 폭발·발화의 가능성이 현저히
낮으며 동시에 높은 에너지밀도를 구현 가능한 배터리로 많은 각광을 받고 있습
니다. 현재 인산철배터리가 국내 배터리 기업이 주력으로 하고 있는 NCM계 배
터리 대비 안전성 및 가격의 우위를 바탕으로 전기자동차용 전지로 급속히 시장
을 확대하고 있지만 인산철배터리 역시 완벽한 안전성을 제공하지 못하고 다수

의 화재가 중국에서 발생하고 있는 실정입니다. 이에 반해 전고체배터리는 가연성 소재인 액체 전해질과 분리막을 사용하지 않으므로 그만큼 화재 안전성의 우려를 개선할 수 있을 것으로 기대되고 있습니다.

유 센터장은 "전고체배터리는 고분자계, 산화물계, 황화물계 고체 전해질을 채용한 3가지 형태로 연구개발이 진행되고 있으나 현재는 일본의 토요타 등이 주력으로 하는 황화물계 전고체배터리가 주력으로 떠오르고 있다"고 설명했습니다.

다만 "아직까지 고분자계 전고체배터리의 경우 과거의 기술적 난제들을 완벽히 극복하고 있지 못하며 산화물계 전고체배터리의 경우 고체 전해질의 높은 밀도로 인해 전지의 높은 에너지밀도 구현이 쉽지 않은 실정"이라고 덧붙였습니다. 반면 그는 황화물계 전고체배터리의 경우 액체 전해질과 유사한 높은 이온전도성을 갖는 황화물계 고체 전해질의 성능을 바탕으로 국내외에서도 활발히 연구되고 있다고 전했습니다.

그는 이어 "국내에서도 삼성SDI가 최근 전고체배터리 전용 파일럿 라인 가동을 시작으로 다양한 기업들에서 연구개발이 진행되고 있다"면서 "현대자동차의 경우 전고체배터리에 대한 자체 기술력을 세계 선두권 수준으로 끌어올리고 있으며 SK온의 경우 미국의 선두권 업체인 솔리드파워사와의 협업을 통해 전고체배터리 관련 기술력 확보에 도전하고 있다"고 강조했습니다.

하지만 국내 소재 기업들의 전고체배터리 관련 연구는 아직까지는 미미한 실정입니다. 유 센터장은 "최근 포스코JK, 에코프로비엠, 씨아이에스 등과 같은 소재 전문 기업에서 전고체배터리용 황화물계 고체 전해질 개발이 진행되고 있으나 아직까지는 일본계 소재 기업 대비 기술개발의 진척도가 낮은 실정이며 전고체배터리용 양·음극 소재에 대한 기술개발은 미미한 실정"이라고 지적했습니다.

유 센터장은 또한 "전고체배터리 분야에서 국내 기업들이 일본의 토요타 등을 넘어서 세계를 제패할 시기를 앞당기기 위해서는 소재 기업뿐만 아니라 장비 분야에서도 변화와 혁신이 필요한 시점"이라면서 "전고체배터리는 미래 혁신 기술로 아직까지도 많은 정부의 투자와 산학연의 적극적인 노력이 필요하며, 세계 최초를 위한 빠른 양산보다는 절대 안전한 전지 개발을 위한 기술개발이 필요하다"고 강조했습니다.

24 생분해플라스틱

1800년대 말 미국 상류사회에서 유행한 스포츠인 당구의 당구공은 코끼리의 상아로 만들어졌습니다. 코끼리 개체수가 급감하며 당구공 가격이 폭

등하자 대체물질 개발에 나선 결과가 바로 이젠 '악마의 얼굴을 가진 물질'이 되어버린 플라스틱입니다. 가격이 저렴하고 성형·가공이 간편하고, 철에 버금가는 내구성까지 갖춘 플라스틱은 이제 필수품이 되었습니다. 본격 상용화가 시작된 1950년대 연간 200만 톤(t)에 불과했던 플라스틱 생산량은 50년 만인 2000년에는 2억 3,400만t으로 폭증했습니다. 2019년 플라스틱 생산량은 그의 2배인 4억 6,000만t으로 경제성장률을 초과하는 폭발적 성장세를 나타냈습니다. 그러나 환경호르몬과 미세플라스틱 문제를 비롯해 썩지 않는단 특성 등으로 플라스틱은 이제 생태계는 물론 인간의 보건까지 위협하는 물질이 됐습니다. 생태종의 보호를 위해 고안

된 물질이 이젠 공해(公害)가 된 것입니다.

코끼리 보호하려다 악마의 물질된 플라스틱… 이젠 100% 썩는다

인류는 다시 코끼리의 상아 같은 자연에서 나오는 물질로 플라스틱의 대체물질을 개발하는 기술을 찾는 데 골몰하기 시작했습니다. 생물 유기체로 만들어진 바이오플라스틱이나 쉽게 썩는 생분해플라스틱은 바로 이런 플라스틱의 단점을 극복하기 위해 고안된 기술입니다. 박테리아 등 미생물이 분해할 수 있는 물질로 플라스틱을 만드는 겁니다.

석유 정제 과정에서 발생한 원료로 생산하는 기존의 플라스틱이 썩는 데 수백 년 걸린다면, 생분해플라스틱은 6개월에서 5년 이내에 분해된다는 점에서 친환경 기술이라는 칭송을 얻고 있습니다.

생분해플라스틱의 종류는 20가지가 넘지만, 상용화 단계에 진입한 대표적인 소재는 PLA(Poly Lactic Acid)로, 2020년 기준 전체 바이오플라스틱 시장의 18.9%를 차지하는 것으로 알려져 있습니다. 그 외에 PBAT(Polybuthylene Adipate-co-Terephthalate)가 13.5%, PHL(Poly Hydroxy Alkanoate)'이 1.7%의 비중으로 파악됩니다.

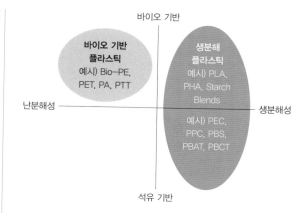

생분해성과 원료 유래에 따른 바이오플라스틱의 분류
출처_유러피안 바이오플라스틱(2018), 화이트바이오산업 활성화 전략(2020)

PLA는 옥수수전분 등으로 배양한 미생물의 배설물에서 젖산(Lactic acid)을 정제한 후 이를 반응시켜 긴 실 형태의 탄소 골격 물질을 만들어 합성합니다. 높은 가격경쟁력, 투명성, 열 가공성 등의 장점이 있어 널리 활용되지만, 자연 상태에서는 퇴비화하지 않고 특수 퇴비화 조건에서 썩는단 단점이 있습니다.

PBAT는 석유에서 추출하는 부탄디올이 원료가 되는데, 자연계 성분으로 땅속에서 생분해가 되도록 만들어졌습니다. 가격경쟁력은 물론 가공이 쉽고 땅에서 100% 분해됩니다. 석유 기반인 만큼 원료 확보가 용이해 국내 석유화학 기업들로부터 각광을 받고 있습니다. 그러나 석유 기반인 만큼 탄소저감 효과가 없고, 잘 찢어진다는 내구성 문제가 있어 단일 소재로 사용하지 않고 주로 PLA 등과 컴파운딩해 사용되고 있습니다.

PHA는 미생물의 배양분을 통해 원

료를 얻을 수 있고 100% 자연에서 생분해되는데다, 가장 난이도가 높다는 바닷물에서도 잘 녹는 장점이 있어 플라스틱 폐기물처리 문제에 아주 적합한 소재로 평가받고 있습니다. 그러나 현재 플라스틱 소비를 대체할 만큼의 원료 생산 수급 문제와 가격이 비싸단 단점이 있습니다.

앞으로 우리가 극복해야 하는 기술적 과제는 이 디테일 속에 존재하는 악마를 어떻게 제거하느냐에 달렸습니다. 국내 기업들의 기술개발은 각 분야의 단점을 극복하는 데 초점을 맞추고 있습니다. CJ제일제당은 해양에서 생분해되는 유일한 소재인 PHA를 다양한 소재와 혼합해 원하는 물성을 구현하면서 썩는 플라스틱을 만드는 기술에 주목하고 있습니다. 20대 80의 비율로 PHA와 PLA를 혼합했을 때 자연 상태에서 20% 이상의 분해 효과를 확인했다고 합니다. 2022년 5월 인도네시아 파수루안 바이오 공장에서 PHA 생산을 시작했고, 단계적 공장 증설을 거쳐 2025년까지 연간 PHA 생산 규모를 6만 5,000t으로 늘릴 계획입니다. 1차 목표는 포장재에 PHA를 적용하고, 최종적으로는 PHA를 인체에 적합한 소재로 개발해 화장품·메디컬·산업용 바인더 등에 적용, 고부가가치 산업에서 필수 소재로 자리매김한

CJ제일제당의 PHA는 2023년 5월 미국 식품의약국(FDA)의 식품접촉물질(FCS·Food Contact Substances)로 승인됐다.

단 목표입니다.

SK그룹 계열사인 SKC는 에코밴스를 통해 독자기술로 개발한 생분해 소재인 '고강도 PBAT' 상업화를 추진해왔습니다. 이는 일반 PBAT의 단점인 내구성을 극복하기 위해 나무에서 추출한 나노셀룰로스를 보강재로 활용한 것이 특징입니다. 강도를 일반 플라스틱 수준으로 대폭 강화했습니다. 베트남 하이퐁시에 생분해 소재 사업 투자사 에코밴스가 오는 2025년 세계 최대인 연산 7만t 규모의 생산능력을 갖추게 됩니다. 농업용, 포장용 필름이나 각종 소비재 용기는 물론 기저귀나 마스크의 소재인 부직포 등 다양한 용도로 활용되는 원료라고 합니다.

다양한 상품 라인을 구축하고 있는 LG화학에서 최근 선보인 생분해플라스틱 솔루션은 컴포스트풀(Compostful) 제품입니다. 밑거름을 뜻하는 '컴포스트(Compost)'와

'~로 가득한, ~의 성격을 지닌'이라는 의미의 접미사 '풀(-ful)'을 더한 합성어로, 빠르게 생분해되어 비옥한 땅을 지속하는 바탕이 되겠다는 뜻을 담았다고 합니다. 화학에 대한 이해도가 높지 않은 고객도 직관적으로 소재의 특성을 이해할 수 있도록 별도 제품명을 만들어, 2024년 2분기 본격 양산을 앞두고 있습니다. 또 LG화학은 기존의 합성수지인 PP(Polypropylene)와 동등한 기계적 물성과 투명성을 구현할 수 있는 전 세계 유일한 소재인 PLH(Poly Lactate 3-Hydroxypropionate)를 2020년 10월 독자 기술로 개발한 바 있습니다. 무엇보다 첨가제나 다른 소재와 섞지 않고 단일 소재로 물성을 구현할 수 있어 품질 면에서 경쟁력이 높습니다.

한편, 플라스틱은 해양과 육상 환경은 물론 인간에게 미치는 위험 외에도 전 세계 온실가스 배출에도 상당한 기여를 하고 있습니다. 2019년 플라스틱으로 인해 발생한 온실가스는 전 세계 온실가스 배출량의 3.4%인 1.8기가톤(Gt)이었으며, 이 중 90%는 화석연료의 생산 및 전환 과정에서 발생했습니다. 재료 단계에서 주로 온실가스를 배출하는 만큼 이를 바이오 기반으로 전환한다면 석유화학업계의 탄소발자국을 크게 줄일 수 있습니다.

여기에서 바이오플라스틱은 용어를 구분해서 이해할 필요가 있습니다. 통상 생분해플라스틱(Biodegradable)과 바이오 기반 플라스틱(Bio-based)을 통칭해 바이오플라스틱이라 부르는데요. PLA의 경우 바이오 기반 원료이면서 생분해가 되는 특성도 동시에 존재하기 때문에 명확하게 구분 짓기 어려운 면이 있습니다. 다만 바이오 PE, 바이오 PET 같은 바이오 기반 플라스틱은 '온실가스 감축'에 방점이 찍혀 있고, 생분해성 플라스틱은 '플라스틱 폐기물' 오염 방지에 보다 초점이 맞춰져 있다고 볼 수 있습니다.

석유화학업계는 생분해플라스틱 외에도 '온실가스 감축 목표' 달성을 위한 수단으로 바이오플라스틱이 인정을 받을 수 있기 때문에 이에도 집중

산업별 온실가스 배출량 비중
출처_2019 전 부문 에너지 사용 및 온실가스 배출량 통계

온실가스 배출량(%)

정유 10.9
화학 19.0
비금속 광물 6.8
기타 10.6
제1차 금속산업 38.2
전자장비 제조업 7.0
기타 제조업 7.5

PART 5 넷제로 솔루션

하고 있습니다. 바이오매스 함량이 50%만 되어도 석유 기반 플라스틱 대비 80%의 이산화탄소 저감 효과가 있다는 해외 연구 결과도 있습니다. 2030 국가 온실가스 감축 목표 달성을 위해 산업계는 2018년 대비 11.4%의 온실가스를 줄여야 합니다. 다만 옥수수, 사탕수수, 밀 또는 다른 공정의 잔여물과 같은 바이오매스에서 추출한 바이오플라스틱을 사용하면 플라스틱 생산으로 인한 온실가스 배출을 줄일 수 있지만, 필요한 농업 원료의 생산으로 인해 간접적으로 끼치게 되는 환경 영향에 대한 우려도 있습니다.

연 24% 성장 시장에 한국 점유율 고작 1~2%… 해외선 세제 지원하는데

생분해플라스틱의 성장률은 범용 플라스틱의 성장률을 크게 압도할 것으로 예상되나 우리 산업계는 주요 시장을 국내가 아닌 해외를 공략하고 있습니다. 아직 산업 생태계 전반이 미흡하단 지적입니다.

한국과학기술기획평가원(KISTEP)에 따르면 생분해플라스틱 시장은 2021년 76억 4,400만 달러에서 연평균 24.8%씩 성장해 2026년에는 231억 8,230만 달러에 이를 것으로 전망됩니다. 특히 2021년 기준 글로벌 바이오플라스틱 제품에서 생분해성 플라스틱 소재의 점유율은 64.2%로, 앞으로 이 비중은 더 늘어날 것으로 전망되며, 아시아의 바이오플라스틱 시장점유율은 이 기간에 49.9%로 향후 5년후 70.8%까지 늘어날 것으로 예상됩니다. 그러나 우리나라의 2019년 바이오플라스틱 시장은 약 4만 규모로 세계 바이오플라스틱 시장의 1~2%에 불과합니다.

산업계에서 바라보는 우리나라의 생분해 소재 산업의 생태계는 아직 초기 단계란 인식이 강합니다. 윤석열 정부의 100대 국정과제에도 생분해플라스틱 평가·인증·처리시스템 마련이 꼽혔지만, 아직 업계에서 체감하는 우리 정부의 움직임은 생분해성 플라스틱 산업을 육성하기 위한 움직임이 시작되는 단계로 평가하고 있습니다.

지난 2023년 7월 말 정부, 인천시, 관련 업계들이 모인 '화이트바이오

바이오플라스틱 및 바이오폴리머 유형별 글로벌 시장규모 및 전망
출처_마켓앤드마켓 2020 / 연구개발특구재단 (2021) 재인용

단위: 백만달러(USD)

- 2021년
- 2026년

	생분해성	비생분해성/바이오 기반
2021년	7,644.0	3,011.6
2026년	23,182.3	6,476.4
성장률	24.8%	16.5%

순환경제 산업기술 연구조합'이 발족했고, 9월 인천 송도에서 해외 주요 국가의 생분해 협회 관계자들을 초청해 '국제 생분해성 플라스틱 컨퍼런스'가 열린 바 있습니다.

그러나 아직 시장이 충분하지 않단 인식이 강합니다. 이에 빠르게 상용화를 추진 중인 업계가 주로 공략하는 1차 시장은 미국과 유럽 등 친환경 시장이 충분히 성숙한 해외입니다. 우선 첫 번째 이유는 폐기물 처리 제반 시스템 구축이 꼽힙니다. 미국에선 음식물 쓰레기와 생분해성 쓰레기(주로 음식물 포장재)를 함께 버리는 분리 수거함이 있고, 이를 퇴비화 시설로 가져와 처리합니다. 분리수거 시스템, 퇴비화 시설 등 인프라 구축과 시민의 올바른 참여를 위한 교육·정책 마련은 폐기물 처리에 늘 따라붙는 과제입니다.

가장 적극적인 이탈리아는 2022년부터 생분해나 퇴비화가 가능한 제품 생산의 투자 비용에 세액공제 혜택을 주기도 합니다.

무엇보다 생분해 인증 기준을 명확히 해달란 요구가 이어지고 있습니다. 이것이 우리나라의 생분해플라스틱 시장이 성장하지 못한 주요 원인으로 꼽힙니다. 현재 유럽연합(EU)은 생분해플라스틱 인증 기준을 토양 분해, 해양 분해, 퇴비화 등 제품 용도에 따라 세분화해 인정하고 있습니다. 특히 북미에서는 BPI라는 생분해 인증기관을 필두로, 지자체부터 퇴비 설비업체, 제조사, 소재사(LG화학 같은) 등 전 밸류 체인(가치사슬)에서 생분해플라스틱 활성화 방안을 함께 고민하고 실천해나가고 있습니다.

그러나 우리나라는 환경부에서 제정한 '환경 표지 대상 제품 및 인증 기준'에는 생분해성수지제품이 포함되었으나, 사용 환경에 따른 생분해성 인증이나 바이오매스 함량에 따른 인증 등 바이오플라스틱 인증 제도가 마련되지 못한 실정입니다.

박지현 KISTEP 연구위원은 "국제사회의 환경규제 강화 등에 대비해 국제기준 규격에 적합한 제품 생산 및 국내 기업 유형별 주력 분야 등을 고려한 수요 맞춤형 정책 지원 기반이 필요하다"고 지적했습니다.

기존 플라스틱
모두 대체할 수 없지만
지구와 함께 공존

장영주
LG화학 지속가능성상품기획팀장

"생분해플라스틱만으로 기존 플라스틱을 모두 대체할 수는 없습니다. 생분해 특성이 오히려 사용하는 데 불편함을 야기하는 제품도 분명 있을 겁니다. 생분해플라스틱, 재활용플라스틱 등 각자 특성이 다르기에 사용처에 따라 알맞은 소재가 사용되어야 합니다."

장영주 LG화학 지속가능성상품기획팀장은 생분해플라스틱에 대한 산업계의 시각을 이렇게 밝혔습니다. 궁극의 해법으로 볼 수 없는 것은 기존의 석유계 플라스틱을 대체할 만한 기술과 폐기물처리 시스템을 대대적으로 전환해야 한단 과제가 만만찮기 때문입니다. 1992년 생분해성 샴푸 용기를 처음 개발한 이후 30년이 지난 2022년에서야 친환경 소재를 아우르는 브랜드인 '렛제로(LETZero)'를 론칭한 것은 앞으로 환경을 고려한 기업 경영이 메가 트렌드가 되었다는 절박함이 자리합니다.

그는 "인류가 자연과 더불어 살아갈 수 있는 지속가능한 미래와 지구를 만들겠다는 LG화학의 의지를 실천하기 위한 노력"이라며 "업계가 꾸준하게 친환경 소재 기술 및 제품 개발에 매진하는 동시에, 제품 구매 시 지속가능성에 가치를 두고 이를 적극 수용하는 소비자들이 많이 늘어난다면 더욱 빠르게 변화할 거라 생각한다"고 말했습니다.

LG화학의 장점은 특정 제품군에 주력하기보다는 PBAT, PLA 등 여러 제품군을 아우르는 폭넓은 포트폴리오를 구축하고 있다는 점입니다. 친환경 소재 분야에서도 고객사의 다양한 니즈에 따라 맞춤형 솔루션 제안이 가능합니다. 현재 생분해플라스틱은 소재별로 우위·열위가 있는 것이 아니라 특성이 다른 것이기 때문이란 설명입니다.

장 팀장은 "글로벌 주요 생분해 소재 회사들이 PBAT 또는 PLA 등 특정 제품군 중심의 포트폴리오를 보유한 것에 비해, LG화학은 LG화학만의 기술 차별화 및 원료 내재화, 파트너십을 바탕으로 고객 니즈에 부합하는 다양한 등급(Grade)의 제품·솔루션을 제안할 수 있다"고 말했습니다. 예를 들어 PLA는 다른 생분해성 플라스틱에 비해 비교적 가격이 저렴하면서도 높은 인장강도, 투명성, 물리적·기계적 특성을 갖고 있지만 내열성과 가공성이 약해 잘 부러질 수 있습니다. 이때 유연성이 높은 PBAT와 컴파운딩하면 약점을 보완한 새로운 솔루션으로 탄생할 수 있습니다. 해양 생분해가 가능한 PHA 역시 높은 가격 등 단점이 존재하기 때문에 대부분 PLA와 혼합해 사용하는 것이 대부분입니다. 특히 LG화학이 독자 개발한 PLH는 단일 소재로 PP 등 합성수지와 동등한 기계적 물성과 투명성을 구현할 수 있는, 전 세계 유일한 소재입니다. 독자 기술 및 제조공법으로 기존 생분해성 소재의 유연성 및 투명성을 획기적으로 개선했습니다.

장 팀장은 "PLH의 핵심 요소인 '유연성'은 기존 생분해성 제품 대비 최대 20배 이상 개선되면서 가공 후에도 투명성을 유지할 수 있으며, 첨가제나 다른 고분자 소재와 섞지 않아도 단일 소재로 물성을 구현할 수 있어 공정을 크게 바꾸지 않고 개발 단계에서 소재의 물성을 조절할 수 있어 다양한 분야로 응용될 수 있을 것"이라고 말했습니다. 생분해성 소재는 물성과 유연성 강화를 위해 플라스틱 소재나 첨가제를 섞어야 합니다. 따라서 공급업체마다 물성과 가격이 달라질 수 있습니다. 이에 LG화학은 PLH가 상용화되면 단일 소재로 고객이 원하는 품질과 용도별 물성을 갖출 수 있을 것으로 기대합니다. 다만 실제로 시장에 적용하기 위해 아직 검증이 필요한 부분은 열심히 연구개발 중입니다. 양산을 위한 스케일업을 진행 중으로, 2026년 시제품을 생산할 수 있을 것으로 내다보고 있습니다.

25
수소환원제철

철기시대에 진입한 인류는 산업혁명을 거치며 탄소 경제 속 비약적 발전을 이뤄냈습니다. 그러나 철을 만드는 데 쓰는 석탄은 어마어마한 양의 탄소를 발생시켰고 철강산업은 '탄소 배출의 주범'이라는 오명을 쓰게 됐습니다. 이에 철강사들은 2050년 탄소중립을 목표로 수소환원제철 기술 개발에 박차를 가하고 있습니다. 석

수소를 활용해 철강제품을 생산하는 포스코의 파이넥스 설비 전경. (사진_포스코)

탄에서 수소로 철의 새로운 패러다임을 열겠다는 겁니다. '철강 탄소중립의 열쇠'로 불리는 수소환원제철은 무엇인지, 세계 각국에서는 상용화를 위해 어떤 기술을 연구하고 있는지 함께 알아보겠습니다.

철강 탄소중립 열쇠, 수소환원제철 시대 온다

철강 제품을 생산할 때 발생하는 탄소의 양을 아시나요. 철광석과 석탄의 환원 작용으로 쇳물을 만들어내는 기존의 고로(高爐·용광로) 기반 제조 공정에서는 철강 1톤(t)을 생산할 때 약 2t의 이산화탄소(CO_2)가 배출된다고 합니다. 국내 최대 규모 철강사인 포스코가 하루에 수백만t의 쇳물을 쏟아내는 점을 떠올리면 전 세계 철강사들이 얼마나 많은 양의 탄소를 배출하고 있는지 짐작할 수 있을 것입니다.

전 세계적으로 나타나는 이상기후와 심각한 지구온난화 현상에서 벗어나기 위해서는 '탈탄소 경제'로의 전환이 필수적이라고 전문가들은 입을 모읍니다. 기후변화의 근본적인 원인은 화석연료 사용 증가로 공기 중 급격히 늘어난 온실가스인데, 그중 절대적 비중을 차지하는 것이 이산화탄소이기 때문입니다. 이에 유럽연합(EU)과 미국 등 주요국들은 2050년

포스코 포항제철소 1고로 작업자가 출선 작업을 하고 있다. (사진_포스코)

탄소중립 목표를 달성하기 위한 제도들을 속속 도입하는 추세입니다.

탄소중립은 인간 사회에서 배출되는 이산화탄소의 실질적인 배출량이 0이 되도록 하는 것을 말합니다. 이를 위해 우리는 종이 빨대를 쓰는 등의 불편을 기꺼이 감수하고 일상에서의 에너지 절감으로 탄소 배출량을 줄이려고 노력하고 있지만 이것만으로는 턱없이 부족한 실정입니다. 산업 현장에서 쓰이는 화석연료의 양이 무척이나 많기 때문입니다.

이에 전 세계에서는 탄소중립 시대 핵심 에너지로 '수소'를 주목하고 있습니다. 물의 전기분해를 통해 얻어지는 그린수소의 경우 오염물질을 전혀 배출하지 않는 청정 에너지원으로 온실가스 배출 문제의 근본적인 해결책이 될 수 있기 때문입니다. 세계적 컨설팅 기업 맥킨지가 발표한 수소 관련 보고서(Hydrogen Meet Digital)에 따르면 2050년 국내 수소 사용량은 약 1,690만t에 달할 전망입니다. 이는 2015년(약 240만t) 대비 7배 정도가 늘어나는 것으로 연간 최종 에너지 수요의 약 21%를 수소에너지에 의존한다는 의미입니다.

철강업계도 석탄을 대체할 연료로 수소를 점찍었습니다. 업계의 궁극적인 목표인 수소환원제철은 화석연료 대신 수소(H_2)를 사용해 철을 생산하는 '꿈의 기술'로 불립니다. 석탄이나 천연가스와 같은 화석연료는 철광석과 화학반응하면 이산화탄소가 발생하지만, 수소는 물(H_2O)이 발생하기 때문에 철강 제조 과정에서 탄소 배출을 혁신적으로 줄일 수 있게 된다는 겁니다.

가루 상태의 철광석이 수소를 만나 어떻게 쇳물로 바뀌게 될까요. 석탄과 천연가스, 수소의 공통점은 철광석(Fe_2O_3)에서 산소(O_2)를 떼어내는 환원제 역할을 한다는 것입니다. 수소환원제철의 핵심 설비는 바로 수소에 의해 철광석의 환원반응이 일어나는 설비인 '환원로'라고 해도 과언이 아닐 것입니다.

저탄소에서 무탄소 '대전환' 앞둔 철강업계

전통적인 제철 공정에서 이 환원로의 역할은 고로가 담당해왔습니다. 고로 조업은 철광석과 석탄을 사용하기 적합한 형태로 가공해 고로에 넣고 뜨거운 공기를 불어넣으면서 이뤄집니다. 뜨거운 공기가 석탄을 연소시키고 이때 발생하는 일산화탄소 가스는 철광석에서 산소를 떼어내는 환원반응을 일으키는 역할을 합니다. 이때 고로 내부에 발생하는 1,500℃ 이상의 열은 철광석을 녹이는 용융반응을 일으키며 쇳물을 만듭니다. 즉, 철광석에서 산소를 떼어내는 환원반응과 환원된 고체 철(Fe)을 녹이는 용융반응이 석탄에 의해 고로 내에서 동시에 이뤄지는 것입니다.

수소환원제철 공정에서는 환원반응과 용융반응이 고로가 아닌, '환원로'와 '전기로'라는 두 가지 설비에서 각각 분리돼 일어나게 됩니다. 먼저 환원로에서 철광석(Fe_2O_3)을 고온으로 가열된 수소와 접촉해 고체 철(Fe)을 만듭니다. 이러한 방식으로 제조된 철을 직접환원철(DRI·Direct Reduced Iron)'라고 부릅니다. 이후 이 DRI를 전기로에 넣어서 녹이면 쇳물이 완성되는 원리입니다.

수소환원제철의 핵심이 환원로인 이유는 아직 전 세계적으로 100% 수소만을 사용해 DRI를 생산하는 환원로가 상용화되지 않았기 때문입니다. 현재 기술로는 석탄이나 천연가스를 사용하는 과정에서 발생하는 수소를 일부 활용해 DRI를 생산하는 것만 가능한 상태입니다.

국내 대표 철강사로, 수소환원제철 기술개발에 가장 먼저 뛰어든 포스코는 2007년 수소환원제철 전 단계에 해당하는 기술을 세계 최초로 상용화하고 '파이넥스(FINEX)'라는 이름을 붙였습니다. 파이넥스에서는 석탄을 사용하는 과정에서 발생한 수소가 철광석 환원 과정에 약 25% 정도 사용됩니다. 포스코는 파이넥스에 적용된 유동환원로 기술을 기반으로 수소를 100% 사용하는 '하이렉스(HyREX)' 기술개발을 정부와 함께 추진하고 있습니다. 포스코는 2030년까지 하이

렉스 기술을 검증하고 2050년 탄소
중립을 달성하겠다는 목표를 제시한
상태입니다.

탄소중립 시대, 철강산업은 큰 도전
에 직면해 있습니다. 외부적으로는
지구온난화의 위기 속에 저탄소 제
품에 대한 요구가 매년 높아지고 있
고 내부적으로는 제철 공정에서 발생
하는 탄소를 줄이기 위한 새로운 기
술개발과 대규모 설비 투자가 끊임없
이 요구되고 있기 때문입니다. 수십
년간 지속해온 제철 공법을 설비부터
기술, 원료에 이르기까지 저탄소 체

**고로와 포스코의
파이넥스,
수소환원제철
하이렉스 제철 공정
비교**

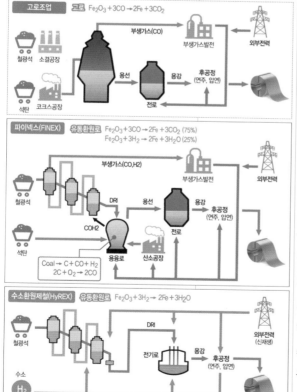

제로 대전환해야 하는 만큼 철강사의
생존이 곧 탄소중립에 달렸다고도 볼
수 있겠습니다. 27년 뒤인 2050년,
전 세계 철강사들이 수소환원제철 상
용화에 성공해 더위에 허덕이는 지구
의 열기를 조금은 식혀줬을지 궁금해
집니다.

포스코 '유동환원로' VS 해외 '샤프트환원로' 차이는

전 세계 철강사들이 2050년 탄소중
립을 공동 목표로 수소환원제철 기술
개발에 뛰어든 가운데, 핵심 설비인
환원로 방식에 차이를 보여 궁금증을
자아냅니다. 환원로 기술은 포스코가
주도하는 '유동환원로'와 해외 철강사
들이 개발 중인 '샤프트환원로' 두 가
지의 큰 줄기로 나눠 개발되고 있습
니다. 두 환원로의 가장 큰 차이는 쇳
물을 생산할 때 투입하는 철광석 원
료가 다르다는 것입니다.

다국적 철강 기업인 아르셀로미탈을
비롯한 글로벌 철강사들은 천연가스
를 환원제로 쓰는 샤프트환원로에 일
부 수소를 부가하는 방식의 수소환원
제철 기술을 개발하고 있습니다. 샤
프트환원로 방식으로 철광석을 환원
하기 위해서는 고품질의 철광석을 파
쇄·선별한 뒤 일정한 크기의 단단한
구형으로 가공한 펠렛(Pellet)을 반드
시 사용해야 합니다.

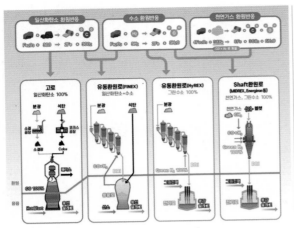

**환원제에 따른
철강 제조공정 비교**
출처_포스코

문제는 펠렛 생산량이 일반 철광석 대비 매우 적다는 점입니다. 펠렛은 주로 유럽, 미주에서 적철광 또는 자철광만으로 생산되는데 이는 전 세계 철광석 사용량의 30%에 불과하고 나머지 70%는 펠렛 제조에는 활용하기 어려운 갈철광이 차지하고 있기 때문이죠. 전 세계 생산량의 약 70%를 차지하는 대다수의 일반 철광석을 샤프트환원로 방식에 사용할 수 없다는 의미입니다. 가격 측면에서도 2021년 기준 철광석 분광은 펠렛보다 톤당 약 85달러 저렴했는데요, 이는 펠렛을 생산하는 과정에서 가공 처리가 추가로 필요하기 때문입니다.

펠렛은 품위에 따라 여러 종류가 있지만 값싼 저품위 펠렛은 부서져 가루가 발생하고 반용융 상태의 융착물을 생성시킬 수 있어 통기성을 떨어뜨린다고 합니다. DRI 배출이 힘들어질 우려가 있기 때문에 샤프트환

원로에는 주로 값비싼 고품위 펠렛이 사용되는 것이죠. 2020년 기준 전 세계 철광석 생산량 18억t 중 펠렛 공급량은 4억 2,000만t 수준으로 집계됩니다. 이 같은 수준의 공급량으로는 전 세계 철강 수요를 충족시키지 못하는 상황임을 의미합니다.

반면 유동환원로는 분광 상태의 일반 철광석을 별다른 가공 없이 바로 사용할 수 있어 선택의 범위가 넓습니다. 유동환원로를 통과하며 90% 정도 환원된 직접환원철(DRI)은 전기로(EAF) 대신 전기용융로(ESF)에서 추가 환원과 용융이 이뤄지기 때문에 높은 수율로 청정한 쇳물을 생산할 수 있다는 것도 장점입니다.

원료와 수소 환원 가스와의 접촉 방식에도 두 환원로는 차이를 보입니다. 샤프트환원로는 고온의 환원 가스인 수소가 환원로에 안에 쌓여 있는 펠렛의 사이사이 공간을 아래에서 위로 지나가며 펠렛의 환원반응을 일으키는 구조입니다. 이렇게 환원된 펠렛은 환원로에 들어온 순서대로 DRI가 되면서 밖으로 나가게 됩니다. 환원 가스가 펠렛 사이를 원활히 지나가려면 환원로 내 통기성 확보가 중요하기 때문에 일정한 크기와 강도를 확보할 수 있는 형태인 펠렛으로 철광석을 가공해 사용할 수밖에 없는 것이죠.

유동환원로는 고온의 환원 가스가 환원로 하부의 분산판을 통해 골고루 분사돼 가루 상태의 철광석을 공중으로 띄워 액체를 혼합하듯이 서로 뒤섞으면서 환원반응을 일으키는 형태입니다. 이렇게 환원된 철광석 분광은 4단계로 된 계단 형태의 다단환원로를 거쳐 DRI로 완성됩니다. 이 같은 접촉 방식 차이로 인해 유동환원로는 철광석을 펠렛으로 사전 처리하지 않고 분광 그대로 사용할 수 있는 것입니다.

결과적으로 두 환원로는 탄소 배출량에 차이를 둘 수밖에 없게 됩니다. 샤프트환원로에 사용하는 펠렛을 만드는 과정 자체에서 탄소가 발생하기 때문입니다. 일반적으로 펠렛 1t 생산 시 50~150kg의 이산화탄소(CO_2)가 발생하는 것으로 알려졌습니다.

결국 샤프트환원로가 탄소중립을 달성하려면 펠렛 제조에 사용되는 에너지도 풍력, 태양광 같은 그린에너지를 사용해야 한다는 뜻입니다.

이와 같은 이유에서 포스코는 유동환원로가 효율성·경제성·환경성 면에서 샤프트환원로 방식보다 앞선다고 보고 있습니다. 2030년 수소환원제철 상용화가 눈앞으로 다가오게 되면 두 환원로 중 어느 쪽 생산 방식이 더 효율적인지 확연히 나타나게 되겠죠. 실제 생산과정에서는 환원로와 전기로를 연결해 쇳물을 뽑아내는 과정까지 모두 아우르는 기술이 쟁점이 될 것으로 전망됩니다.

포스코의 유동환원로와 글로벌 철강사들의 샤프트환원로 방식 차이점

출처_포스코

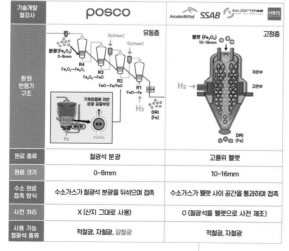

	하이렉스 유동환원로	샤프트환원로
기술개발 철강사	posco	ArcelorMittal, SSAB, SALZGITTER AG, HBIS
환원 반응기 구조		
원료 종류	철광석 분광	고품위 펠렛
원료 크기	0~8mm	10~16mm
수소 원료 접촉 방식	수소가스가 철광석 분광을 뒤섞으며 접촉	수소가스가 펠렛 사이 공간을 통과하며 접촉
사전 처리	X (산지 그대로 사용)	O (철광석을 펠렛으로 사전 제조)
사용 가능 철광석 종류	적철광, 자철광, 갈철광	적철광, 자철광

2050년 철강 넷제로, 정부 '수소 인센티브' 필요

신명균
포스코기술연구원
저탄소제철연구소장

"수소환원제철은 기존 공정과 다른 신기술로 상용화를 위한 기초부터 실증 단계까지 체계적인 기술개발이 필요합니다. 리스크가 높고 상업화까지 장기간 투자가 요구돼 개별 기업의 노력만으로는 한계가 존재합니다. 수소환원제철을 통해 생산된 철강제품의 국내 시장 형성을 위한 인센티브와 제도적 뒷받침이 필요합니다."

신명균 포스코기술연구원 저탄소제철연구소장은 수소환원제철 상용화를 위해 정부의 지원이 꼭 필요하다고 강조했습니다. 저탄소제철연구소는 포스코에서 수소환원제철 기술개발과 기존 제선 공정의 이산화탄소(CO_2) 저감 연구를 본격적으로 추진하기 위해 2023년 신설한 곳입니다.

신 소장은 해외 사례를 예로 들었습니다. 그는 "유럽과 미국, 일본 정부에서는 자국 제조업 경쟁력을 강화하고 경제성장 기회로 활용하기 위해 탄소중립 전환을 위한 연구개발(R&D)뿐만 아니라 상용 설비 투자에도 대폭 지원할 수 있는 다양한 정책과 자금 지원을 강화하고 있고 탄소중립 인프라 구축과 탈탄소 가속화를 유도하고 있다"고 설명했습니다. 우리 정부에서도 안정적인 수소와 전력 공급을 위한 계획과 함께 국가 차원의 기술개발 및 제도적 기반이 조성돼야 한다는 이야기입니다.

탄소중립 목표를 달성하기 위해 전 세계 대부분의 철강사가 고로 대신 전기로의 생산 비중을 늘리는 계획을 세우고 있습니다. 하지만 전기로의 원료인 부분환원철(HBI)과 스크랩은 공급량이 제한적이기 때문에 원료 수급을 위한 경쟁은 앞으로 더욱 심화할 전망입니다. 신 소장은 "매장량이 풍부한 고로용 철광석을 사용해 청정 철을 생산하는 것이 지속가능한 미래를 위한 근본적인 해결책이며 수소유동환원로와 전기용융로(ESF)를 결합한 수소환원제철 기술을 통해 이러한 목표를 달성할 수 있을 것"이라고 밝혔습니다.

수소를 100% 사용하는 상용 설비급의 유동환원로나 용선 생산을 위한 ESF 기술은 아직 전 세계적으로 시도된 바가 없어 포스코가 최초로 개발하고자 하는 기술입니다. 수소는 매우 가벼운 가스로 분광석을 유동환원하는 데 있어 석탄 가스와 물리적 물성이나 화학반응 특성 등에 차이가 큽니다. 신 소장은 "ESF를 통한 용선 생산 역시 기존 HBI보다 맥석이 많고 녹는점이 높은 수소환원철을 연속적으로 용융할 수 있어야 하므로 수소환원제철 기술의 성공적인 상업화를 위해서는 앞으로도 많은 연구와 투자가 필요할 것으로 예상된다"고 했습니다.

포스코는 최근 수소유동환원의 가스 성분과 온도 조건을 모사해 실험했을 때 환원율이 90% 이상인 환원철을 제조할 수 있음을 확인했다고 합니다. 신 소장은 "일산화탄소(CO) 가스로 환원할 경우 높은 환원율에서 환원철 간 응집과 부착이 심해지는 데 반해 수소로 철광석을 환원할 경우 높은 환원율에서도 응집과 부착이 완화되는 특성이 있다는 것을 확인해 수소유동환원의 성공 가능성을 실험실 차원에서 확인했다"고 소개했습니다.

이어 "ESF는 아니지만 실험실 규모의 소형 전기아크로에서 수소환원철의 용해 특성을 살펴보고 있다"며 "ESF 조업 기술개발을 위해 현재 시간당 1t의 환원철을 용해 시험할 수 있는 파일럿 ESF를 건설하고 있으며 2023년 말부터 시운전 및 가동 예정"이라고 덧붙였습니다.

닫 는 글

불확실한
미래를
선명하게
바라볼
선구안,
혁신을 향한
실마리

고속도로에 오른 길, 자동차의 보조 주행 기능을 활성화해 자동으로 움직이는 차량에서 손과 발의 긴장을 푼다. 도착한 상점에 스마트폰을 태그하고 들어서 쇼핑한 물건들을 손에 쥔 채 매장을 나오니 스마트폰에 결제 알림이 울린다. 밤의 여정으로 간 축제에선 드론들이 까만 밤하늘에 역동적인 불꽃을 터뜨리는 장관을 마주한다.

불과 몇 년 전이라면 그저 미래 시나리오에 불과했을 이 이야기는 최근 필자의 경험을 기록한 일기다. 과거엔 상상만 하던 기술들은 이처럼 어느새 현실이 되어 우리들의 삶에 스며들고 있다. 신기술들은 앞다투어 빠르게 등장하고 서로 간에 활발히 융합하고 있다. 〈2024 세상을 뒤바꿀 미래기술 25〉(이하 〈미래기술 25〉)는 이렇듯 급진적인 시대에 현대인들이 주목하면 좋을 미래기술 25선을 제시한다.

이 책이 소개하는 25개의 미래기술은 이데일리가 엄선한 '세상을 뒤바꿀' 기술들이다. 점점 정교해지고 있는 인공지능(AI) 분야, 풀어야 할 난제와 위기가 많은 바이오 분야 등 다양한 분야를 주제로 우리 사회에서 영향력이 큰 기술들을 소개하고 있다. 그리고 기술에 대한 설명이 분야 전문가가 아닌 일반인 누구나 쉽게 이해할 수 있게 서술돼 있다. 상세하면서 친절한 설명을 읽다 보면 신기술로 점철된 미래를 더 자세히 전망할 수 있다.

혹자는 오늘만 산다고 외치며 미래 예측은 무의미하다고 반문할 수 있다. 그런데 과학자들 중 오늘만 산다는 이들 대개는 밤낮으로 내일을 생각하느라 바쁘다. 도래하지 않은 미래를 염원하며 가설을 세우고, 실험하고, 개발하는 데 분주하다. 누군가는 코로나19가 확산하자 바이러스가 소멸할 미래를 고대하며 치료제 연구에 몰두했고, 누군가는 반도체 공급난을 앞서 우려하며 신소재 개발에 몰두했다. 이들과 같은 산업체, 학계, 연구계의 많은 이들에게 이 책의 출간 소식은 무척이나 반가울 것이다.

필자가 재직하고 있는 한국과학기술정보연구원(KISTI)은 2010년부터 현재까지 매년 10가지의 미래 유망 기술을 선정해 발표하고 있다. 과학기술 데이터 전문 연구기관으로서 축적해온 연구 데이터, 논문 등 방대한 양의 과학기술 데이터와 데이터 분석 기술을 바탕으로 미래를 좌우할 핵심기술들을 발굴해온 것이다. 이러한 활동의 궁극적인 목적은 연구원의 슬로건 '데이터로 세상을 바꾸다'로 요약할 수 있는데, 데이터를 통해 주목할 만한 기술 트렌드와 방향성을 찾고 제시해 과학기술계가 미래 전략을 수립하는 데 기여하기 위함이다. 〈미래기술 25〉 역시 미래기술에 관한 깊은 논의로 미래 사회를 충분히 대비할 수 있게 돕는다.

〈미래기술 25〉가 유독 매력적인 점은 이데일리만의 취재 노하우를 토대로 기술에 관한 갖가지 내용을 풍부하게 담았다는 점이다. 각각의 기술들이 경제, 문화, 정치, 산업 등 사회 전반에 미칠 파급력을 여러 각도에서 조명하고 있다. 24명의 기자로 구성된 집필진이 전문가 자문, 현장 취재 등을 통해 25개 기술을 다방면으로, 세심하게 분석했기에 가능했을 것이다. 책의 각 장은 메인이 되는 기술, 이로부터 파생될 변화, 그리고 독자마다 달리 떠올릴 다양한 생각거리를 시사한다.

또한 6회차로 발간된 도서답게 기술의 발전을 바라보는 통찰력이 우수하다. 블록체인, 디지털 트윈, 클라우드 등 불투명한 기술들도 명확하고 생생하게 풀어냈다. 2018년부터 집필진이 본 도서 시리즈를 출간하면서 축적한 역량을 넉넉히 발산한 듯하다. 앞선 발간물에 비해 더욱 깊어진 관점이 돋보인다.

2010년 이후에 태어난 '알파세대'는 일생을 디지털 기술과 함께한 세대다. 이들 세대는 타 세대와 달리 새로운 기술, 새로운 기기를 수용하는 데 아무런 장벽이 없거나 오히려 높은 호기심을 가진다. 이들의 부모 세대를 비롯한 모든 사회 구성원은 이들과 평화롭게 공존해야 하고, 더 나은 미래를 물려줘야 하는 책임감을 가져야 한다. 이러한 의미에서 기술 사회를 폭넓게 이야기하는 이 책은 학생, 학부모 등 누구에게나 필독서라 생각한다.

2022년 필자는 연구원장으로서 어린아이들이 바라는 미래를 어른들이 과학기술로 실현해나가는 초장기 연구개발 프로젝트를 이끌었다. '나는 미래다'라는 이름의 이 프로젝트에 대학생, 교수, 개발자 등 여러 일원이 참여해 어린이들의 상상을 구현할 기술을 고안했다. 서로 다른 세대가 똑같은 꿈을 꾸고 머리를 맞대는 현장은 매번 감동이었다. 더 많은 세대가 〈미래기술 25〉를 읽고 공유하기를 바라는 이유다.

기술은 기술 그 자체만으로는 빛을 발하지 못한다. 사회로부터 관심을 받고 인간에 의해 올바르고 적절하게 활용되어야만 비로소 존재 의의를 가진다. 그러므로 기술의 활용을 논하는 이

책은 더욱 값지다. 불확실한 미래를 선명하게 바라볼 선구안, 혁신을 향한 실마리를 이 책에서 찾을 수 있다.

필자는 학부 시절 전자계산학 분야에 몸을 담은 이후로 줄곧 과학자의 외길을 걸었다. 이러한 삶에서 〈미래기술 25〉와 같이 우리 사회의 미래를 구체화하는 책들은 늘 든든한 지원군이자 신선한 자극제가 되었다. 이 책을 출간해준 이데일리 미래기술 특별취재팀의 노고에 감사를 전한다.

미래에 대한 상상은 그저 상상으로 그치지 않는다. 상상을 하다 보면 연구가 시작되고, 세상을 바꾸는 새로운 발상이 탄생한다. 과학자들의 지적 호기심은 때때로 미래에 대한 상상에서 비롯돼 획기적인 기술개발로 귀결되기도 한다. 그렇기에 우리는 이 책 〈세상을 뒤바꿀 미래기술 25〉를 통해 미래기술을 그려 보고 탐구함으로써 저마다 삶을 새로이 가꾸어갈 영감을 받을 것이다.

"10년 후 나는 무엇을 먹고살 것인가?"라는 질문에 답을 찾고자 하는 모두에게 이 책을 권한다.

김 재 수 ——— 한국과학기술정보연구원(KISTI) 원장
과학기술출연기관장협의회장

세상을 뒤바꿀
미래기술25 2024

펴낸 날	초판 1쇄 발행 2023년 11월 21일
회장·발행인	곽재선
대표·편집인	이익원
편집보도국장	이정훈
지은이	이데일리 미래기술 특별취재팀
진행·편집	이데일리 미디어콘텐츠팀
디자인	베스트셀러바나나
인쇄	엠아이컴
등록	2011년 1월 10일
	(제318-2011-00008)
주소	서울시 중구 통일로 92
	KG타워, 이데일리
E-mail	abrazo@edaily.co.kr
가격	23,000원
ISBN	979-11-87093-26-8(13320)

세상을 뒤바꿀 2024
미래기술25